Emmanuel Jungclaussen

Schritte in die innere Welt

Emmanuel Jungclaussen

Schritte in die innere Welt

Geistliche Übungen

Herder
Freiburg · Basel · Wien

Satz: Fotosetzerei G. Scheydecker, Freiburg im Breisgau
Herstellung: Freiburger Graphische Betriebe
ISBN 3-451-22417-8

Vorwort

Die Schritte in die innere Welt sind der Niederschlag eines langjährigen Bemühens, an Zahl und Zusammensetzung unterschiedlichsten Gruppen von Meditierenden auf dem Weg der geistlichen Übung des Sich-Versenkens, der Meditation, Anleitung und Geleit zu geben. Die Bereitschaft, sich auf die dabei vermittelte Art und Weise des Meditierens einzulassen, war außerordentlich groß. Der vielfachen Bitte um Meditationsübungen, um deren Fortsetzung und Vertiefung konnte ich leider nicht entsprechen.

So kam es als „Ersatz" zu Mitstenogrammen und schließlich auch zu Tonbandmitschnitten und Tonbandabschriften. Ein kleiner Teil davon, der sich auf die Gebete des heiligen Franz von Assisi beschränkt, erschien – von mir in eine sehr gestraffte Form gebracht – als Buch („Die Fülle erfahren. Tage der Stille mit Franz von Assisi", Verlag Herder, Freiburg – Basel – Wien 1978, 3. Auflage 1980). Nach längerem Zögern gab ich schließlich dem Wunsch vieler, nicht zuletzt des Verlages Herder, nach, eine größere Zahl der während der Meditation völlig frei gesprochenen Texte zur Bearbeitung für den Druck freizugeben. Aus mancherlei Gründen, unter anderem auch wegen der vielfältigen Beanspruchung als Abt von Niederaltaich, vertraute ich die schwierige Aufgabe einer Redaktion dieser Texte dem Lektor Ulrich Schütz an, mit dem mich eine fast zwanzigjährige enge

Zusammenarbeit verbindet. Freilich blieb mir die Aufgabe einer letzten Durchsicht, für die ich mir soviel freie Wochen gewünscht hätte, als mir Tage zur Verfügung standen. Übrigens wurden aus dem Buch „Die Fülle erfahren", da es schon seit längerem vergriffen ist, sieben Texte fast unverändert übernommen.

An dieser Stelle danke ich Ulrich Schütz von ganzem Herzen für seine einfühlsame und wohlüberlegte, ebenso sparsame wie behutsame Bearbeitung der Tonbandnachschriften. So konnte wenigstens in etwa aus der „Rede" eine „Schreibe" werden und damit hoffentlich auch denjenigen Lesern, denen diese Art des Meditierens vielleicht unbekannt war, ein Zugang eröffnet werden. Ebenso danke ich allen, die durch Tonbandnachschrift, Durchsicht der Manuskripte, Lesen der Korrekturen oder wie auch immer zum Zustandekommen dieses Buches beigetragen haben.

Möge es sich als kleine Hilfe auf dem Weg christlichen Meditierens erweisen. Daß dieser Weg christlichen Meditierens sich hier als ökumenischer Weg versteht, wird schon ein Blick in das Inhaltsverzeichnis deutlich machen. So sei dieses Buch allen, die sich über Jahre mit mir auf diesem Weg gemüht haben, als Zeichen der Verbundenheit zugeeignet.

Niederaltaich, am 2. Juli 1991
Fest Mariä Heimsuchung *Emmanuel Jungclaussen*

Inhalt

Vorwort 5
Zum Umgang mit diesem Buch 9

ERSTER TEIL
GEISTLICHE ÜBUNGEN ZU TEXTEN
DER HEILIGEN SCHRIFT

1. *Denn sie werden Gott schauen* 17
Zu den Seligpreisungen (Mt 5, 1–12)
2. *Kommt her zu mir, ihr alle* 40
Zur Einladung Jesu (Mt 11, 25–29)
3. *Wenn ihr in mir bleibt* 56
Zum Gleichnis vom Weinstock (Joh 15, 1–17)
4. *Damit sie eins seien, wie wir eins sind* 67
Zum hohepriesterlichen Gebet (Joh 17, 1–26)
5. *Die Herrlichkeit, die an uns offenbar werden soll* 84
Zur christlichen Hoffnung nach Paulus (Röm 8, 18–30)
6. *Um durch ihn alle zu versöhnen* 98
Zum Hymnus des Kolosserbriefes (Kol 1, 12–28)

ZWEITER TEIL
GEISTLICHE ÜBUNGEN ZU TEXTEN
DER MYSTISCHEN ÜBERLIEFERUNG

1. *Bild Gottes werden* 121
Zu einem Text von Gregor von Nyssa
2. *Auf dem Weg der Demut* 135
Zur Regel des heiligen Benedikt

3. *Die Fülle erfahren* 172
Zu Gebeten des heiligen Franz von Assisi
4. *Gott ist gegenwärtig* 208
Zu einem Gedicht von Gerhard Tersteegen
5. *Was nicht Gott ist, dir entfalle* 232
Zum Lied „Feierabend" von Gerhard Tersteegen
6. *Das Unsagbare wortlos anbeten* 247
Zum Gebet der seligen Elisabeth von Dijon

Zum Umgang mit diesem Buch

Das Buch hat den Untertitel „Geistliche Übungen". Das Wort „Übung" gehört im Christentum zu den Grundbegriffen des geistlichen Lebens. Es reicht von dem griechischen Wort „askesis – Übung" und dem lateinischen Wort „exercitium", häufiger noch in der Mehrzahl „exercitia spiritualia – geistliche Übungen" (so vor allem bei Ignatius von Loyola) über die „Übung" bei Heinrich Seuse und Johannes Tauler bis hin zu Gerhard Teerstegen, ja bis zur „Einübung ins Christentum" bei Sören Kierkegaard. Die „Übung" meint zunächst das Ganze des bewußt beschrittenen inneren Weges. Noch heute wird der Mönch in der orthodoxen Kirche zu Beginn des feierlichen Profeßritus gefragt: „Was begehrst du?", und die Antwort lautet: „Das Leben der Askese", also das Leben der Übung, womit das Ganze des monastischen Weges umschrieben ist. „Leben der Übung" und „innerer Weg" sind demnach fast gleichbedeutend. So ist beispielsweise in der Regel des heiligen Benedikt von Nursia die Übung der Demut der Weg zu Gott schlechthin.

Auf dem inneren Weg wird dann die Übung in verschiedene Übungen aufgegliedert, von denen einige als zentral und unaufgebbar angesehen werden, andere eine mehr unterstützende und begleitende Bedeutung haben, so zum Beispiel bei Heinrich Seuse im Kapitel 22 seines Büchleins der Ewigen Weisheit „Wie man innerlich leben soll", und Gerhard Tersteegen rückt die „Übung der liebreichen Gegenwart Gottes" in den Mittelpunkt aller Übungen (vgl. S.229f. dieses Buches).

In den folgenden geistlichen Übungen geht es um die zentrale Übung des Sich-Versenkens, der Meditation, und zwar mit Hilfe biblischer Texte und mit Texten der mystischen Überlieferung des Christentums. Diese zentrale Übung des Sich-Versenkens oder auch des inneren Gebetes ist aber nicht isoliert zu betrachten, sondern will das ganze christliche Leben zur „Übung", das heißt zu einem wirklichen inneren Weg werden lassen. Das wird aus der Einführung in die einzelnen Kapitel und aus den geistlichen Übungen selbst immer wieder deutlich werden.

Zur rechten Einschätzung der einzelnen Kapitel ist folgendes zu bedenken. Sie wollen keine wissenschaftliche Exegese der biblischen Texte beziehungsweise keine objektive Interpretation von mystischen Texten der christlichen Überlieferung sein, sosehr der Verfasser, genauer der Sprecher, im Vorfeld der Übung sich um Einblick in die entsprechende Fachliteratur bemüht hat. Die Meditationsübungen selbst waren frei gesprochenes Wort an eine im wahrsten Sinne offenherzige Gemeinde; es waren aus dem gemeinsamen Bemühen um Stille und Sammlung geborene Impulse, die erste Schritte in die innere Welt ermöglichen sollten. Diese Impulse waren abhängig sowohl von der persönlichen, geistlichen Situation des Sprechers wie der der Gemeinde; diese setzte sich nicht selten aus Menschen zusammen, die zum Teil ein distanziertes Verhältnis zu den verfaßten Kirchen wie zum Christentum überhaupt hatten. Gerade hier aber sollte in vielleicht zum Teil unkonventioneller Weise der Impuls auf immer neuen Anwegen den Zugang zur christlichen Glaubenserfahrung erschließen. Der Sprecher selbst wußte sich dabei stets dem Ganzen der mystischen Überlieferung des Christentums und deren dogmatischen Grundlagen verpflichtet.

So weisen die einzelnen Kapitel einen unterschiedlichen Charakter und eine verschiedenartige Atmosphäre und Dichte auf, bestimmt einmal durch die Zeit, in der sie entstanden (insgesamt ein Zeitraum von über fünfzehn Jahren), wie auch vom Grad der Bearbeitung für den Druck (besonders spürbar bei den Übungen zu Gebeten von Franz von Assisi), wobei manchmal mehrere Fassungen zu einer Endfassung verschmolzen werden mußten.

Wie weit die hier zu Schrift und Druck geronnenen Impulse einer freien Rede Schritte in die innere Welt ermöglichen, wird sehr von der persönlichen Situation des einzelnen Lesers abhängen und von seiner Bereitschaft, sich Zeit zu nehmen, um sich ohne Hast mit ganzem Ernst auf die Textvorlagen aus Bibel und mystischer Überlieferung und deren Deutung einzulassen. Dabei bieten die einzelnen „Übungen" innerhalb eines Kapitels wie auch die Absätze innerhalb der einzelnen „Übungen" Möglichkeiten zum inneren Verweilen, ohne daß damit eine zwingende Gliederung und Systematisierung des Meditierens gegeben werden soll.

Entscheidend für die Schritte in die innere Welt ist der erste Schritt, nämlich der in die Stille und in die Sammlung. Er ist auch der schwierigste. Folgende Hilfen seien genannt: Zumindest für den Anfänger ist ein möglichst geräuscharmer Raum unerläßlich. (Bitte keine Geräuschkulisse, sogenannte meditative Musik! Nur die Stille und sonst nichts!) In diesem Raum gilt es zur Ruhe zu kommen und gleichzeitig ganz wach und aufmerksam zu sein. Das Zur-Ruhe-Kommen beginnt mit dem Erspüren des In-sich-selber-Ruhens, und zwar vom Leibe her. Franz von Assisi sagt im „Spiegel der Vollkommenheit“: „Wo wir auch sind und wandern, immer haben wir unsere Zelle bei uns: Bruder Leib ist unsere Zelle, und die Seele ist der Eremit, der in der Zelle wohnt, um betrachtend und betend Zwiesprache mit Gott zu halten. Wenn also die Seele in ihrer Zelle nicht der Stille pflegt, so nützt die äußere, von Hand errichtete Zelle nichts.“ Es geht bei den nun folgenden Anweisungen eigentlich um nichts anderes als um ein Herrichten der Zelle des Leibes, um ein Lernen, bewußt in der Zelle des Leibes zu wohnen, um letztlich in sich selbst zu wohnen und so zur Stille zu finden.

Versuchen wir also auf einem Stuhl, in einer Kirchenbank, im Chorgestühl, auf dem Boden, auf einem Meditationsbänkchen so zu sitzen, daß eine aufrechte, freie Haltung möglich ist. Dazu kann man am Beginn mit dem Rumpf eine leichte Pendelbewegung von rechts nach links und von links nach rechts ausführen, man kann sich auch mit gerade gestrecktem Rücken einmal nach vorn beugen und dann wieder in die senkrechte Haltung zurückgehen, um diese möglichst deutlich zu erspüren. Sich nach rückwärts anlehnen sollte man nur, wenn dabei eine aufrechte Haltung möglich bleibt. Die Hände legt man locker auf die Oberschenkel oder aber zusammen beziehungsweise ineinander. Der Blick geht nach unten ins Leere, oder die Augen werden ganz leicht geschlossen. Dann läßt man sich auf den Atem ein. Man folgt – ohne jede Anstrengung – ganz ruhig seinem Kommen und Gehen und lauscht dabei intensiv auf die Stille. Sie ist, wie die Luft für unseren Leib, das Lebenselixier für unser Meditieren: Auf die Stille lauschen, sie gleichsam ein- und ausatmen, das ist der grundlegende

Schritt in die innere Welt, die Grundübung, die man so lange durchführt, bis man meint, auf diese Weise einigermaßen zur Ruhe gekommen zu sein.

Dann setzt man sich wieder locker und entspannt hin und nimmt sich ein Kapitel vor, das man vorher ausgewählt und mit dessen Textvorlage und Vorbemerkung man sich schon ein wenig vertraut gemacht hat. Dann beginnt die erste Übung. Man liest langsam und besinnlich – unter Umständen halblaut –, bis in der Deutung eine Anweisung zum Verweilen erfolgt oder man sich von sich aus so „beeindruckt" fühlt, daß man bei diesem „Eindruck" verweilen und ihn auskosten möchte. Dazu bringt man sich wieder in die eben beschriebene Meditationshaltung und wiederholt dann gegebenenfalls mehrere Male Wort oder Satz, die für den „Eindruck" maßgebend waren, um dem inneren Gehalt der Worte oder der Sätze nachzulauschen und nachzusinnen – ähnlich wie man eine Glocke oder einen Gong anschlägt und dem verhallenden Klang lauscht. Wie lange man bei den einzelnen Abschnitten verweilt und ob man die Deutung mehrerer Abschnitte hintereinander liest, um sich dann in eine größere Texteinheit zu versenken, bleibt dem einzelnen überlassen. Man kann den Text der Vorlage und der Deutung auch verkürzen, Sätze auflösen oder Teile davon zu freiem persönlichem Gebet umformen und erweitern. Aus dem jeweiligen Verweilen und Sich-Versenken sollte man sich nur ganz behutsam lösen und einige Augenblicke ganz still und völlig entspannt dasitzen, bevor man die Deutung des nächsten Abschnittes liest beziehungsweise die Übung ganz beendet.

Sehr oft wird bei den Übungen für dieses Verweilen und Auskosten des „Eindrucks" als Hilfe auf das Jesus-Gebet verwiesen, so daß der Untertitel dieses Buches auch hätte lauten können: „Geistliche Übungen zur Vertiefung des Jesus-Gebetes."

Man kann dieses Buch im Sinne eines Betrachtungsbuches täglich für die Zeit des Meditierens, die sogenannte stille Zeit, benutzen, für die man nach Möglichkeit einen regelmäßigen, festen Zeitpunkt und eine bestimmte, feste Zeitdauer festlegen sollte. Man kann einen sogenannten Wüstentag, wie er heute auch in manchen Klöstern üblich ist, damit gestalten, ebenso auch mehrere Exerzitientage. Man kann auch in einem Meditationskreis daraus vorlesen, nur sollte der Vorlesende das entsprechende Kapitel zuvor geübt haben, um sich über die Momente des Verweilens und deren Dauer im klaren zu sein.

Eine perfekte Gebrauchsanweisung zu diesem Buch, die gleichsam ein „Funktionieren" garantiert, gibt es nicht. Es bedarf des Wagnisses zu diesen Schritten in die innere Welt. Im Grunde bleibt nur – als Ergänzung zu den oben erwähnten Worten des heiligen Franziskus – die Anweisung eines alten Mönchsvaters maßgebend: „Bleibe in deiner Zelle, und die Zelle wird dich alles lehren." Das Gebet um die persönliche Hingabe an die göttliche Führung im eigenen Herzen sollte am Beginn jeder Übung stehen, wie auch das Dankgebet an deren Ende; denn alles ist Gnade. Das wird einem nirgendwo tiefer bewußt als dort, wo man sich mit ganzem Ernst auf geistliche Übungen einläßt.

ERSTER TEIL

GEISTLICHE ÜBUNGEN ZU TEXTEN DER HEILIGEN SCHRIFT

1

Denn sie werden Gott schauen

Zu den Seligpreisungen

Matthäus 5, 1–12

In „geistlichen Übungen" geht es um eine Art Geburt. Das Wort, das Jesus Christus, der Herr, selbst ist, will in uns Gestalt gewinnen. Wir gehen in unsere innere Welt, um dort des Tiefsten in uns innezuwerden. Es ist das Geheimnis, daß er in uns gegenwärtig ist und gegenwärtig werden will, daß er in uns geboren werden will. Die Gottesgeburt in uns geschieht durch sein Wort. Besonders dicht spricht er es uns zu in den Seligpreisungen. Sie wurden jahrhundertelang als Inbegriff des christlichen Weges betrachtet. In der byzantinischen Liturgie werden sie beim feierlichen Einzug des Evangeliums gesungen. Lassen wir diese Worte der Seligpreisungen ganz tief in uns gesprochen sein, auf daß die Gottesgeburt in uns geschehe. Eine harte Arbeit an uns ist zu tun. Sie besteht darin, zu lernen; nicht um etwas zu tun, sondern zu warten! Sie besteht darin, im Schweigen das Warten zu lernen. Ich kann nichts tun, wir können nichts tun. Möge der Herr jetzt das Seine tun, das heißt: alles!

Erste Übung

Als Jesus die vielen Menschen sah,
stieg er auf den Berg.
Er setzte sich,
und seine Jünger traten zu ihm.
Und er öffnete seinen Mund und lehrte sie

Matthäus 5, 1–2

Der Herr schaut uns an, die wir vor ihm stehen. Er öffnet seinen Mund und spricht zu uns. Wir sehen und hören ihn mit dem inneren Auge und Ohr in der Botschaft der Seligpreisungen, vielleicht der wesentlichsten Botschaft, die er an uns ergehen läßt.

Jesus stieg auf einen Berg, wie einst Mose auf einen Berg gestiegen war und das Gesetz empfangen hatte. Jenes Gesetz verkündete: Du sollst – Du sollst nicht. Der Berg war vor den Augen der übrigen Menschen in einem Wolkendunkel verborgen, und das Volk getraute sich nicht, näherzutreten (vgl. Ex 19,16–25). Jesus steigt auf einen sanften Hügel, für alle sichtbar und wahrnehmbar. Es ist gleichsam der Hügel des Menschenherzens, auf dem Jesus da spricht – in uns. Der ferne Gott mit Donner, Wolken und Trompetenschall hat sich gewandelt in den nahen Gott, in den nahen Gott des sanften Hügels, der das Herz ist. Uns zugewandt, in menschlicher Wärme, spricht er mit uns. Die Stimme ertönt in uns. Nicht: Du sollst – du sollst nicht, keine Forderungen, die wir oft als von außen an uns herangetragen empfinden und vor denen wir zutiefst erschrecken können. Sondern: Selig, glückselig, glücklich! Der Herr knüpft hier unmittelbar an das Verlangen und die Sehnsucht des

Herzens an. Sein Wort weckt die Erfüllung dessen, was wir sind, das volle Menschsein, zu dem wir gerufen sind: Selig!

Lassen wir dieses Wort „Selig“ in uns hineinklingen. Versuchen wir, ein wenig aus unserem Leben kommen zu lassen, was wir – in aller Ehrlichkeit – als Beseligung, als Glück erfahren haben. Wie erwarte ich, wünsche ich Seligkeit und Glück zu erleben als die tiefste Möglichkeit und letzten Sinn meines Daseins? Lassen wir Erfahrungen dieser Art kommen, und gehen wir dann ganz tief in uns hinein, indem wir nur sprechen: „Selig, glückselig!“ Indem wir das „Selig“ sprechen, ist Jesus Christus unseren Herzen gegenwärtig. Beten wir ihn an, vielleicht mit dem Wort Jesus oder Jesus Christus oder Herr, und dann lassen wir ihn sprechen im Innersten unseres Selbst: „Selig!“ Spüren wir nach, wie dieses Wort in uns klingt, wenn Christus es uns zuspricht als Möglichkeit und als eigentliche Bestätigung unseres Daseins: Ich – selig; ich – darf Seligkeit erfahren.

Lassen wir uns nicht beunruhigen, wenn wir das Wort „selig“ vielleicht noch nicht wirklich hören können. Es ist ein Wort, das uns auf einen Weg stellt! Unsere Erwartungen, unsere Hoffnungen gehen über alle Enttäuschungen unseres Lebens hinaus, da wir jetzt die Wahrheit eines inneren Weges erkennen dürfen und geführt werden. Wir versuchen zu erspüren, wie Beseligung da hereinscheint, wo das Gestern versinkt und das Morgen noch nicht da ist; wo es nur das Jetzt gibt und diesen Hauch von Glück. Hier, in diesem Schweigen, ist „Seligkeit“ – als tiefe, friedvolle Ruhe.

Zweite Übung

Selig die Armen im Geist, denn ihrer ist das Himmelreich

Matthäus 5, 3

Jesus spricht zu uns das „Selig", indem er es lebt und verwirklicht. Er verheißt die Seligkeit, die Verwirklichung aller Seligpreisungen, und er ist selbst die Seligkeit, in ihm sind die Seligpreisungen Wirklichkeit geworden.

Was heißt bei Jesus „Armut im Geist"? Daß er selbst ein „Armer im Geist" ist. Er lebt nicht aus sich selbst, sondern von einem anderen her, von dem er alles erwartet, von dem er sich unaufhörlich beschenkt weiß: vom Vater! Er, der Sohn, empfängt sich in jedem Augenblick neu vom Vater; er besitzt nichts, was er nicht unaufhörlich vom ursprunglosen Vater empfängt. – Ein Armer hat nichts, er wartet auf das Empfangen und Beschenktwerden, auf das er keinen Anspruch hat: Christus, der Arme im Geist schlechthin! Christus, der den Geist der Armut in sich trägt, um ihn uns zu senden.

Im Glaubensbekenntnis sprechen wir: „gezeugt, nicht geschaffen". Diese Zeugung aus dem Vater ist nicht etwas Abgeschlossenes, sondern ein unaufhörliches, beständig sich erneuerndes Geschehen, so empfängt Christus sich als der Sohn aus dem Vater, als das Wort vom Vater. So wie unser Wort verklingt, wenn wir es nicht ständig neu sprechen, und unser Wort sich empfängt von unserem Sprechen her, so empfängt sich der Sohn beständig vom Vater, indem er vom Vater gesprochen, vom Vater gezeugt wird.

Noch in einem weiteren Sinn ist Jesus ein Armer im

Geist. Er hält, wie es im Hymnus des Philipperbriefs (2,6–11) heißt, sein Gottgleichsein nicht fest wie einen Besitz, sondern er läßt los, er entäußert sich, wird ein Mensch, nimmt die Gestalt des Knechtes an und begibt sich in die letzte Armut menschlichen Sterbens. Er macht sich leer bis zum Tod, ja bis zum Tod am Kreuz – um wiederum alles zu empfangen als der zur Rechten des Vaters Erhöhte. Armut im Geist ist Leerwerden von sich selbst, um Gott zu empfangen, die Fülle: „denn ihrer ist das Himmelreich". Himmelreich ist das, was beständig als die Fülle Gottes in uns erfahren werden soll – jetzt noch als etwas, das wächst, als etwas, das kommt, das aber auf ein Letztes und Äußerstes zugeht, das auf eine letzte Fülle hinzielt.

Auch wir empfangen uns vom Schöpfer her. So sollen wir nichts festhalten wollen, nichts als „Besitz" betrachten – alles ist nur Geschenk und Leihgabe, auch das eigene Dasein. Ich muß nicht meinen, mich behaupten zu müssen; im Loslassen werde ich mich immer neu empfangen. Viele Formen der Selbstbehauptung und des Festhaltens sind im Grunde nur der umgekehrte Ausdruck dafür, daß man nicht empfangen und annehmen kann – am allerwenigsten sich selbst! Diese Ohnmacht, sich selbst annehmen zu können, versteckt sich hinter den verschiedenen Formen des Haben- und Besitzenwollens.

Fragen wir uns: Wo hänge ich fest? Wo halte ich fest? Wo kann ich nicht loslassen? Kann ich wirklich empfangen? Kann ich mich selbst, mein Dasein annehmen? Verlangt mich nach dem Geist der Armut? – Was betrachte ich als meinen „Besitz", äußerlich und innerlich? Meine Möglichkeiten, meine Begabungen, meine menschlichen Beziehungen? Wo halte ich fest, worauf meine ich mich stützen zu können?

Loslassen! Auch liebgewordene Vorstellungen, Begriffe, Bilder, festumschriebene Hoffnungen. Offen sein, für alles bereit sein, wie der Arme, der keinen Anspruch hat, der auf nichts pochen kann, der nur das Empfangen „hat", auf daß sich das Nichts als Fülle erweise. „Selig die Armen im Geist, denn ihrer ist das Himmelreich." Selig ich Armer im Geiste, mein ist das Reich, der Himmel, die wachsende Fülle Gottes, der in dem Maße wächst, wie ich abnehme (vgl. Joh 3,30).

„Herr Jesus Christus, erbarme dich meiner!" Hilf mir, loszulassen und alles von dir zu empfangen. Bilde mich um in dich, der du empfängst, dich entäußerst und erniedrigst, um als der zur Rechten des Vaters Erhöhte alle in die Fülle Gottes hineinzuziehen. Im Geist der Armut, im Heiligen Geist sprechen wir innerlich, tief vertrauensvoll: Herr Jesus Christus, erbarme dich meiner!

Dritte Übung

Selig die Trauernden, denn sie sollen getröstet werden

Matthäus 5,4

Trauern ist eine Grundgestalt unseres menschlichen Daseins. Trauern ist so sehr Grundgestalt, daß wir oft keinen Grund mehr angeben können, warum wir traurig sind. Warum bin ich traurig über mich selbst, über meine Grenzen, über die schmerzlichen Erfahrungen, über mein Versagen, über mein Ungenügen? Diese

Trauer über sich selbst in der Sehnsucht nach Umgestaltung ist nicht die einzige Gestalt der Trauer. Es gibt auch Trauer über das Elend dieser Welt, über das Unglück, das diese Welt als Ganzes und so viele einzelne getroffen hat, und dann vielleicht die bitterste Form: Trauer, weil man nicht mehr trauern kann. Jener, der noch wirklich trauern kann bis hin zu Tränen der Trauer, ist auf dem Weg, den Trost zu empfangen, der als Geheimnis auf dem Grund dieser Trauer aufblüht.

Die Evangelien sprechen eigentümlicherweise nie ausdrücklich davon, daß Jesus gelacht hat, wohl aber von seinen Tränen. Er weint über Jerusalem (Lk 19,41), das, in sich selbst verfangen, den Willen des Herrn, das Angebot Gottes nicht erkennt. Wir kennen seine geheimnisvollen Tränen über Lazarus, seinen Freund, den er erweckt (Joh 11,35). Er trauert am Ölberg: „Meine Seele ist betrübt bis in den Tod" (Mt 26,38) – diese Stunde äußerster Angst, wo sein Menschsein sich gegen die letzte Hingabe sträubt, wo auch alle Traurigkeit dieser Welt auf ihn stürzt und alles, worüber man je trauern kann, ihm zum Bewußtsein kommt. An seiner Traurigkeit haben auch seine Jünger teil, die eingeschlafen sind in bleierner Depression, unfähig, sich zu rühren. Am Ölberg tut Jesus das, was für unsere Schwermut eine Antwort werden kann: „Nicht wie ich will, sondern wie du willst" (Mt 26,39). Das ist für uns Christen das große Geschenk, daß es einen Platz gibt, wohin wir mit unserer Traurigkeit gehen können, einen Ölberg, einen Garten Getsemani, wo wir zusammen mit dem zu Tode Betrübten uns dem Willen des Vaters übereignen können.

Wie aber geht nun der Herr mit den Trauernden um, mit den Weinenden, mit den Tränen der Menschen? Der Sünderin (Lk 7,36–50), die mit ihren Tränen seine Füße benetzt, vergibt er; das heißt, er nimmt sie an und hilft ihr, ihre eigenen Grenzen anzunehmen, indem er sie von der Schuld freispricht. Dem weinenden Petrus (Mt 26,75), der ihn verleugnet hat und der damit sich selbst und sein eigenes Wesen verleugnet hat, gibt er – wenn auch später, nach der Auferstehung – die Möglichkeit, ganz er selbst zu sein: „Ja, Herr! Du weißt, daß ich dich liebe" (Joh 21,15–18). Mehrfach sagt Jesus: „Weine nicht!" – zur Mutter des Jünglings von Nain (Lk 7,13), zu Jairus (Mk 5,35–52), dessen Tochter er erweckt.

Immer geht es bei den Tränen letztlich um Auferstehung. Durch die Selbstübereignung Jesu an den Willen des Vaters in Getsemani beginnt für ihn selbst der Weg in die Auferstehung hinein, wenn auch über das Letzte und Bitterste: „Mein Gott, warum hast du mich verlassen?" (Mt 27,46). Der weinenden Mutter, dem weinenden Vater gibt er die Toten zurück in der Auferweckung; die Sünderin darf seelisch auferstehen in der Vergebung, die der Herr ihr auf die Tränen hin gewährt. Petrus lebt neu auf, indem er Christus seine Liebe neu schenken darf.

Im Licht der Traurigkeit Jesu und im Licht dessen, wie Jesus mit den Trauernden umgeht, wollen wir die eigene Traurigkeit anschauen: die Traurigkeit über mich selbst; über die Grenzen, die ich immer wieder schmerzlich erlebe; über Enttäuschungen, unerfüllte Erwartungen; aber auch das Mittrauern am Elend und Unglück anderer und schließlich das Eingehen in die unaussprechlichen Traurigkeiten, die wir nicht deuten können. Das Wort „Weltschmerz" ist vielleicht ein ganz tiefes Wort, das die ungeklärten Depressionen und Traurigkeiten meint, die Teilhabe am Schmerz der Welt sind – die Summe des Leides, das ja so namenlos und so unendlich ist. „Sunt lacrimae rerum", sagt der Dichter Vergil, „die Dinge weinen!"

Mit diesem Schmerz treten wir vor den Herrn, der selbst die Traurigkeit kennt und erlitten hat, und breiten alles vor ihm aus in der Hoffnung auf Verwandlung und Erweckung. Diese innere Auferstehung durch den Herrn ist der Trost. Er tröstet durch den erweckenden Tröster, den Heiligen Geist. Der Trauernde empfängt die Gabe des Trösters, die Gabe des Geistes, der verwandelt, jedoch nur, wenn man wirklich völlig losläßt. Empfangen durch Loslassen, das heißt, auch diese Trauer loslassen, sie nicht als Besitz, als letzten Genuß behalten wollen. Das ist nämlich die heimliche Verführung der Schwermut: festhalten wollen, sich in der Traurigkeit gefallen, nicht eingehen in das Sterben *und* Auferstehen mit Christus.

Haben wir keine Angst, unsere Trauer anzuschauen. Trauer ist der Weg in die Tiefe. Wer nicht trauern kann, erfährt auch keine Tiefe. Als Trauernder kann ich aus der Tiefe sprechen: „Herr Jesus Christus, erbarme dich meiner."

Vierte Übung

Selig die Sanftmütigen, denn sie sollen das Land besitzen

Matthäus 5, 5

Aus der Übereignung des Lebens an Gott erwächst der freie Mensch. Er ist frei von der Schwermut auf der einen Seite und von der Aggression auf der anderen Seite. Beides hängt oft miteinander zusammen: Aggressionen und Frustrationen. Enttäuschungen schlagen um in Gewalt gegen andere oder gegen sich selbst, wenn der Schritt der Übereignung an Gott nicht gelingt. Ja, angesichts des Leidens und Trauerns in der Welt, des Weltschmerzes, kann es zur Aggression gegen Gott kommen. Der Sanftmütige ist der Gewaltlose, der weiß, daß er nichts zu verlieren hat, sondern nur alles zu gewinnen. Der Sanftmütige ist der Demütige, der dienstbereite Mensch, der sich ganz zurücknehmen kann, weil er nichts festzuhalten, nichts zu behaupten hat. Der Sanftmütige ist der freie Mensch, der sich aber in seinem Letzten begründet weiß in einem anderen, einem bleibend Unzerstörbaren. Weil er diesen innersten Punkt der Unangreifbarkeit gefunden hat, wird er letztlich selbst der Unangreifbare. Gewaltlosigkeit ist nicht Schwäche, sondern äußerste Kraft. Der Sanftmütige ist der Mensch der Liebe. Es fällt auf, daß die Seligpreisungen kein einziges Mal das Wort Liebe verwenden, aber sie kommt in vielfältiger Gestalt vor. Sanftmut als Gewaltfreiheit ist eine Form der Liebe, ist die stärkste Form der Liebe.

Wir wollen in dieser Meditation ein inneres Bild zu Hilfe nehmen. Wir schauen auf Jesus, den Sanftmütigen, der von sich selbst gesagt hat: „Ich bin sanftmütig und demütig von Herzen“ (Mt 11,29), auf den Jesus der Gewaltlosigkeit. Wir sehen ihn, an die Geißelsäule gebunden oder am Kreuz hängend, den Weg der Gewaltlosigkeit bis zum Ende ertragen, bis zur Vollendung, dorthin, wo die Liebe siegt.

Wir fragen uns: Warum bin ich nicht sanftmütig? Wo sind meine Aggressionen? Wem kann ich nicht in dieser Sicherheit der Liebe begegnen? Warum habe ich Ablehnung, Widerwillen, um nicht zu sagen Haß? Was ist in mir verwundet, daß ich so reagiere? Wie weit bin ich wirklich arm im Geist, habe ich alles losgelassen? Oder was halte ich fest? Was meine ich, verdrängen zu müssen?

Der Herr, der den Weg der Gewaltlosigkeit gegangen ist, kann diese Wunden heilen, aus denen immer wieder Ablehnung, Zorn, ja Haß quellen. Dann kann ich den Weg der Sanftmut gehen, den Weg der Gewaltlosigkeit, den Weg der liebenden Zuwendung. Dann werde ich das Land besitzen, jenes Land der Freiheit, das mir verheißen ist: das Land einer letzten inneren Sicherheit und Geborgenheit, das Christus in mir ist. Er ist das Land der Lebendigen.

Verweilen wir nicht zu lange bei der Frage nach unseren Aggressionen. Versuchen wir ganz einfach, offen und frei da zu sein, ohne etwas festhalten, ohne etwas verteidigen zu müssen, auch ohne etwas beurteilen oder verurteilen zu müssen. Bei lieblosen Urteilen ist die Sanftmut schon am Ende. Schauen wir unsere Aggressionen ruhig an, aber dann schauen wir auf den Herrn an der Geißelsäule oder am Kreuz. Denken wir an die göttliche Freiheit, die da aufleuchtet! Der Sohn Gottes ist diesen Weg der Gewaltlosigkeit gegangen, und daher können wir beten: „Herr Jesus Christus, erbarme dich meiner."

Fünfte Übung

Selig, die hungern und dürsten nach der Gerechtigkeit, denn sie sollen gesättigt werden

Matthäus 5, 6

Diese Seligpreisung kann leicht mißverstanden werden. Hier ist nicht die Rede von Menschen, die danach hungern und dürsten, daß ihnen Gerechtigkeit in diesem Leben widerfahren möge. Im Blick auf das Unrecht, das anderen widerfährt, kann und muß ich mich bemühen, für Gerechtigkeit in dieser Welt zu sorgen. Aber mit dem Hunger nach Gerechtigkeit in der Seligpreisung ist etwas anderes gemeint. Das wird deutlich, wenn wir auf Jesus Christus schauen. Er, der einzig vom Vater her lebt, der einzig auf den Vater hin lebt, er kennt nur dieses eine: den Willen des Vaters zu tun. Seine Gerechtigkeit besteht darin, ganz im Willen des Vaters zu ruhen. Er, den nach der Gerechtigkeit hungert und dürstet, erfährt die verheißene Sättigung, indem er sagen kann: „Ich und der Vater sind eins" (Joh 10,30). Bei der Taufe im Jordan und bei der Verklärung auf dem Berg Tabor bestätigt der Vater, daß Jesus der Gerechte ist: „Dieser ist mein geliebter Sohn, an dem ich mein Wohlgefallen habe" (Mt 3,17 und Mt 17,5).

Nach Jesus Christus, dem Gerechten, bemißt sich unsere Gerechtigkeit. Wenn uns nach der Gerechtigkeit hungert und dürstet, geht es nicht um uns und um unsere Vorstellungen, sondern um die Liebe des Vaters und um das Wohlgefallen des Vaters an uns. Vom heiligen Benedikt wird gesagt: „Sein Wunsch war es, Gott allein zu gefallen." So können wir uns fragen: Wie hungert und dürstet mich nach der Gerechtigkeit? Was für eine Rolle spielt das in meinem Leben, Gott allein zu gefallen?

Die neue Gerechtigkeit, die weit größer als die der Schriftgelehrten und Pharisäer ist und ohne die wir nicht in das Himmelreich kommen (Mt 5,20), ist das Hungern und Dürsten nach Vollendung meiner selbst in Gott. Immer wieder erlebe ich, daß ich mich selbst nicht vollenden kann, daß ich immer wieder nur scheitern kann und trotzdem immer neu hungere und dürste nach Ganzheit und Vollendung. Es ist die Erfahrung, daß ich die Liebe nie voll leben und nie voll geben kann, daß aber meine Unvollkommenheit aufgenommen wird von der Fülle Gottes.

Der heilige Vinzenz von Paul hat ein gewaltiges karitatives Werk geschaffen. Als ihm die französische Königin am Ende seines Lebens sagte: „Sie haben die Gerechtigkeit erlangt", antwortete der gebeugte Greis mit Tränen in den Augen: „Es ist nie genug, es ist nie genug!" Hier spüren wir dieses Hungern und Dürsten nach der Gerechtigkeit, bis der Mensch die geheimnisvolle Sättigung durch Gott selbst erfährt, das Überkleidetwerden mit der Gerechtigkeit Christi, die Kraft einer Liebe, die nicht aus uns selbst kommt, die uns verschlossen bleibt, bis sich uns der Christus in uns eröffnet hat.

Im Evangelium begegnet uns immer wieder Jesus, der nach Gerechtigkeit hungert, der nur eines kennt: „Meine Speise ist es, den Willen dessen zu tun, der mich gesandt hat" (Joh 4,34). Es gibt zwei Menschen im Evangelium, von denen Jesus ausdrücklich sagt, daß sie gerechtfertigt sind. Der eine ist der Zöllner, der betet: „Gott, sei mir Sünder gnädig", und von dem gesagt wird: „Er ging gerechtfertigt nach Hause" (Lk 18,9-14) – anders als der selbstgerechte Pharisäer, der sich mit anderen vergleicht, gegen sie abgrenzt und meint, Gott seine Scheingerechtigkeit vorweisen zu können. Der andere ist der Schächer am Kreuz: „Herr, gedenke meiner, wenn du in dein Reich kommst." Er nimmt sein Gekreuzigtwerden als gerecht an, und zu ihm sagt Jesus: „Heute noch wirst du mit mir im Paradies sein" (Lk 23,40–43).

Das Menschsein vollendet sich im Leben der Seligpreisungen. Hungern und Dürsten nach Gerechtigkeit ist im Grunde der Wunsch, die Seligpreisungen leben zu dürfen, die neue Gerechtigkeit, die von Christus her kommt, die in Christus das Maß hat und zu der es nur einen Weg gibt, nämlich in der Gemeinschaft mit dem Gerechten zu leben, das heißt, in Christus zu sein. Dadurch, daß ich in Christus bin, wird seine Gerechtigkeit meine Gerechtigkeit, und so ruht das Wohlgefallen des Vaters auf mir.

Schauen wir in unser Leben, auf unser Bemühen, gute Menschen zu werden. Fragen wir uns nach unseren Maßstäben; vielleicht sind manche sehr menschlich, unter Umständen auch sehr mittelmäßig. Spüren wir in der Meditation unsere Sehnsucht nach Vollkommenheit, nach Ganzwerden, nach Liebe, nach Liebe-schenken-Dürfen, und schauen wir mit unserer Sehnsucht nach der neuen Gerechtigkeit auf Jesus Christus, den Gerechten. Er weckt in uns den Hunger und Durst nach Umgestaltung und Befreiung von unseren eigenen Grenzen und nach Gemeinschaft mit ihm; er allein kann ihn erfüllen: „Herr Jesus Christus, erbarme dich meiner."

Sechste Übung

Selig die Barmherzigen, denn sie werden Barmherzigkeit erlangen

Matthäus 5, 7

Die Frage, die wir uns immer wieder stellen, heißt: Was ist Gerechtigkeit? Nicht, daß uns Gerechtigkeit widerfahre, sondern daß Gott Gerechtigkeit widerfahre, indem wir die werden, die wir sein sollen. Aber was ist diese Gerechtigkeit, wie sollen wir sein? „Seid vollkommen, wie euer Vater im Himmel vollkommen ist" (Mt 5,48). Die Vollkommenheit Gottes, seine Gerechtigkeit, das ist seine Barmherzigkeit! Die Gerechtigkeit, nach der uns hungert und dürstet, ist die Barmherzigkeit, die barmherzige Liebe, die liebende Barmherzigkeit. Die neue Gerechtigkeit, die Jesus verkündet, ist die Barmherzigkeit, die sich ausdrückt als Feindesliebe, als Gebet für die Verfolger, als das Segnen derer, die uns fluchen und schmähen, als das gewaltfreie Zugehen auf die, die uns Gewalt antun wollen.

Barmherzigkeit ist nicht Begleichen einer Rechnung, auch nicht Antwort auf erfahrene Liebe, sondern schenkende Liebe. Sie hat immer wieder mit Armut zu tun. „Barmherzigkeit" heißt dem Wortsinn nach hergeben, dem Armen sein Herz schenken, sich dem Elenden zuwenden. – Gott hat das Herz des großen Erbarmens. Für uns Elende, nach Erlösung Hungernde und Dürstende ist er das Herz des großen Erbarmens. Es gibt wohl im Grunde kaum jemanden, sofern er nicht von vermessenem Stolz erfüllt und völlig verhärtet ist, der sich nicht irgendwie seines Elendes bewußt ist, der sich nicht auf

Erbarmen angewiesen weiß, nicht nur auf das Erbarmen Gottes, sondern ebenso auch auf das der Menschen. Freilich ist das Barmherzig-Sein letztlich ein Weg, ein Barmherzig-Werden. Es gewinnt dadurch Gestalt, daß man selbst die Armut im Geiste sucht; daß man durch die Trauer hindurchgegangen ist; daß man sich um die Sanftmut bemüht hat; daß man den Hunger und Durst nach Gerechtigkeit verspürt hat mit allem Scheitern. Dann erst geschieht Barmherzigkeit, selbstloses Schenken und Hingeben, das nichts mehr von dem versteckten Stolz des Sich-selbst-Herablassenden an sich trägt.

Barmherzigkeit ist etwas unendlich Beglückendes, aber auch etwas unendlich Schmerzliches, weil sie immer das Teilen voraussetzt, das Teilhaben am Leid, das Mitleiden. Erst dann wird Barmherzigkeit zum Abbild jener Barmherzigkeit Gottes, die hinabsteigt, die in das menschliche Elend hineingeht und die im Leiden seines Sohnes ihren tiefsten Ausdruck findet.

Wer Barmherzigkeit übt, wird Barmherzigkeit erlangen, nicht nur in dem Sinn, daß ihm Gott gnädig ist und er immer neu Gottes Barmherzigkeit erfährt, sondern unser ganzes Leben wird durchwaltet und durchströmt vom Wirken des All-Erbarmers, wie Christus in der byzantinischen Liturgie genannt wird: „Du All-Erbarmer, wir preisen dein großes Erbarmen."

Schauen wir wiederum in unser Leben hinein, und fragen wir uns: Wo habe ich Barmherzigkeit erfahren? Und: Wo durfte ich barmherzig sein? Wo konnte ich in den Fügungen des Lebens die Erfahrung machen, unverdient beschenkt worden zu sein, in einer äußersten Bedrängnis und Not angenommen worden zu sein? Wo habe ich mich eines Menschen erbarmt und ihn angenommen, ohne dazu in den Augen der Welt verpflichtet gewesen zu sein, sondern einfach um der Liebe Christi willen? Wir werden bei der letzten Frage sicher sehr bescheiden werden, wir werden kaum daran zu denken und schon gar nicht davon zu sprechen wagen, weil es selbstverständlich war und weil wir sowieso wenig davon bei uns finden. Barmherzigkeit führt in die Verborgenheit, in das verschwiegene Tun und Mitfühlen und Mitteilen.

Lassen wir den All-Erbarmer vor uns stehen, und öffnen wir alles in unserem Herzen der Liebesstrahlung Gottes, öffnen wir uns ganz den Erbarmungen Christi, dem Herzen des großen Erbarmens. Seine Barmherzigkeit tritt uns überall im Evangelium entgegen, am stärksten vielleicht im Gleichnis vom barmherzigen Samariter (Lk 10,29–37). Er ist ein Sinnbild für Christus. Er hat sich dem zum Nächsten gemacht, der unter die Räuber gefallen war. Christus macht sich uns zum Nächsten ohne Unterschied.

Nicht fragen: Wer ist mein Nächster, sondern: sich zum Nächsten machen durch die Bereitschaft zum Helfen, zum Dienen, zum Verzeihen, zum Vergeben, zum Danken. Bitten wir ihn um sein Erbarmen, daß es uns geschenkt werde, barmherzige Menschen zu werden. Treten wir mit denen, mit denen wir uns schwertun, von denen wir meinen, daß sie uns unrecht getan haben, mit unseren Feinden vor den All-Erbarmer hin: „Herr Jesus Christus, erbarme dich meiner." „Herr Jesus Christus, erbarme dich unser."

Siebte Übung

Selig, die reinen Herzens sind, denn sie werden Gott schauen

Matthäus 5,8

Wir können auf die Seligpreisungen wie auf einen Stufenweg blicken. Die Armut im Geist soll uns frei machen vom Festhalten, vom Haben- und Besitzenwollen, vom Selber-machen-Wollen, vom Erreichenwollen, von der Einbildung, selbst etwas zu sein, wo wir doch nur von Gott her etwas sind. Die Traurigkeit soll uns hinaustragen aus dem Rahmen des nur Genießens und des Sich-selbst-Verwöhnens und uns hineinführen in den weiten Horizont Gottes, in jene Übereinstimmung, die zwischen Sanftmut und Gewaltlosigkeit liegt, in das Freisein von Zorn, Abneigung und Aggression. Hunger und Durst nach Gerechtigkeit, die Sehnsucht nach Vollkommenheit, aber zielt auf die Barmherzigkeit, die ein anderer Name für Liebe ist und deren Prüfstein die Feindesliebe ist, nichts anderes. Wo diese vollkommene Liebe wohnt, da haben wir das reine Herz, das in der Liebe weit gewordene Herz. Das reine Herz ist das von sich selbst leer gewordene Herz des Armen im Geist.

„Rein" ist zunächst nicht moralisch gemeint und schon gar nicht mit sexueller Färbung im Sinne von „unreinen Gedanken und Begierden". Das reine Herz ist das ungeteilte Herz, das einfach gewordene Herz, das völlig auf Gott ausgerichtet ist. Es will nichts für sich behalten, es ist frei von Trübungen, Unlauterkeit und Unwahrhaftigkeit.

Das „reine Herz" ist ein Urwort christlicher Frömmigkeit, ein im Grunde mystisches Wort. Das Herz erscheint hier als der innere Bereich, wo das Licht Christi aufleuchtet wie in einem Spiegel. Im unreinen Herzen mischt sich das eigene, das selbstsüchtige Ich mit seinen Wünschen ein, und oft genug versteckt es sich hinter Dingen, die das Ich nach außen groß oder gar barmherzig erscheinen lassen. Es entsteht eine Trübung, eine Doppelgleisigkeit in uns selbst, die wir allzugern verdrängen und nicht zugeben. Es bedarf einer unaufhörlichen Reinigung, damit der trüb und stumpf und fleckig gewordene Spiegel des Herzens fähig wird, Gott widerzuspiegeln.

So drängt es uns immer wieder zu Fragen wie: Wo bin ich zwiespältig? Wo ist mein Herz geteilt? Wo bin ich nicht leer von mir selbst? Wo beherrschen mich dunkle Mächte, daß mein Herz nicht in dieser Lauterkeit leuchtet und strahlt? Wo ist der Spiegel noch matt und voller Flecken? Was tue ich, damit das Herz lauter wird? Überlasse ich mich der Reinigung durch Jesus Christus? Aber gehen wir nicht zu lange den Zwiespältigkeiten in unserem Leben nach, sondern lassen wir auch diese los, und schauen wir unverwandt auf Jesus Christus. Ihm öffnen wir unser Herz, ihm übergeben wir es, damit er sein Licht darin aufstrahlen lassen kann: „Herr Jesus Christus, erbarme dich meiner."

Das reine Herz verwirklicht sich in der Fähigkeit zum reinen Gebet, zum völligen Schweigen, zum Stillesein auf Gott hin, um innerlich wahrzunehmen und staunend zu verweilen. Im Vertrauen auf die Verheißung: „denn sie werden Gott schauen", wird auch uns die Erfahrung des „Christus in uns" zuteil werden, seines Lichtes, seines geheimnisvollen Friedens, der in der Stille des Herzens aufleuchtet – bis hin zur Vollendung der Gottesschau in der Ewigkeit.

Achte Übung

Selig, die Frieden stiften, denn sie werden Kinder Gottes heißen

Matthäus 5,9

Die Seligpreisungen im Leben verwirklichen, das ist im Grunde das Lebensprogramm des Christen. Das reine Herz erlangen heißt nichts anderes als die Gemeinschaft der Liebe und des Friedens mit Gott, mit Jesus Christus in Gott. Nur der, der reinen Herzens ist, kann Frieden stiften. Nur wer auf den Friedensstifter schaut, der durch sein Blut am Kreuz Frieden gestiftet hat, der gesagt hat: „Meinen Frieden gebe ich euch" (Joh 14,27), nur der kann Frieden stiften. Der wirkliche Friedensstifter steht ganz in der Nachfolge seines Herrn. Frieden stiften heißt letztlich immer: ein Stück weit sich selbst zum Opfer bringen. Nur das Opfer stiftet Frieden. Nur das Opfer, das aus Liebe gebracht wird, schafft in dieser unheilvollen, zerstörten, friedlosen Welt Frieden.

Es gibt auch einen falschen, voreiligen, faulen Frieden, von dem Jesus gesagt hat: „Ich bin nicht gekommen, den Frieden zu bringen, sondern das Schwert" (Mt 10,34). Frieden, wie Jesus ihn meint, ist auch nicht nur ein einfaches Geschehenlassen, nicht nur ein Waffenstillstand, ein Miteinander-Auskommen, sondern heißt: eins werden. Nur im Einswerden gibt es Frieden für den Menschen, sonst überhaupt nicht! Eins mit sich selbst, eins mit dem Nächsten, und das dadurch, daß der Mensch eins wird mit Gott.

„Frieden stiften" läßt sich in drei Schritten entfalten: denken, was eint; reden, was eint; tun, was eint. Jeder lieblose Gedanke, jeder richtende und verurteilende Gedanke schafft Unfrieden. Jedes lieblose Wort, jedes richtende Wort, jedes lügnerische Wort, auch das unehrliche Wort „um des lieben Friedens willen" zerstört im Grunde den Frieden. Jede lieblose Tat, jede unterlassene Tat der Liebe wirkt dem Frieden entgegen. Angesichts der nicht genutzten Möglichkeiten, uns durch kleine und große Taten so einzubringen, daß etwas vom Einswerden spürbar wird, können wir nicht anders als erschrecken. Wir spüren sehr deutlich, daß es im Grunde um das Opfer geht. Dieses Einbringen unseres Selbst in ein Denken, Reden und Tun, das eint, heißt nichts anderes als uns selbst einbringen in das Opfer der Liebe.

„Selig, die Frieden stiften." Manche Menschen heute erschrecken, wenn das Wort „Frieden" fällt, weil sie dabei sofort an politische Aktion und Agitation denken. Frieden ist der größte Auftrag, der dem Menschen gegeben ist, und er fordert ihn bis zum letzten. Aber nur, wo der Weg ganz von innen her, wo der Weg der Seligpreisungen begangen wird, wird Frieden und kann Frieden werden, mögen die äußeren Umstände dabei vielleicht auch sehr friedlos sein. Wer liebt solche Friedensbedingungen? Wer ermißt das Ganzopfer des Menschen, das damit gemeint ist?

Wir schauen auf den Friedensstifter am Kreuz: „Herr Jesus Christus, erbarme dich meiner." Wir befragen unser Leben, wo Unfrieden ist und wo wir uns selbst durch ungutes Denken, Reden, Tun immer wieder als friedlos erweisen: „Herr Jesus Christus, erbarme dich meiner." Wir bieten uns Gott an, Friedensstifter werden zu dürfen: „Herr, mache aus mir ein Werkzeug deines Friedens" im Sinne jenes bekannten franziskanischen Gebetes. Frieden stiften, nicht aggressiv, nicht fanatisch, sondern als stilles, verborgenes Opfer von innen her, das vom Denken und Reden hineinführt in das kleine und große Tun, durch das Einigung geschieht und Einheit erfahren wird. In der Meditation lassen wir dann alle Gedanken, Vorstellungen und Wünsche, auch alle Anstrengung der Konzentration los und überlassen uns einfach dem Frieden: Christus ist da, er ist unser Friede, er ist das letzte Einssein.

Neunte Übung

Selig, die um der Gerechtigkeit willen verfolgt werden, denn ihrer ist das Himmelreich

Matthäus 5, 10

Die achte Seligpreisung verweist auf die bleibende Erfahrung von Seligkeit mitten in einer äußersten Bewährung, in der Erprobung aller Kräfte. Der diese Worte spricht, ist der erste der um der wahren Gerechtigkeit willen Verfolgten: der Herr. So wie er die Verkörperung der sieben bisher betrachteten Seligpreisungen ist, so auch dieser achten. Er verheißt die Seligkeit, und er ist die Seligkeit, indem er alle Seligpreisungen selbst lebt und verwirklicht und ist.

Wenn wir die Seligpreisungen leben, dann gehen wir einen neuen Weg, dann leben wir ein anderes Leben, dann sind wir Menschen, die anders sind als andere. Damit fordern wir fast notwendig Widerspruch heraus. Das reine Herz ist keine Idylle, kein beschauliches, stilles Dasein, sondern Ergebnis eines Ringens und ein Sich-

Bereithalten für den Kampf. Es zieht geradezu zwangsläufig den Haß des Unreinen, des Doppelzüngigen auf sich.

Wer Christus nachfolgt, wird Verfolgung erfahren. Sie kann vielerlei Gesichter haben: von verborgenen und heimlichen Anfechtungen in unserem eigenen Inneren angefangen bis zu dem, was auf uns zukommt an Bösem, an Verkanntsein, an Verspottetsein. Die Verfolgung wird kommen. Der Gedanke an das Martyrium und die Bereitschaft zum Zeugnis für Christus, zum Martyrium, läßt uns den letzten Ernst und die äußerste Verbindlichkeit der Seligpreisungen erkennen.

Freilich gilt es zu unterscheiden zwischen einem voreiligen Sich-selbst-zum-Märtyrer-Stempeln, nur weil man mit seinem Wesen anderen auf die Nerven geht und sich dabei als Märtyrer fühlt, und dem wirklichen Zeugnis der Liebe, die nicht verstanden und zurückgewiesen wird. Zum Märtyrer kann man sich nicht machen, dieses Zeugnis ist wie alles Christuszeugnis Gnade.

Wir wollen uns in tiefer Dankbarkeit öffnen für die Aufgabe, die uns – wie auch immer – bevorsteht: daß wir Zeugnis geben dürfen für den Weg der Nachfolge des Herrn, für den Weg der Seligpreisungen, der auch dann noch selig ist, wenn wir als die Letzten und Ärmsten und Unseligsten in den Augen anderer erscheinen.

2

Kommt her zu mir, ihr alle

Zur Einladung Jesu

Matthäus 11, 25–30

In der Meditation versuchen wir, etwas von uns selbst zu erfahren, indem wir in uns gehen, wie es in der Bibel heißt: „Und er ging in sich“ (Lk 15,17). Wir suchen, dem geheimnisvollen Grund in uns selbst nachzuspüren, in dessen Tiefe sich Gott kundtut. Voraussetzung der Meditation ist Stille und Regungslosigkeit. Ganz frei und entspannt da sein, losgelöst vom Gefühlsmäßigen, Willenhaften: Es wird mir geschenkt, es wird die Kraft der Tiefe in mir wirken. Für das Geheimnis der Meditation gibt Buddha ein Bild: Es ist, wie wenn man eine Wachtel in der Hand hält. Hält man den Vogel zu fest, so stirbt er; hält man ihn zu locker, fliegt er davon. Behutsam und doch mit Aufmerksamkeit; leicht und liebevoll, aber doch sicher – das ist das Geheimnis des Meditierens.

Der Bibeltext, der den Weg unserer Meditation begleiten soll, gibt ein Wort Jesu wieder, das im Matthäusevangelium (11,25–30) wie auch im Lukasevangelium (10,21–24) eine ganz eigene Stellung einnimmt. Es steht unvermittelt da. Mitten im Wirken Jesu unter den Menschen, zwischen Annahme und Ablehnung, Zustimmung und Verweigerung bricht der Jubelruf, wie man dieses Jesus-Wort auch nennt, aus ihm heraus. Jesus gibt hier etwas von sich selbst preis, wie er es in dieser Weise sonst nur im Johannesevangelium tut. Sein Wort ist eine aufs äußerste verdichtete Aussage über sich selbst, über seine Beziehung zu Gott als dem Vater, und zugleich ist es als Einladung eine grundlegende Aussage über unsere Beziehung zu Jesus und über das Eigentliche, das Wesentliche des christlichen Weges.

Erste Übung

Jesus sprach: Ich preise dich, Vater, Herr des Himmels und der Erde

Matthäus 11, 25

Jesus steht vor uns und offenbart sich in einem Lobpreis. Er offenbart sich, indem er einen anderen mit „Du" anredet. „Ich preise dich, Vater, Herr des Himmels und der Erde." Der dort spricht, ist *der* Mensch, der zum Herrn des Himmels und der Erde „Vater" sagen darf. Vater sagen zu dürfen und sagen zu können ist ihm so kostbar, daß er nicht anders beginnen kann als mit Lobpreis: „Ich preise dich."

„Ich preise dich" heißt nach der Bedeutung des griechischen Wortes gleichzeitig: Ich bekenne ... Ich tue mein Innerstes kund, wenn ich dich in tiefster Zustimmung als „Vater" und „Herrn des Himmels und der Erde" anbete. Ich sage ja zu dir als dem ersten und letzten Inhalt, als der Fülle und dem Reichtum meines Lebens.

Wenn wir uns in einer ersten Übung auf diesen Satz Jesu einlassen, dann dürfen wir davon ausgehen, daß wir durch die Taufe und durch unseren Glaubensweg in uns die Kraft und die Möglichkeit vom Herrn her haben, diesen Satz ihm nachzusprechen, nachzustammeln, nachzubuchstabieren: „Ich preise dich, Vater, Herr des Himmels und der Erde."

Aber seien wir dabei ganz ehrlich, ob wir es wirklich nachsprechen können. Vielleicht können wir nur sagen, ich kann dankbar sein, aber eigentlich nicht preisen. Vielleicht können wir nur sagen: „Herr des Himmels und der Erde", als Anrede des erhabenen, unbegreiflichen Gottes, aber eigentlich nicht das vertraute „Vater". Mit den Worten Vater und Herr sind zwei Seiten der einen letzten Wirklichkeit angesprochen, der zwei Grundhaltungen in uns entsprechen: Vertrauen und Ehrfurcht. Vater, eines der grundlegenden, aber leicht mißverstandenen Worte des Neuen Testaments, meint Ursprung, tragende Fülle, bergende Kraft. Ihm, dem ich mich selbst beständig neu verdanke, kann ich vertrauen.

Lassen wir den Satz Wort für Wort in uns klingen. Versuchen wir, zu erspüren, wie weit wir uns dem Lobpreis Jesu schon anschließen können, und auch, was sich in uns diesem Lobpreis noch verschließt. Nehmen wir auch das, was sich in uns als innere Schwierigkeit und Sperre meldet, in dem Vertrauen an, daß sich diese Barrieren im Laufe der Zeit lösen werden. Haben wir keine Angst vor innerer Ratlosigkeit, wir stehen ja erst am Anfang des Weges, ganz am Anfang. Geben wir die Worte des Lobpreises Jesus zurück, damit er sie in uns, an unserer Stelle spricht. Wir lauschen – erlöst und befreit –, wie Jesus selbst in uns spricht: „Ich preise dich, Vater, Herr des Himmels und der Erde."

Zweite Übung

Ich preise dich ..., daß du dieses vor Weisen und Klugen verborgen und es Unmündigen geoffenbart hast

Matthäus 11, 25

Lobpreis ist immer Antwort auf erfahrene Güte. Er kommt in eine seltsame Spannung, wenn er sich ausdrücken will. Auf der einen Seite beginnt man aufzuzählen, wofür man Gott preist. (Vgl. den Sonnengesang auf S.202f. dieses Buches.) Man lädt alle Menschen, alle Geschöpfe, die ganze Kreatur zu diesem Lobpreis ein, weil Gottes Güte alles umfaßt und weil die ganze Schöpfung im letzten und tiefsten Widerhall der Güte Gottes ist. Auf der anderen Seite ist Lobpreis in einem Wort zusammengefaßt „Gut! – Du bist gut." Immer wieder nur dieses eine Wort, so bei Franz von Assisi z.B. im „Lobpreis Gottes von La Verna" (vgl. S.198f.). Solcher Lobpreis kann sich auch kundtun im ständig wiederholten „Halleluja". Er ist auf diese Weise Ausdruck der Ergriffenheit des Herzens von der Güte, der Liebe Gottes und muß sich letztlich umsetzen in die Lebensgestalt der Dankbarkeit.

Lobpreis leben heißt in Verbundenheit mit allem, was da ist, leben. Ein Lobpreis, der sich nicht als universale dienende Geschwisterlichkeit gegenüber allen Geschöpfen verwirklichen würde, wäre nicht echt und wesensgerecht.

Schließlich aber löst sich der Jubel auf in wortlosen Gesang, in anbetendes Schweigen angesichts der unendlichen Güte Gottes, vor der schließlich alle unsere Worte versagen. Wie ein einübendes Vorspiel darauf erscheinen die langen Halleluja-Gesänge des gregorianischen Gesangs oder manche Formen in der byzantinischen Musik, wo zuweilen über eine Viertelstunde lang auf einer Silbe bzw. wortlos gesungen wird.

Dieser Lobpreis – in der Abfolge der beiden Evangelien, in denen er sich findet (Mt 11,25–30 und Lk 10,21–22), übrigens das erste, ausdrückliche Gebetswort Jesu, das er an den Vater richtet – findet durch Jesus selbst auch eine inhaltliche Bestimmung: „daß du dieses vor Weisen und Klugen verborgen und es Unmündigen geoffenbart hast." Wer sind die Weisen und Klugen? Es sind die, denen das Geheimnis der Güte Gottes verborgen bleibt, die in ihrer Selbstgerechtigkeit Verschlossenen, die ihn auch ans Kreuz schlagen werden. Der Jubelruf Jesu erhebt sich letztlich also auch angesichts seines Todesschicksals. Lobpreis schließt die unbedingte Annahme des Lebens ein: So, wie es ist, und zwar in jedem Augenblick, ist es gut und trägt es das Geheimnis der Güte in sich.

Den Weisen und Klugen, die meinen alles im Leben geistig zu durchdringen und damit haben und beherrschen zu können, bleibt also das Geheimnis verschlossen, denn des Geheimnisses kann man nicht habhaft werden. Ihm kann man sich nur öffnen wie die Unmündigen, von denen hier die Rede ist, die Kleinen, die Kinder, die ohne berechnende Absicht einfach da sind, in der Offenheit, Bereitschaft, Unmittelbarkeit, Zuwendung vom Herzen her. Es ist die Haltung, die man in der geistlichen Überlieferung des heiligen Franz von Assisi als „Einfalt" bezeichnet. Eine Hingabe ohne jedes zwiespältige „Wenn und Aber".

Als Übung fragen wir uns, wie weit wir ein Geheimnis in der Tiefe unseres Selbst anerkennen, wie weit wir bereit sind, anzuerkennen, daß man des Eigentlichen und Letzten im Leben nicht habhaft werden kann. Wie sehr ist mein Leben von dieser Haltung der Unmündigen bestimmt? Öffne ich mich für dies Geheimnis, lasse ich mich darauf ein? Doch sollten wir uns bei dieser Reflexion auf unser eigenes Leben nicht zulange aufhalten. In der Stille und Reglosigkeit horchen wir in uns hinein in der Bereitschaft, anzunehmen und zu empfangen: Ich stehe vor dem Geheimnis meines Lebens, über das ich nicht verfüge, sondern in diesem Geheimnis verfügt Gott über mich.

Dritte Übung

Ja, Vater, so hat es dir gefallen

Matthäus 11, 26

Meditation ist der Weg, das große Ja zu lernen, das Ja zu Gott. Es setzt die Bereitschaft zu einem anderen Ja voraus, dem Ja zu unserem Leben, so wie wir es leben und leben müssen.

„Ja, Vater, so hat es dir gefallen." Jesus sagt „Ja" zur Verborgenheit des Geheimnisses, „Ja" zur Entmachtung und Schwachheit des Menschen, „Ja" zum geheimnisvollen Nebeneinander von Freud und Leid, von Sinnhaftigkeit und Nichtigkeit, von Gelingen und Scheitern.

Jesus sieht die ganze geheimnisvolle Wirklichkeit. Er sagt „Ja" zu der Herrlichkeit des Vaters, dem unsagbaren Geheimnis, aus dem er lebt, aber auch „Ja" zu seinem Leiden, „Ja" zu einem Weg, wo das Licht im Dunkel verborgen ist, wo alle Freude und alles Glück in Schmerz und Todesqual zu enden scheinen. So hat es dem Vater wohlgefallen. Das gleiche Wort vom Wohlgefallen begegnet uns auch im Lobpreis der Engel auf den Fluren Betlehems (Lk 2,14); dort ist die Freude über die Geburt des Erlösers im Blick – hier das erlösende Todesleiden. Der Lobpreis Jesu ist das unbedingte Ja: So wie es ist, ist es gut. So wie es ist, trägt es das Geheimnis der Güte in sich – in jedem Augenblick, wie schwer und unglückselig die Situation auch sein mag.

Dieser Lobpreis Jesu ist zugleich das Lebensprogramm für die Jünger Jesu. Lobpreis ist das durchhaltende Ja zu Gott und seinem Willen in jedem Augenblick unseres Lebens. Wenn wir einmal dahin kommen, daß wir wie Jesus in jedem Augenblick bis ins letzte wahrhaftig sagen können: „Ja, Vater – es ist gut", dann haben wir die Ewigkeit im Augenblick, und der Lobpreis des Himmels – als ferne Vision und Verheißung – ist hier und jetzt Wirklichkeit geworden. Das ist der ganze Reichtum und die Fülle des Christseins, aber auch die Größe und Schwere des Weges der Verwandlung: fähig zu werden, in jedem Augenblick die Liebe Gottes zu erspüren und dazu ganz und gar „Ja" zu sagen.

Versuchen wir, in unser Leben hineinzuspüren, ob wir „Ja" dazu sagen, auch zu den Dunkelheiten, Schwierigkeiten und Spannungen, von den kleinsten Belastungen bis hin zu den großen Problemen. Es geht um das Ja der Annahme unseres Lebens, um das Ja zum verborgenen Plan Gottes in unserem Leben, das Ja zum Willen Gottes, der unvermutet große Forderungen an mich stellen kann, wo ich mein Leben unter Umständen ändern muß – nicht weil ich fliehen will, sondern weil ich diese Änderung als Auftrag Gottes sehe. Mein Leben vom Liebesplan Gottes her annehmen heißt, mich selbst loslassen und immer mehr auf Gott eingehen. Das ist kein Resignieren, sondern ein Ja vom Glauben her: „Ja, Vater, so hat es dir gefallen."

In der Übung versuchen wir, zunächst den Augenblick des Jetzt voll anzunehmen und zu bejahen: „Für diesen Augenblick: Ich preise dich, Vater." Dann schauen wir in unser Leben: „Für alles Schöne: Ich preise dich, Vater." Wir nennen einfach einzelne Dinge, zum Beispiel: „Für meine Familie: Ich preise dich Vater", „Für meine Arbeit: Ich preise dich, Vater". Gehen wir mit unserem Lobpreis bis in die scheinbaren Banalitäten des Alltags hinein, und alles bekommt einen neuen Glanz.

Dann versuchen wir, ganz behutsam auch die schweren Dinge zu nennen: „Für meine Krankheit: Ich preise dich, Vater." „Für meine Traurigkeit: Ich preise dich, Vater." Wenn wir so auf unsere schwierigen Punkte und Probleme kommen, versuchen wir wieder, Jesus in uns sprechen zu hören: „Ich preise dich, Vater", so als würde er es für uns sagen, es uns gleichsam „vorsagen", wenn wir ihm unser Leid, unsere Schwierigkeit hinhalten. Wir versuchen das ganz behutsam. Wenn es nicht geht, schweigen, warten können, bis diese Geheimnisse der Güte auch für uns preiswürdig geworden sind. Das ist unser Reifungsprozeß, unser Wachsen und unser Weg mit Christus.

Schließlich, nachdem wir das Helle und das Dunkle kommen ließen, lassen wir alle Einzelheiten los und verbleiben in der Stille und im Gefühl der Dankbarkeit, Augenblick für Augenblick und Atemzug um Atemzug: „Ich preise dich, Vater. Ja, Vater, so hat es dir gefallen."

Vierte Übung

Alles ist mir von meinem Vater
übergeben worden,
und niemand kennt den Sohn,
nur der Vater,
und niemand kennt den Vater,
nur der Sohn und der,
dem der Sohn es offenbaren will

Matthäus 11, 27

Wir stehen unmittelbar an der Schwelle zu dem Geheimnis, das das Herz aller Dinge ist. Was ist das geheimnisvolle „Dieses" (V.25), das vor den Weisen und Klugen verborgen ist? Es ist nicht etwas Habbares, Greifbares, sondern ein lebendiger Vollzug. Er wird uns aufgezeigt, und wir werden eingeladen, in den Vollzug des Geheimnisses einzutreten. Die Verborgenheit des Geheimnisses für die Klugen und Weisen und die Erschlossenheit für die Unmündigen und Kleinen, erschlossen auch durch den Schmerz, durch das Opfer – dieses Geheimnis wird jetzt ausgesprochen: „Alles ist mir von meinem Vater übergeben. Niemand kennt den Sohn, nur der Vater, und niemand kennt den Vater, nur der Sohn und der, dem der Sohn es offenbaren will."

Wenn ich von einem Menschen sage, „wir kennen uns gut", dann ist auf eine schlichte Weise viel zum Ausdruck gebracht: Verstehen, Vertrauen, Nähe, Treue. Es ist nicht nur ein Gefühl, sondern ein tiefes Wissen umeinander, das in der Tiefe eine liebevolle Zuwendung umschließt.

Der Vater „kennt den Sohn". Er hat ihm „alles übergeben". Sein ganzes Sein empfängt Jesus in jedem Augenblick neu vom Vater, und daher kennt der Vater den Sohn bis ins letzte. Aber auch der Sohn kennt den Vater, weil er sich von ihm empfängt, in jedem Augenblick neu, bis ins letzte in einer innigsten Vertrautheit, in einem tiefsten Verbundensein. Und diese letzte Tiefe der Verbundenheit, der Nähe, ja des Ineinanderseins ereignet sich in einem geheimnisvollen Dritten: dem Heiligen Geist. Das ist das Letzte im Vereinigtsein, das wir erahnen können und das zugleich über alle Vorstellungen hinausgeht: das Herz aller Dinge.

Wir stehen davor; wir ahnen; wir sehnen uns; wir wünschen; wir verlangen – so wie Kinder voller Zuversicht, ja selbst mit Zudringlichkeit nach etwas verlangen. – Wie oft machen wir aber die gegenläufige Erfahrung: Ich verstehe mich selbst nicht mehr! Wo für uns in der Anteilnahme am Verstehen Jesu mit dem Vater tiefstes Verstehen mit Gott ermöglicht wird, da verstehen wir auch unser Leben, von einem letzten Sinn her durchleuchtet; mag für uns auch vieles schwer verständlich und dunkel bleiben. Der Weg zum Verstehen des Vaters und zum Verstehen von uns selbst und unserem Leben geht über Jesus Christus. Nicht so sehr, daß ich von mir aus versuchen müßte, Jesus zu verstehen, sondern daß ich mir bewußt mache: Jesus kennt mich, er versteht mich. Er kennt mich bis in die letzte Tiefe meines Lebens – nicht wie ein kritischer Beobachter, der alle meine Schwachheiten registriert, sondern mit einem liebevollen Verstehen, im Mitwissen um meine geheimsten Wünsche und Sehnsüchte, im Mitgefühl mit meinen Schwächen und Fehlern.

Verstehendes „Kennen" heißt auch „Anschauen": ein

Antlitz auf sich gerichtet wissen und selbst das eigene Antlitz gesammelt auf jemanden richten in Zuneigung. Wenn der Sohn uns von diesem Anschauen offenbaren will, das er mit dem Vater erfährt, dann schaut er uns an. „Wer mich sieht, sieht den Vater", sagt Jesus zu Philippus (Joh 14,9). Wenn wir zu den Kleinen, den Unmündigen gehören und gehören wollen, lassen wir uns von Jesus anschauen, auf daß er uns sein liebendes Antlitz enthüllt, in dem die grundlose Liebe des Vaters aufleuchtet.

Wir öffnen uns bedingungslos und vorbehaltlos Jesus, wir lassen uns von ihm aus engster Nähe, gleichsam von innen her, anschauen, indem wir das Jesus-Gebet Wort für Wort in uns wachsen lassen. Durch das Wort, das wir sprechen, lassen wir gleichsam das Antlitz Jesu sich uns enthüllen: „Jesus – Jesus Christus – Herr Jesus Christus – Herr Jesus Christus, erbarme dich meiner." Dieses Erbarmen ist ja nichts anderes als grenzenlose Zuwendung: die Offenbarung des liebenden Antlitzes Jesu in unserem Herzen.

Gehen wir langsam in die Übung, kommen wir mit erneuerter Sammlung zur Ruhe. Lassen wir uns anschauen, anstrahlen und die offenbarende Enthüllung des liebenden Antlitzes unseres Herrn erbitten. Sprechen wir im weiteren Verlauf der Übung dann das Jesus-Gebet – ganz ruhig, ganz gleichmäßig mit kurzen Pausen hintereinander, und halten wir inne, lassen wir uns anschauen.

Fünfte Übung

Kommt alle zu mir, die ihr euch plagt
und schwere Lasten zu tragen habt.
Ich werde euch Ruhe verschaffen
Matthäus 11, 28

Beim Herzensgebet sammelt sich wie in einem Brennpunkt alles im Namen Jesus: unsere Beziehung zu ihm, unsere Teilhabe an seiner Gemeinschaft mit dem Vater. Dahinein trifft nun sein Wort: „Kommt alle zu mir!" Unser Anrufen, unser Bitten um Verstandenwerden, unser Hoffen auf Entlastung und Ruhe gründet in einer ganz klaren, ganz liebevollen Einladung: „Kommt alle zu mir!"

Die Ruhe, zu der Jesus Christus uns einlädt, ist nicht eine sich verschließende Ruhe aufgrund von Erschöpfung oder Bequemlichkeit oder wie auch immer, wie es etwa anklingt in dem sich abgrenzenden „Ich will meine Ruhe haben". Die Ruhe, die Jesus uns schenkt, ist Teilhabe am Geheimnis, das zwischen Vater und Sohn lebt, eine schöpferisch erfüllte Ruhe.

„Alle, die ihr euch plagt und schwere Lasten zu tragen habt." Wir dürfen dieses Wort vom Beladensein mit schweren Lasten hier nicht in erster Linie in einem allgemeinen Sinn von Leid, Problemen des Alltags, Konflikten des Lebens nehmen. Die „Last, die wir zu tragen haben", das sind zu allererst wir selbst: daß wir meinen, uns immer wieder selbst bestätigen zu müssen; uns selbst rechtfertigen zu müssen: vor uns selbst, dann aber auch vor Gott. Es ist jene Last und Plage des Gesetzes, das wir meinen erfüllen zu müssen, um als Gerechte vor uns und vor Gott dastehen zu können. Jesus stellt sich hier einer pharisäischen Selbstrechtfertigung und Selbsterlösung entgegen.

Die Lasten, unter denen wir stöhnen, haben wir teils uns selbst auferlegt, teils werden sie uns auferlegt durch die Gesellschaft, die Familie, durch unsere eigene Erziehung. Auch der Druck, unser Image und unser Prestige vor uns selbst und anderen wahren zu müssen, gehört dazu. Als so Beladene ruft uns Jesus zu sich!

Bei ihm darf ich sein, der ich bin. Ich brauche ihm nichts vorzuweisen, ich brauche ihm keine Leistung vorzuzeigen, ich brauche meine Erbärmlichkeit vor ihm nicht zu verstecken. Bei ihm kann ich das alles loslassen, bei ihm darf ich sein, der ich bin. Bei ihm komme ich zur Ruhe, bei ihm darf ich ausruhen.

Ein Bild für das Ausruhen beim Herrn ist die spätmittelalterliche Darstellung der Christus-Johannes-Gruppe. Der Jünger hat seine Hand und damit seine ganze Aktivität in die Hand Jesu gelegt, und er hat seinen Kopf in tiefster Sammlung an die Brust, an das Herz Jesu gelehnt. So hat er Ruhe gefunden.

In der Übung suchen wir auf die Einladung Jesu zu hören: „Komm zu mir, der du dich so plagst, von so schwerer Last beladen bist. Ich will dich ausruhen lassen, ich will dir Ruhe geben." Dann können wir ihm unsere Last hinhalten, die Gesetze, die uns drückend auferlegt sind; die Last, so viel leisten zu sollen, immer voll da sein zu müssen, immer der oder die Hilfsbereite, Gute, Belastbare sein zu sollen.

Und dann loslassen; der sein dürfen, der man ist, so kümmerlich man auch vor sich selbst erscheint. Loslassen und das Innerste dem Herrn gegenüber freigeben; loslassen und ausruhen. Auch die Worte loslassen; nur versuchen, die Ruhe zu erspüren. Nur da sein, weil ich so, wie ich im Tiefsten bin, jetzt ganz angenommen bin. Einfach da sein, weil ich so da sein darf im Herzen des Herrn.

Sechste Übung

Nehmt mein Joch auf euch
und lernt von mir,
denn ich bin sanftmütig
und von Herzen demütig
Matthäus 11, 29

Sich bejaht und angenommen wissen, nichts leisten müssen, sondern sein dürfen, der man ist – das führt nicht zu einer Beliebigkeit, in der alles gleich-gültig wird, es schließt vielmehr eine letzte Verbindlichkeit ein! So sagt Jesus nach dem Wort von der Ruhe, die wir bei ihm finden dürfen, jetzt das Wort vom Joch: „Nehmt mein Joch auf euch, und lernt von mir." Er, der mich liebt, obwohl ich mich selbst als nicht besonders liebenswert erfahre, weckt in mir eine tiefe Dankbarkeit. Diese Dankbarkeit ist es, die mich verpflichtet, die mich bindet. Gemeint ist nicht eine Dankbarkeit, die nur auf die nächste Gelegenheit wartet, sich zu revanchieren und dadurch eben diese Verbindlichkeit wieder abzuschütteln sucht.

„Nehmt mein Joch auf euch." Das Bild vom Joch bezeichnet hier die Bindung von Meister und Schüler. Es ist nicht das harte und schwere Joch, das der Pharisäer als Gesetzeslehrer auferlegt, sondern das leichte und sanfte Joch des Meisters, das nicht in einer objektiven „Auflage" besteht, sondern in der persönlichen Bindung zwischen Meister und Schüler, in der personalen Gemeinschaft mit Jesus.

Unser deutsches Wort „Joch" kommt aus der gleichen Wurzel wie das indische „Yoga". Dieses bedeutet, seinen Geist an etwas anbinden, anjochen, daß er nicht mehr umherschweifen kann, weil er an etwas Größeres in personhafter Beziehung gebunden ist. Yoga bekommt dann die Bedeutung von Vereinigung und von Einssein. Wir lassen uns an Jesus anbinden, anjochen, um mit ihm und durch ihn einszuwerden.

Ausgangspunkt des Bildes sind die beiden Zugtiere, die unter das Joch gespannt sind, um von jetzt an in derselben Richtung zu gehen. Ob das Joch drückt, ob es schwer ist und wehtut, hängt davon ab, wie die beiden miteinander gehen, wie sie miteinander umgehen. Eines der beiden Zugtiere ist immer das Bestimmende ... „Lernt von mir, denn ich bin sanftmütig und von Herzen demütig." Jesus ist in der Bindung zu uns zärtlich, liebevoll, aufmerksam. Er geht auf unsere Regungen ein, er gibt uns behutsame Zeichen: Da mußt du gehen! Auch wenn dieses Joch dann immer etwas vom Kreuzesjoch an sich hat, so bleibt es doch Liebe und bleibt es leicht, weil Jesus mitgeht und mitträgt. – Sosehr es kein Entrinnen gibt, sosehr die Bindung absolut ist und sein muß, damit das Ruhefinden erfahren werden kann, damit Befreitsein und Freiheit durch die Bindung an Christus Wirklichkeit werden, so brauchen wir doch nichts zu fürchten, denn er ist immer dabei. Er steht nicht abseits als Ermunterer und Berater, sondern er geht mit uns und trägt mit uns das Joch, damit es nicht drückt und scheuert und wir nicht zurückbleiben, wenn wir fallen ...

„Ich bin sanftmütig und von Herzen demütig." Den wahren Meister erkennt man an der Demut und der Güte. Jesus verzichtet auf den Weg der Macht und Geltung, er wählt den Weg der Unscheinbarkeit, der Armut, ja den Weg des Kreuzes. „Nehmt mein Joch auf euch" schließt das Joch des Kreuzes mit ein. Es ist Gemeinschaft mit Jesus im Leben und Leiden und Sterben.

Wir wollen uns im inneren Vorgang des Gebets gleichsam beugen und dieses Joch des Einswerdens und des Lebensweges mit Christus auf die Schultern legen lassen, das Joch der Herzensbindung an den Herrn: „Herr Jesus Christus, erbarme dich meiner." An ihn sind wir angebunden in einer ganz freien und ganz persönlichen Weise, in einer Lebensgemeinschaft, die vom Du getragen ist. „Herr Jesus Christus, erbarme dich meiner." Er, der Meister, will uns in Liebe an sich binden. Diese Bindung aber ist im letzten Teilhabe am Gebundensein vom Sohn zum Vater im Heiligen Geist. Wir lassen alle Gedanken und Worte los und verspüren nur die vom Herrn verheißene Ruhe im Herzen, die Ruhe am Herzen Jesu.

3

Wenn ihr in mir bleibt

Zum Gleichnis vom Weinstock

Johannes 15, 1–17

Meditieren ist im Grunde etwas Natürliches und Selbstverständliches, etwas, wozu der Mensch in seinem Innersten angelegt ist, nämlich: sich selbst von seiner Mitte her und in seiner innersten Ausrichtung auf Gott hin zu erfahren. Andererseits bauen sich bei uns selbst immer wieder Widerstände auf, weil wir gespalten sind und uns nicht in der Tiefe als gottbezogene Geschöpfe erfahren. Deshalb hat das, was wir „Ich" nennen, so leicht Angst. Wir haben Angst, uns auf unser innerstes Wesen, auf das wahre Ich einzulassen, weil es „wesentlich" über sich hinausgehen, sich selbst verlassen muß. Aber es tauscht dafür etwas grenzenlos Beseligendes ein, das Bleiben in einem Größeren. So wollen wir uns in einer tiefen, inneren Zuversicht, im Bewußtsein, daß wir innerlich geführt werden, auf den Weg der Meditation machen.

Als das uns führende und tragende Wort Jesu nehmen wir das Evangelium vom Weinstock (Joh 15,1–17), das in dem großen Zusammenhang der johanneischen Abschiedsreden steht (Joh 14–17). Wie immer man diese Texte aus ihrer Entstehungsgeschichte in ihrer heutigen Gestalt im einzelnen auch deuten mag und wie man die Frage nach dem Verfasser, nach einem von ihm geprägten

Schülerkreis, auf den die Redaktion des Textes zurückgehen könnte, und die Frage nach hiermit verbundenen Gemeinden und ihren Glaubenserfahrungen und Glaubensproblemen auch beantworten mag, letztlich entscheidend ist, daß der Herr hier uns alle und jeden einzelnen unmittelbar anspricht. Das Evangelium vom Weinstock hat mit der geheimnisvollen Kraft seiner Worte unzählige Menschenherzen angerührt. Hier sind wir an der Quelle, am Ursprung geistlichen Lebens.

1 Ich bin der wahre Weinstock, und mein Vater ist der Winzer.
2 Jede Rebe an mir, die keine Frucht bringt, schneidet er ab,
und jede Rebe, die Frucht bringt, reinigt er, damit sie mehr
Frucht bringt.

3 Ihr seid schon rein durch das Wort, das ich zu euch gesagt
habe. 4 Bleibt in mir, dann bleibe ich in euch. Wie die Rebe
aus sich keine Frucht bringen kann, sondern nur, wenn sie
am Weinstock bleibt, so könnt ihr keine Frucht bringen,
wenn ihr nicht in mir bleibt.

5 Ich bin der Weinstock, ihr seid die Reben. Wer in mir
bleibt und in wem ich bleibe, der bringt reiche Frucht: denn
getrennt von mir könnt ihr nichts vollbringen. 6 Wer nicht in
mir bleibt, wird wie die Rebe weggeworfen, und er verdorrt.
Man sammelt die Reben, wirft sie ins Feuer, und sie verbren-
nen. 7 Wenn ihr in mir bleibt und wenn meine Worte in euch
bleiben, dann bittet um alles, was ihr wollt: Ihr werdet es er-
halten.

8 Mein Vater wird dadurch verherrlicht, daß ihr reiche
Frucht bringt und meine Jünger werdet.

9 Wie mich der Vater geliebt hat, so habe auch ich euch
geliebt. Bleibt in meiner Liebe! 10 Wenn ihr meine Gebote hal-
tet, werdet ihr in meiner Liebe bleiben, so wie ich die Gebote
meines Vaters gehalten habe und in seiner Liebe bleibe.

11 Dies habe ich euch gesagt, damit meine Freude in euch
ist und damit eure Freude vollkommen wird.

12 Das ist mein Gebot: Liebt einander, so wie ich euch ge-
liebt habe. 13 Es gibt keine größere Liebe, als wenn einer sein

Leben für seine Freunde hingibt. [14]Ihr seid meine Freunde,
wenn ihr tut, was ich euch auftrage. [15]Ich nenne euch nicht
mehr Knechte; denn der Knecht weiß nicht, was sein Herr
tut. Vielmehr habe ich euch Freunde genannt; denn ich habe
euch alles mitgeteilt, was ich von meinem Vater gehört habe.
[16]Nicht ihr habt mich erwählt, sondern ich habe euch er-
wählt und dazu bestimmt, daß ihr euch aufmacht und Frucht
bringt und daß eure Frucht bleibt. Dann wir euch der Vater
alles geben, um was ihr ihn in meinem Namen bittet.
[17]Dies trage ich euch auf: Liebt einander!

Johannesevangelium 15, 1–17

Erste Übung

Ich bin der wahre Weinstock

Johannes 15, 1

Das Evangelium vom Weinstock ist Teil der Abschiedsreden Jesu. Sie stehen im Zeichen des Endes, des Untergangs, der sich freilich zugleich als ein ganz neuer Anfang, als Aufgang erweist. Zur verborgenen, inneren Schicht dieser Worte gehört das Zeichen der Trennung, durch das die Dimension des Bleibenden hindurchschimmert. Ein wenig davon werden wir auch in uns selbst schon erlebt haben, wo wir – in welcher Form auch immer – Abschied nehmen, loslassen mußten und dennoch mit lauterem Herzen das bleibend Verbindende der Gemeinschaft erfahren haben.

Die Worte, die hier am Anfang stehen: „Ich bin", wollen wir in einem ersten Übungsschritt zunächst nicht als Selbstaussage Jesu und Anrede an uns nehmen, sondern als unsere, als meine eigene Aussage und Anrede an mich selbst: „Ich bin." Versuchen wir, im inneren Sprechen dieses „ich bin" zu erspüren, wie es klingt. Ist das ruhige Selbstverständlichkeit? Ist das Freude, Fülle? Höre ich es wie eine qualvolle Notwendigkeit? Wendet sich diese Aussage zur Frage: „Wer bin ich?" Ist dieses „ich bin" etwas Einmaliges, Einzigartiges, darin aber vielleicht auch von allen anderen Isoliertes, Getrenntes? Oder empfinde ich, wie dieses „ich bin" in einem größeren Ganzen steht und wie es nur von einem großen Zusammenhang her begriffen werden kann? Oder gehört beides zusammen: Einzigartigkeit und Gemeinsamkeit? In der Übung nehmen wir bewußt die Körperhaltung der Grundübung ein, geben dem Atem Raum und sprechen, wenn die Stille groß genug ist, ganz ruhig und tief in unser Inneres hinein: „Ich bin – ich bin."

Wann und wo habe ich in meinem Leben dieses „ich bin" besonders deutlich erfahren, als Freude, als Leid, in der Einsamkeit, in Gemeinschaft? Wenn dieses „ich bin" gleichsam zu verlöschen scheint, dann bleiben wir einfach nur in der Stille und lauschen dem verklingenden „ich bin" nach.

Ein neuer Schritt geschieht, wenn wir das „ich bin", das wir zu uns selbst gesprochen haben, nun als Wort hören, das jemand zu uns sagt: „Ich bin der wahre Weinstock." Lassen wir zunächst einfach die Bilder kommen, die sich in unserem Inneren beim Wort Weinstock einstellen: Weinberg, Weintraube, Winzer, Weinlese, Wein … Vielleicht werden Bilder von persönlichen Erlebnissen, von Reisen, Bilder aus der Kunst wachgerufen. Versuchen wir diese Bilder als Sinnbilder, als Verheißungen einer höheren Wirklichkeit innerlich zu ertasten, und hören wir dann, wenn wir etwas von der Symbolkraft dieses Bildes gespürt haben, wie Jesus Christus dieses Wort spricht: „Ich bin der wahre Weinstock." Formen wir es zur Anrede an ihn um: „Du bist der wahre Weinstock."

Der Weinstock ist ein uraltes Symbol des Lebens. In diesem Symbol fließt sowohl die Vorstellung von gesteigertem, erfülltem, ewigem Leben als auch die Vorstellung vom Leben als Vorgang einer verwandelnden Entfaltung zusammen: Weinstock – Rebe – Traube – Ernte – Kelter – Wein. So wird das Bild des Weinstocks in manchen Kulturen zum Symbol des Lebensbaums, der ewiges Leben, das wirkliche Leben ermöglicht. Kein Wunder, daß die Weinstock-Symbolik im Alten Testament und im frühen Judentum breite Aufnahme fand; hier wird Israel als der Weinstock gesehen, um den sich Gott in ganz einzigartiger Weise kümmert und von dem er darum reiche Frucht erwarten darf (vgl. Jes 5,1–7).

Jesus spricht: „Ich bin der wahre Weinstock", das wahre Leben, der Lebensbaum, „ihr seid die Reben". Die Rebe ist ein Teil des Ganzen. Die Rebe gehört zur Ganzheit des Weinstocks. Wir können sie nur vom größeren Ganzen her verstehen, von einer vorgegebenen Wesensgestalt unseres Lebens, die sich uns in diesem absoluten „Ich bin" als Christuswirklichkeit offenbart. Das ist das umfassende Angebot dieses Wortes, die Enthüllung über unser Wesen: „Ich bin der Weinstock, ihr seid die Reben" (Joh 15,5).

In der Übung versuchen wir, diese Ganzheit, die sich uns als unser Ursprung anbietet, als das, was wir im letzten selbst sind, anzunehmen: „Du der Weinstock – ich die Rebe, Du in mir – ich in Dir." Wir versuchen, das ganz einfach vom Körper her zu erspüren, indem wir uns selbst als eine Ganzheit erleben, die sich aber einem anderen verdankt. Das wird in der Wirklichkeit und im Sinnbild des Atems spürbar: daß etwas Umfassendes mich trägt. Auch wenn wir meinen, in unserem Glauben nicht stark genug zu sein, können wir uns doch ganz vertrauensvoll auf das machtvolle Wort Jesu einlassen: „Ich bin der Weinstock – ihr seid die Reben" und ihm in aller Ehrfurcht antworten: „Du bist der wahre Weinstock – wir sind die Reben." Ich bin Rebe ...

Zweite Übung

Ich bin der wahre Weinstock,
und mein Vater ist der Winzer.
Jede Rebe an mir, die keine Frucht bringt,
schneidet er ab,
und jede Rebe, die Frucht bringt, reinigt er,
damit sie mehr Frucht bringt

Johannes 15, 1–2

In dem Wort Jesu vom wahren Weinstock liegt beschlossen: Christus ist das wirkliche Leben; Christus ist der Ursprung, die Ganzheit; Christus ist die Fülle des Lebens, die Freude; Christus ist der Ursprung der Verwandlung: Weinstock – Rebe – Traube – Wein. Christus, das sind auch wir als die Reben, die vom Weinstock als Lebensganzes wohl zu unterscheiden, aber nicht zu trennen sind. Die Aussage über Christus läßt sich auch umkehren: Überall, wo Ganzheit und wirkliche Gemeinschaft erfahren wird, ist Christus. Überall, wo wirkliches Leben erfahren wird, ist Christus. Überall, wo sich echte Wandlung, Verwandlung vollzieht, ist Christus. Das bedeutet: Christus offenbart sich uns in vielfacher Weise.

Freilich bedürfen wir immer wieder seines Wortes, um ihn in der Ganzheit, in der Fülle, im Leben, in der Wandlung zu erkennen und auch um den Schein von der Wirklichkeit zu unterscheiden!

Schauen wir nun auf das Gottesbild, das uns in dieser Bildrede offenbart wird: Der Vater, der Ursprung Jesu, als Winzer – er hat die volle Gewalt über den Weinstock; er kann damit machen, was er will. Was aber will er? Daß der Weinstock ganz Weinstock sei, daß die Rebe ihre letzte Möglichkeit verwirkliche, daß sie Trauben trage. Gott als der Winzer dient seinem Eigentum, damit es ganz das werde, was er selbst im letzten ist, damit es sich selbst ganz verwirkliche. Diese Selbstverwirklichung der Traube in der Umwandlung zum Wein ist der Stolz des Winzers, ist sein Ruhm, ist seine Verherrlichung. Gott ist Herr und Dienender zugleich, damit die Traube sei in der Fülle ihrer Bestimmung und in der Verwirklichung ihrer letzten Möglichkeit: zur Verherrlichung des Winzers.

Wenn wir den Text im Zusammenhang lesen, uns immer neu in ihn hineinzulesen versuchen, so lassen sich gleichsam zwei große Wirklichkeiten entdecken, die Jesus uns zum Bewußtsein bringen will. Die eine ist, daß wir nicht von uns her leben, sondern aus einer größeren Ganzheit, die Christus ist. Alles menschliche Erfahren von Einheit und tiefster innerer Gemeinschaft steht im Geheimnis dieses umgreifenden größeren Ganzen, nämlich in Christus. So wie Christus und ich uns gegenseitig durchdringen – „Du in mir – ich in dir" –, so gibt es auch das Ineinandersein derer, die sich als die Reben an dem Weinstock Christi erfahren: Sich im Geiste einander gegenwärtig sein, das ist die eine Wirklichkeit.

Die zweite große Wirklichkeit wird mit dem Wort von

der Frucht angesprochen. Immer wieder ist in dem ganzen Abschnitt davon die Rede: Frucht bringen; gereinigt werden und noch mehr Frucht bringen, aus sich heraus keine Frucht bringen können; in Christus, dem wahren Weinstock, bleiben und reiche Frucht bringen. Fragen wir einmal nach der Frucht in unserem Leben: Ist es das Gleiche wie Erfolg? Heißt Mißerfolg haben immer soviel wie fruchtlos sein? Oder ist nicht umgekehrt der Erfolg, den wir sehen und verbuchen, oft fragwürdig und fruchtlos – eine Frucht, die wir an uns ziehen und festhalten, in der wir uns selbst bestätigen und verschließen, die wir nicht loslassen und hergeben können? In und aus Christus Frucht bringen ist nie etwas Fertiges, sondern immer etwas Wachsendes. Die „viele Frucht" ist die nicht zählbare Liebe, die im Einsatz unserer Existenz aufleuchtet, die aber so mit uns verbunden ist, daß wir selbst sie nicht registrieren und bemessen können. Frucht bringen heißt: Jeden Augenblick in Liebe ganz da sein und, soweit es uns möglich ist, ganz eins werden mit den Menschen und Dingen. Das Einssein, aus dem unser Dasein kommt, drängt uns wieder auf Vereinigung unter Einsatz unserer Person, ohne auf Erfolg zu schauen: in Liebe ganz da sein.

Lassen wir die Bilder von der Frucht in uns lebendig werden. Gehen wir dem Gedanken des Fruchtbringens in unserem Leben nach als Kritik oder auch als tiefem Trost, daß wir vielleicht gerade dort am meisten Frucht getragen haben, wo wir es persönlich am wenigsten verspürt haben. Und vor allem versuchen wir am Ende, das, was sich in uns als Ahnung verdichtet, ausklingen zu lassen in den Worten: Frucht bringen aus Dir! Frucht bringen in Dir!

Dritte Übung

Wie mich der Vater geliebt hat,
so habe auch ich euch geliebt.
Bleibt in meiner Liebe

Johannes 15,9

Woher nehmen wir die Kraft, jeden Augenblick in Liebe ganz da zu sein, oder anders und vielleicht einfacher gesagt, jeden Augenblick als Freund da zu sein? Wir nehmen sie daraus, daß wir selbst Liebe erfahren, daß wir selbst um Freunde, um *den* Freund wissen. So sagt Jesus: „Wie mich der Vater geliebt hat, so habe ich euch geliebt. Bleibt in meiner Liebe!" Dieses Bleiben bindet er an das Halten seiner Gebote, „so wie ich die Gebote meines Vaters gehalten habe und in seiner Liebe bleibe". Gebot meint hier nicht Vorschrift, sondern Weisung, die aus dem Wollen der Liebe kommt. Halten der Gebote Jesu meint Eingehen auf seine Absichten, seine Willensregungen, so wie der Sohn voll und ganz auf die Willensregung des Vaters eingegangen ist, und dieser Wille ist wesentlich Liebe.

Die Erfahrung der Liebe Gottes ist Freude. Schauen wir in unser Leben, wo wir glauben, Gottes Liebe erfahren zu haben und immer neu zu erfahren – durch Menschen, in Ereignissen, in der Stille der Sammlung. Was macht mir Freude, wo und worüber freue ich mich? Geliebt sein und sich freuen, beides gehört zusammen.

Freude erleben wir dort, wo wir beschenkt werden, denn wahre Geschenke haben immer mit Liebe zu tun, kommen aus Liebe. Freude aber erleben wir ebenso dort, wo wir selbst schenken dürfen, anderen Freude bereiten.

Freude selbst hat Geschenkcharakter, wir können sie nicht erzwingen, nicht über sie verfügen. Nur dort, wo ich liebend verschenke, strömt ungewollt Freude zurück. Das meint Jesus mit den Worten: „Dies habe ich euch gesagt, damit meine Freude in euch ist und damit eure Freude vollkommen wird" (Joh 15,11). Die Freude, die Jesus durch die Gemeinschaft mit dem Vater im Heiligen Geist empfängt und erfährt, gibt er an uns weiter durch die Gemeinschaft, die er uns im Heiligen Geist gewährt, damit unsere Freude in uns zur Fülle komme. Diese Freude vollendet sich dort, wo wir Frucht bringen und selbst wieder liebend da sind für andere – im Heiligen Geist.

Hinter dieser Zuwendung Jesu zu uns zeichnet sich das letzte und tiefste ab, was Jesus uns offenbart, seine Freundschaft. Wir müssen dieses oft mißbrauchte und verschmutzte Wort gleichsam vom Fußboden des Alltags aufheben und es in seiner ursprünglichen Leuchtkraft neu betrachten lernen. Wir kennen das Werben um die Freundschaft eines Menschen und haben es selbst wohl schon erfahren, wie beglückend es ist, wenn ein Mensch, den man als größer, bedeutender, reifer, liebevoller einschätzt, sich uns plötzlich nicht mehr als Lehrer, Meister, Vorgesetzter zuwendet, sondern als Freund; wie es ist, nach einem langen „Sie" plötzlich das „Du" geschenkt zu bekommen. Er läßt uns an seinem Inneren teilnehmen und nimmt umgekehrt auch unser Leben in sein Leben auf. Das letzte und tiefste Wort für einen Christen ist die Freundschaft Gottes, die Christus-Freundschaft. „Ich nenne euch nicht mehr Knechte; denn der Knecht weiß nicht, was sein Herr tut. Vielmehr habe ich euch Freunde genannt; denn ich habe euch alles mitgeteilt, was ich von meinem Vater gehört habe" (Joh 15,15).

Christus, der Freund! In der Übung suchen wir uns in sein Wort, durch das er uns vom Innersten seines Herzens offenbart, hineinzuhören und ihm zu antworten: „Jesus Christus, mein Freund." Nicht, als ob es schon vollkommen sein könnte und müßte, sondern so, wie man um einen Freund wirbt, dessen Wege man nachgeht und den man unterwegs anzusprechen sucht.

Gegen Ende der beiden Abschnitte (15,7 und 15,16) spricht Jesus vom bittenden Gebet, dem Erfüllung verheißen ist. Wer eintaucht in die Freundschaft und in das Geheimnis des Fruchtbringens in der Liebe, kann im Grunde nur um eines bitten: um die Liebe und um die immer tiefere Freundschaft, um das Fruchtbringen-Dürfen für sich und für alle, zu denen man sich vom Heiligen Geist in dieser Liebe hingezogen fühlt. Das Beten, das von der Christus-Freundschaft her tiefer in die Christus-Freundschaft hinein führt, bleibt nicht egozentrisch beim eigenen Ich stehen, sondern wird offen und weit. Das Gebet wird zur Tat, und aus allem Tun steigt das Gebet auf, damit sich die Liebe als Frucht vollenden möge in Christus, dem Freund aller.

4

Damit sie eins seien, wie wir eins sind

Zum hohepriesterlichen Gebet

Johannes 17, 1–26

Das hohepriesterliche Gebet Jesu im Johannesevangelium ist der zentrale Text des Neuen Testaments; man könnte ihn das Herzstück des Neuen Testaments, ja gleichsam das Herzstück des Christentums überhaupt nennen. Von diesem Herzen her bekommt alles übrige, was christlich genannt wird, seinen Sinn. Alles, was im Christentum verkündigt, gefeiert und gelebt wird, muß auf diese Worte des Herrn ausgerichtet sein und in irgendeiner Beziehung dazu stehen. Sonst hat es mit dem Christentum - oder genauer gesagt: mit Christus - nichts zu tun.

Dieses Gebet ist etwas ganz Besonderes: Es läßt uns hineinhorchen in das Gebet Jesu zum Vater, das uns sonst weitgehend verborgen bleibt. Alle Evangelien betonen zwar die Tatsache des Betens Jesu, daß er in der Einsamkeit, die Nacht hindurch oder schon vor Tagesanbruch das Zwiegespräch mit dem Vater gesucht hat. Er unterweist seine Jünger im Beten und lehrt sie das Vaterunser, aber das Gebet der Jünger ist nicht das Gebet Jesu. Sein eigenes Beten ist uns inhaltlich nur in der Form kurzer Gebetsrufe, denken wir etwa an Getsemani und Golgota, überliefert. Ein tieferer Einblick wird uns jedoch zweimal, im Lobpreis des Vaters, dem sogenannten Jubelruf (Mt 11,25–27 und parallel dazu Lk 10,21–22), und eben hier im hohepriesterlichen Gebet gewährt. Es versteht sich, daß wir uns einem solchen Text nur in großer Ehrfurcht angemessen nähern können und daß es sehr viel Stille braucht, um das zu hören, was in den Worten dieses Gebets sich uns eröffnen will. Und nur sehr *bruchstückhaft* kann etwas davon in dieser Übung zur Sprache kommen.

Eine ganz einfache Methode, in eine erste Nähe und Vertrautheit mit diesem Text zu kommen, besteht darin, sich die Worte, die mehrmals vorkommen, verschiedenartig oder auch verschiedenfarbig zu unterstreichen. Zum Beispiel das Wort „Vater" in V. 1.5.11.21.24.25; oder das Wort „verherrlichen/Herrlichkeit" in V.1.5.10. 22.24; oder „Name", „Welt", „eins sein / Einheit" usw.

[1]Dieses redete Jesus, dann erhob er seine Augen zum Him-
mel und sprach: Vater, gekommen ist die Stunde, verherrli-
che deinen Sohn, damit dein Sohn dich verherrliche – [2]wie
du ihm Vollmacht gegeben hast, über alles Fleisch, damit er
allen, die du ihm gegeben hast, ewiges Leben gebe. [3]Das ist
das ewige Leben, daß sie dich, den alleinigen wahren Gott, er-
kennen und den du gesandt hast, Jesus Christus. [4]Ich habe
dich auf Erden verherrlicht, indem ich das Werk vollendete,
das du mir zu tun gegeben hast. [5]Und jetzt verherrliche mich
du, Vater, bei dir mit der Herrlichkeit, die ich bei dir hatte,
ehe die Welt war.

[6]Ich habe deinen Namen den Menschen geoffenbart, die du
mir aus der Welt gegeben hast. Dein waren sie, und mir hast
du sie gegeben, und sie haben dein Wort bewahrt. [7]Jetzt
haben sie erkannt, daß alles, was du mir gegeben hast, von dir
ist; denn die Worte, die du mir gegeben hast, habe ich ihnen
gegeben, und sie haben sie angenommen und haben wahrhaft
erkannt, daß ich von dir ausgegangen bin, und sind zum
Glauben gelangt, daß du mich gesandt hast.

[9]Ich bitte für sie; nicht für die Welt bitte ich, sondern für
die, welche du mir gegeben hast: denn sie sind dein, [10]und

alles Meinige ist dein und das Deinige mein, und ich bin in
ihnen verherrlicht; [11]und ich bin nicht mehr in der Welt, aber
sie sind in der Welt, und ich komme zu dir.

Heiliger Vater, bewahre sie in deinem Namen, den du mir
gegeben hast, damit sie eins seien wie wir. [12]Als ich bei ih-
nen war, habe ich sie bewahrt in deinem Namen, den du mir
gegeben hast, und habe sie behütet, und keiner aus ihnen ist
verlorengegangen außer dem Sohn des Verderbens, damit die
Schrift erfüllt werde. [13]Jetzt aber komme ich zu dir, und die-
ses spreche ich in der Welt, damit sie meine Freude erfüllt in
sich haben. [14]Ich habe ihnen dein Wort gegeben, und die Welt
hat sie gehaßt, weil sie nicht aus der Welt sind, wie ich nicht
aus der Welt bin. [15]Ich bitte nicht, daß du sie wegnehmest
aus der Welt, sondern daß du sie vor dem Bösen bewahrest.
[16]Aus der Welt sind sie nicht, wie ich nicht aus der Welt bin.

[17]Heilige sie in der Wahrheit; dein Wort ist Wahrheit.
[18]Wie du mich in die Welt gesandt hast, so habe auch ich sie
in die Welt gesandt; [19]und für sie heilige ich mich selbst, da-
mit auch sie geheiligt seien in Wahrheit.

[20]Nicht für diese allein bitte ich, sondern auch für diejeni-
gen, die durch ihr Wort an mich glauben, [21]daß alle eins seien
wie du, Vater, in mir und ich in dir, daß auch sie in uns seien
– damit die Welt glaube, daß du mich gesandt hast. [22]Und ich
habe die Herrlichkeit, die du mir gegeben hast, ihnen gege-
ben, damit sie eins seien, wie wir eins sind, [23]ich in ihnen
und du in mir, daß sie vollendet seien zur Einheit – damit die
Welt erkenne, daß du mich gesandt und sie geliebt hast, wie
du mich geliebt hast.

[24]Vater, die du mir gegeben hast – ich will, daß da, wo ich
bin, auch sie mit mir seien, damit sie meine Herrlichkeit
schauen, die du mir gegeben hast, da du mich liebtest vor
Grundlegung der Welt.

[25]Gerechter Vater, die Welt hat dich nicht erkannt, ich
aber habe dich erkannt, und diese haben erkannt, daß du
mich gesandt hast. [26]Ich habe ihnen deinen Namen kundge-
tan und werde ihn kundtun, damit die Liebe, mit der du
mich geliebt hast, in ihnen sei und ich in ihnen.

Johannesevangelium 17,1–26; Übersetzung: Wilhelm Thüsing

Erste Übung

Er erhob seine Augen zum Himmel und sprach: Vater, gekommen ist die Stunde

Johannes 17, 1

Der Vorgang des Betens wird hier umschrieben mit „seine Augen zum Himmel erheben". Himmel ist dort, wo Gott ist. Himmel ist gleichbedeutend mit – wie wir heute sagen würden – Transzendenz, mit dem alles übersteigenden, alles umgreifenden, alles durchdringenden, alles erfüllenden Geheimnis Gottes. „In ihm bewegen wir uns, leben wir und sind wir", wie Paulus sagt (Apg 17,28). Später formuliert zum Beispiel Gregor der Große: „Der Himmel, das ist die Seele der Gläubigen." Und im Kirchenlied des Angelus Silesius singen wir: „Schau, dein Himmel ist in mir. Er begehrt dich, seine Zier." Die Augen zum Himmel erheben heißt sich öffnen für das Geheimnis Gottes, das uns durchdringt, erfüllt und umgibt.

„Vater, gekommen ist die Stunde." Die Stunde, von der Jesus immer wieder als etwas Bevorstehendem gesprochen hat: Jetzt ist sie da! Es ist die Stunde der Verherrlichung des Sohnes, dies aber durch Abschied und Tod hindurch. Wenn wir diesen Satz „Gekommen ist die Stunde" in unsere persönliche Erfahrung hineinlassen, dann spüren wir, wie hier die Grundfrage unseres menschlichen Daseins, unseres Lebens auf Erden angesprochen ist: Abschied, Trennung, Sterben. Hier ist das Geheimnis angerührt, das unser ganzes Leben durchzieht. Jeder Augenblick ist Trennung, unaufhörlich kommt unsere letzte Stunde auf uns zu, unaufhörlich gehen wir der Stunde unseres Todes entgegen. Nur angesichts dieses Letzten und Äußersten, das wir als Schmerz, dann aber auch wieder als Befreiung in unserem Leben erfahren, nur aus dieser Grenz-Erfahrung können wir dem Ernst und der Freude des hohepriesterlichen Gebets entsprechen, nur von hier aus ist alles Folgende dieses Gebets für uns zu verstehen.

Wir können es uns daher nicht ersparen, in einer ersten Besinnung dort in unser Leben zu schauen, wo es Abschied gegeben hat, etwa die Trennung von einem Menschen, von einem vertraut gewordenen Lebensraum, von der Heimat. Haben wir keine Angst, das anzuschauen, denn nur, wenn wir es wirklich anschauen, werden wir auch entdecken, daß in den Abschieden und Trennungen sehr unterschiedlicher Art – gerade dort, wo es um eine sehr tiefe Verbundenheit ging – ein geheimnisvolles Leuchten da war und da ist. Der Abschied verwandelt unser Leben in einer ganz eigentümlichen Weise, so daß der Schmerz in seiner Schmerzlichkeit zugleich die Konturen der Dinge und der Menschen leuchtend macht und so das Eigentliche sichtbar wird. Der Schmerz des Abschiednehmens wird – wenn es als beständiges Ablösen und Loslassen geschieht – zugleich auch immer etwas Verklärendes in sich tragen.

In der Übung schauen wir behutsam auf den einen oder anderen großen Abschied in unserem Leben, ohne uns in Einzelheiten zu verlieren. Vielleicht auch in den Abschied eines Todes, den wir ganz bewußt miterleben durften, denn es gibt kaum eine größere Gnade, als bei einem Sterben dieses geheimnisvolle Leuchten wahrnehmen zu dürfen. Dann versetzen wir uns aus der Vergangenheit zurück in die Gegenwart, wo wir spüren, wie sich in jedem Augenblick etwas aus uns löst, und wir sprechen wie Jesus: „Vater, gekommen ist die Stunde." Gegenüber dem Abschied, dem Sichlösen und Vergehen ist der „Vater" das Gegenüber der Ewigkeit, des absoluten Bleibens und Liebens, das erahnt und leuchtend spürbar wird: „Vater, gekommen ist die Stunde." Unsere Stunde, meine Stunde: Jetzt ist sie da. „Verherrliche deinen Sohn, damit dein Sohn dich verherrliche." Vielleicht gelingt es uns, zu spüren, wie Golgota und Tabor zusammengehören, wie eines nicht ohne das andere geht. Versuchen wir, unser Ja zu sagen zu allen Abschieden, allen Trennungen, die immer Verwandlung sind, und fügen wir mit einem tiefen Glauben und Vertrauen hinzu: „Verherrliche deinen Sohn *in mir*, damit *ich dich* in deinem Sohn verherrliche."

Zweite Übung

Verherrliche deinen Sohn, damit dein Sohn dich verherrliche

Johannes 17, 1

Wenn wir versuchen, uns in das Gebet Jesu hineinzuhören, geht es nicht so sehr darum, auf neue Gedanken zu kommen, sondern tiefere Erfahrungen zu machen. Darin liegt für uns eine gewisse Schwierigkeit, daß hier in der Sprache des Gebets nicht Gedanken, sondern Erfahrungen aus der Tiefe der Glaubenswirklichkeit vermittelt werden. So bleibt uns kein anderer Weg, als diese Sprache, als einzelne Worte dieser Sprache in uns zum Klingen zu bringen, um uns so von ihrer Erfahrungswirklichkeit anrühren zu lassen.

Zu solchen Worten gehört „verherrlichen/Herrlichkeit". „Verherrliche deinen Sohn, damit dein Sohn dich verherrliche" (V.1); „Ich habe dich auf Erden verherrlicht" (V.4); „Jetzt verherrliche mich du, Vater, bei dir mit der Herrlichkeit, die ich bei dir hatte, ehe die Welt war" (V.5). Niemals bezieht sich Verherrlichung und Herrlichkeit auf eine Person allein; immer ist es etwas, was sich zwischen zweien verwirklicht, zwischen Vater und Sohn. Herrlichkeit ist das Leuchtendwerden im Einssein, das Leuchtendwerden zum Einssein. Die Herrlichkeit, die vom Vater ausstrahlt, wird dem Sohn gegeben zum immer tieferen Einswerden, und die Herrlichkeit, die aufstrahlt als Herrlichkeit des Vaters im Sohn, ist die Einladung zum Einswerden an alle. Wenn der Sohn vom Einssein spricht, steht er in der völligen Freiheit seines Ich-Bewußtseins, aus dem heraus er zum Vater „Du" sagen kann, um gerade im Gegenüber das Einssein zu erfahren. Es ist der Spannungsbogen von Einssein im Gegenübersein, vom Ich zum Du und umgekehrt, der ausmacht, daß Herrlichkeit aufleuchtet!

Die aufleuchtende und ausstrahlende Herrlichkeit ist die Schönheit der Liebenden. Eine Ahnung hiervon kann uns aufgehen, wenn wir sagen, daß der Mensch erst schön wird durch die Liebe, in der Liebe. Das Geheimnis der göttlichen Herrlichkeit ist machtvolle Liebe, die anzieht, aber nicht verschlingt, die hinreißt, aber nicht auslöscht. Von hier aus kann das Besondere der christlichen Gottesbeziehung spürbar werden: als Ich Du sagen zu können und mich als Ich im Du in der ganzen Tiefe meiner selbst zu erfahren – Liebe als Personalisation, wie P. Teilhard de Chardin sagen würde.

Wie aber nehmen wir das in die Meditation? Stellen wir uns vor Augen, wo wir „Herrlichkeit" im menschlichen Bereich, in unserem Leben erfahren haben, vielleicht gerade in Stunden des Abschieds, wo die Konturen der Liebe leuchtend wurden, wo in der Trennung die eigentliche, tiefste Beziehung aufgeleuchtet ist und vielleicht in uns den Wunsch geweckt hat, diese Herrlichkeit des Einswerdens von Ich und Du in der letzten und tiefsten Absolutheit der Liebe erfahren zu dürfen, so wie sie im Einssein Christi mit dem Vater im Heiligen Geist gegeben ist.

Ich darf darauf vertrauen, daß ich – durch die Menschwerdung Christi – auf diese Erfahrung von Herrlichkeit aus dem tiefsten Grund meines Wesens angelegt bin, auch als mitmenschliche Erfahrung. Christus will mich – durch die Eingliederung in seinen mystischen Leib – in seine Herrlichkeit mit aufnehmen und mir das allumfassend liebende Du-Sagen ermöglichen. Wenn er mit dem Vater und auch mit uns spricht, will er uns allen miteinander Herrlichkeit schenken als unsere Einweihung in das Geheimnis des liebenden Einsseins zwischen ihm und dem Vater. So können wir unsere ganze Sehnsucht nach Überwindung aller Trennungen und Abschiede und Vernichtungsängste, nach bleibendem Einssein, nach endgültiger Herrlichkeit zusammenfassen in dem Gebet: „Vater, du hast Jesus, deinem menschgewordenen Sohn, Macht über alles Fleisch gegeben, damit er uns allen, die du uns ihm gegeben, das ewige Leben, die Liebeseinheit mit dir und untereinander schenke: Herr, erbarme dich; Christus, erbarme dich; Herr, erbarme dich.“ Schließlich alle Gedanken loslassen, alle Worte, und im Schweigen bleiben, voller Vertrauen: Das ist es, das ist die Wahrheit.

Dritte Übung

Ich habe ihnen deinen Namen kundgetan
und werde ihn kundtun,
damit die Liebe, mit der du mich geliebt hast,
in ihnen sei und ich in ihnen

Johannes 17, 26

Das Werk des Sohnes ist es, den Namen des Vaters zu offenbaren: „Ich habe deinen Namen den Menschen geoffenbart." Name steht hier für das innerste Wesen Gottes. Das Geheimnis des Namens ist das Geheimnis der Liebe: „damit die Liebe, mit der du mich geliebt hast, in ihnen sei und ich in ihnen" (V. 26).

Wie kommen wir dem Geheimnis des Namens in der meditativen Übung nahe? Wir beginnen wieder bei unserem Leben und unserer menschlichen Erfahrung und fragen uns: Welchen Namen, welche Namen habe ich in meinem Leben am liebsten ausgesprochen, spreche ich am liebsten aus? Und umgekehrt: Welche Namen kann ich bis heute nicht hören, wecken in mir Antipathien? Unser ganzes Leben ist von hellen und dunklen Namen durchzogen, wie ein Teppich aus hellen und dunklen Fäden zusammengewebt ist. Wir lassen die Namen einfach kommen und spüren, was „Name" alles bedeuten kann, was da alles mitklingt. Dann aber lassen wir die Menschennamen stehen und stellen darüber den Namen „Vater". Oder, wenn uns das leichter fällt, den Namen „Jesus", um zu spüren wie dieser Name, der „über allen Namen ist" (Phil 2,9), in der Geschichte unseres Lebens inmitten so vieler Menschennamen erklungen ist. Wir betrachten den bunt gewirkten Teppich unseres Lebens, dessen Geschichte von der Liebe, aber auch von dem Nicht-lieben-Können durchzogen ist. Wir versuchen, jenseits aller Worte und Gedanken und Empfindungen dankbar zu sein. „Geheiligt werde Dein Name – in allen Namen …"

Vierte Übung

Heiliger Vater, bewahre sie in deinem Namen,
den du mir gegeben hast,
damit sie eins seien wie wir

Johannes 17, 11

Ob wir in dem geheimnisvollen Teppich unseres Lebens, der aus vielen Namen zusammengewebt ist, eine schöne Ordnung entdecken, ob wir in diesem Gewebe Herrlichkeit aufstrahlen sehen, hängt davon ab, ob wir den einen Namen aussprechen und anrufen können, den Jesus uns geoffenbart hat, er, der den Vater bittet: „Bewahre sie in deinem Namen." In der Anrufung dieses Namens findet der Teppich unseres Lebens seine Vollendung.

Wir rufen den von Jesus geoffenbarten Namen Gottes als Lobpreis an, aber auch als Bitte und Hilferuf. Lobpreisend stellen wir ihn über all die Namen, die wir gern, die wir in Liebe aussprechen können, denen wir Liebe schenken durften und dürfen. Wir rufen ihn aber auch an als Bitte über die Namen, die das rätselhafte Dunkel in uns offenbaren, die wir in einer bestimmten Weise – voll Haß oder in triebhaftem Verfallensein – aussprechen müßten und dabei doch wissen, daß wir sie so nicht aussprechen dürfen, weil wir dann den Namen des Herrn nicht mehr in Freiheit und Dankbarkeit anrufen können.

Im Namen Gottes bewahrt sein, im Namen Gottes bleiben, von seinem Namen her da sein ist das Ja zum Leben, sowohl die Annahme meiner selbst, als auch die unbedingte Annahme des anderen im Namen des Herrn. Es gibt aber auch die Möglichkeit, aus dem Namen herauszufallen, den Namen zu verlieren. Im Namen Gottes bleiben, so daß alle Namen unter und in diesem Namen gefaßt sind, bedeutet eins sein: „Bewahre sie in deinem Namen, den du mir gegeben hast, damit sie eins seien wie wir." In dem Namen Gottes, des Vaters, ordnet sich unser Leben zur Fülle und zur Einheit der Liebe. Es ist ewiges Leben, weil es Leben im Erkennen des allein wahren Gottes ist und im Erkennen dessen, den er gesandt hat, Jesus Christus. „Erkennen" aber heißt Lebensgemeinschaft mit dem Erkannten, die sich in der unaufhörlichen Anrufung des Namens als Lobpreis und Anbetung, aber auch als Klage und Notschrei verwirklicht.

In der Meditation nehmen wir einfach das Wort „Vater" und lassen es in uns zum Klingen kommen. Sprechen wir es bewußt über alle Menschen, an die wir dankbar denken: „Vater – ich danke dir." Sprechen wir es aber auch bewußt – als Bitte oder Angebot der Versöhnung – über alle, mit denen wir uns schwer taten und schwer tun „Vater – laß mich vergeben." Dank und Vergebung. Dann versuchen wir, zum Lobpreis des gemeinsamen Grundes durchzudringen, aus dem wir alle entstammen: „Du, unser Vater! Du, mein Vater!" Zum Schluß nur noch das Wort „Vater" klingen lassen, das alles überstrahlt; in ihm kommen wir zum Einswerden unseres Lebens, das uns durch das Einssein Jesu mit dem Vater im Heiligen Geist eröffnet ist. Einssein heißt ja auch, daß wir endlich mit uns selbst eins werden, daß wir uns mit uns selbst versöhnen und daher auch bereit sind zur Versöhnung mit denen, über die wir den Namen „Vater" stellen. Er ist die Kraft, die unser aller Leben durchdringt, der Grund, von dem wir alle miteinander getragen werden.

Fünfte Übung

Ich habe sie behütet, und keiner aus ihnen ist verlorengegangen, außer dem Sohn des Verderbens

Johannes 17, 12

Wie Gott um die Seinen weiß, die in seinem Namen leben, so weiß er auch um die, die aus seinem Namen herausfallen, die seinen Namen verlieren – ob für immer oder als erschreckende Mahnung für ihre Lebenszeit, bleibt offen (was mit Judas endgültig geschah, darüber haben wir nicht zu befinden). Das erschreckende Verlieren des Namens Gottes gibt es in zweifacher Weise. Durch die eigene Schuld, durch das, was in uns „Welt" ist im Sinne der Verfallenheit an die Lüge, an das Haben-, Besitzen-, Beherrschen- und Genießenwollen, an das Böse schlechthin, von dem uns das Vorbild und die Opfertat Jesu Christi befreien will: „Für sie heilige ich mich, damit sie in Wahrheit geheiligt seien" (Joh 17,19).

Es gibt aber auch noch eine andere Möglichkeit. Das Liebeswesen des Vaters kann sich in den Schicksalsschlägen unseres Lebens für uns so verdunkeln, daß wir meinen, nicht mehr „Vater“ sagen zu können. In solcher Gottesverfinsterung hätte – wenn es möglich gewesen wäre – selbst Jesus untergehen können: „Mein Gott, mein Gott, warum hast du mich verlassen“ (Mt 27,46), der aber als letztes Wort am Kreuz sprach: „Vater, in deine Hände befehle ich meinen Geist“ (Lk 23,46). Nur in der unergründlichen Spannung zwischen diesen beiden Worten, an der auch unser Leben teilhat, bevor es sich im Tod in das Geheimnis der größeren Einheit wandelt, können wir in die letzte Tiefe des Namens Gottes eintauchen.

Gehen wir in der Übung den Weg ein wenig nach, diesen Weg der beiden Worte Jesu am Kreuz als Spannung auch in unserem Leben. Formulieren wir das Gebet, wie es uns von innen heraus zuwächst, und lassen wir es einmünden in die Worte: „Erbarme dich unser – jetzt und zu aller Zeit. Erbarme dich über uns alle, die wir in Bedrängnis und in Versuchung sind, aus dem Namen Gottes, aus der Liebe des Vaters herauszufallen.“ Dann lassen wir – wie immer – alle Worte in uns verlöschen und bleiben nur noch in der Stille und lassen so die Übung langsam ausklingen.

Sechste Übung

Ich bin nicht mehr in der Welt, aber sie sind in der Welt, und ich komme zu dir

Johannes 17, 11

Kein Wort kommt im hohepriesterlichen Gebet so oft vor wie das Wort „Welt". In V.5 ist die Rede von der Herrlichkeit des Sohnes beim Vater, „ehe die Welt war", und ähnlich in V.24 von der Liebe des Vaters zum Sohn „vor Grundlegung der Welt". Die Einheit von Vater und Sohn, die Liebe zwischen Vater und Sohn ist das, was vor allem ist, und auch das, was nach allem ist. Das klingt in V.11 an, wenn Jesus sagt: „Ich bin nicht mehr in der Welt." So ist Welt einerseits etwas Nachläufiges, das „nach" dem Ewigen, dem Einssein von Vater und Sohn kommt, und andererseits etwas Vorläufiges, das auf etwas Kommendes hinweist.

In dieser Spannung stehen wir als Jünger Jesu: „in der Welt", aber nicht „von der Welt". Denn Welt ist der Bereich, der sich Gott zunächst verschließt, Gott fern ist und in dem das Böse herrscht. Aber in diese Welt werden die Jünger von Jesus gesandt, so wie er selbst vom Vater in die Welt gesandt wurde, „damit die Welt glaube". Auch wenn Jesus hier nicht „für die Welt", sondern nur für die Jünger bittet, so ist sie doch kein von Gott endgültig aufgegebener Bereich. Trotz des Bösen, das in der Welt regiert und von dem sie voll ist, und trotz ihres Hasses hat Gott sich ihr in unbegreiflicher Weise zugewandt: „So sehr hat Gott die Welt geliebt, daß er seinen eingeborenen Sohn dahingab", wie Jesus im Gespräch mit Nikodemus sagt (Joh 3,16).

Alles, was wir in der Meditation üben, muß sich in der Welt, in der auch wir sind und in die auch wir hineingesandt werden, bewähren. Aus unserem Versöhntsein und Einssein mit Christus, mit dem Nächsten, mit uns selbst ergibt sich für die Welt die Chance, Christus zu erkennen. Das Gebet Jesu für die Welt, das im hohepriesterlichen Gebet zu fehlen scheint, da Jesus hier nur für die betet, „welche du mir gegeben hast", wird zu einem Gebet der Tat durch das Einssein der Jünger in Christus. Einssein, Einswerden ist der Grundvollzug gläubigen Menschendaseins, ist auch das Sein und die Lebendigkeit der Kirche. Kirche ist ihrem Wesen nach Einheit. Alles „Kirchliche" hat dem Einswerden und Einssein zu dienen – und nichts anderem sonst. Nur im Einswerden geschieht Verherrlichung Gottes.

Der Weg zum Einswerden aber geht über das Kreuz. „Für sie heilige ich mich selbst, damit auch sie geheiligt seien in Wahrheit." Diese „Heiligung" oder „Weihe" – wie es auch übersetzt wird – ist das Opfer und die Hingabe. Alle Einheit in dieser Welt lebt vom Opfer. Jesus selbst zeigt es uns durch sein Opfer am Kreuz: „Niemand hat eine größere Liebe, als wer sein leben hingibt für seine Freunde" (Joh 15,13). Nur aus dem Opfer, der Totalhingabe wird Einssein möglich, werden wir eins. Da ist die Wahrheit des Einsseins, frei von allen sentimentalen Gefühlen: Man kann letztlich in die Einheit hinein nur – sterben ... und sterbend auferstehen.

Wenn wir das hören, erschrecken wir vielleicht. Wir dürfen aber nicht übersehen, daß Jesus im gleichen Zusammenhang auch von der Freude spricht: „Dieses spreche ich in der Welt, damit sie meine Freude erfüllt in sich haben." Die letzte Entschiedenheit, aus der wir die Einheit zu leben versuchen, ist unsere Freude.

In der Übung gehen wir zunächst von unserer Welt, unserer Umwelt aus und stellen uns die Frage: Wie fühle ich mich in meiner Welt? Wo erfahre ich in ihr Trennung und Spaltung, auch die Spannung zwischen Depression und Euphorie?

Dann ein weiterer Schritt: Gibt es in meinem Leben Freude? Eine Freude, die gelegentlich vorkommt oder die sich durchhält? Ist sie von der Welt und damit den Bedingungen der Welt unterworfen, oder erfahre ich – zumindest hin und wieder – Freude als ein reines, bleibendes Geschenk? Versuchen wir, den Inhalt dieser Freude in einem Wort zu fassen und für diese Freude – in der Welt, nicht von der Welt – zu danken. Das Danken-Können ist vielleicht selbst die tiefste Freude.

Wenn wir abschließend nach einer zusammenfassenden Ausdrucksform für das ganze hohepriesterliche Gebet suchen, dann schauen wir auf die Feier der heiligen Messe, die Eucharistie, das Abendmahl. Dort kündet uns Jesus vom Vater. Dort dürfen wir mit ihm „Vater" sagen. Dort erleben wir in der Wandlung den Hinübergang des Sohnes und seine Verherrlichung. In der Kommunion verherrlicht sich Jesus in uns, und wir erfahren in ihr das Einssein untereinander, das sich dann im Denken, Reden und Tun der Einheit im Alltag, als in der Welt und für die Welt verwirklicht. Dieses Einswerden als Hineinsterben in die Einheit verwandelt die vielen Körner zu dem einen Brot, verwandelt die vielen Trauben in den einen Wein und die vielen Menschen, die sich selbst im Opfer immer neu sterben, in die Einheit der Kirche, um die Kirche als Einheit zu verwirklichen. Das macht die Härte, aber auch die Größe und Weite und letztlich auch die Freude unseres Lebens als Christen und als Menschen aus. Schauen wir wiederum in unser Leben.

Wo das Kreuz in unserem Leben steht und wir vor diesem Dienst am Einswerden und Einssein schmerzlich zurückscheuen: Herr Jesus Christus, erbarme dich unser. Daß uns die Kraft gegeben wird, vor dem Opfer nicht zu fliehen: Herr Jesus Christus, erbarme dich unser. Einswerden, Einssein: Herr Jesus Christus, erbarme dich unser.

5

Die Herrlichkeit, die an uns offenbar werden soll

Zur christlichen Hoffnung nach Paulus

Römer 8, 18–30

In unseren meditativen Übungen suchen wir Christus näherzukommen, diesmal mit Hilfe eines Abschnitts aus dem Römerbrief. Es geht im Grunde nur darum, daß dieser Text wirklich zu uns spricht, daß er uns ganz in der Tiefe erreicht, daß er uns dann vielleicht auch ein wenig verwandelt. Wir wollen uns auf die Worte einlassen, die Paulus zu uns spricht, oder, besser gesagt, seine Worte in uns einlassen.

Vorab lesen wir den Text als Ganzes und lassen ihn ohne vieles Grübeln einfach vom Wort her auf uns wirken. Wir sollten ihn auch vor den einzelnen Übungsschritten immer wieder lesen und so innig mit ihm vertraut werden.

Es gibt eine Reihe von Worten, die sich im Text wiederholen; dazu gehört „Herrlichkeit". Es ist das Schlüsselwort dieses Abschnitts, gewissermaßen ein Geheimwort oder eine Losung, die dem Außenstehenden nichtssagend oder rätselhaft erscheint, die dem Eingeweihten aber den Zugang zum Entscheidenden eröffnet. „Herrlichkeit" ist der Versuch, das letzte Geheimnis dieser Welt zu bezeichnen, das auszusprechen, was sich aus der Fülle Gottes an Überwältigendem, Beseligendem durch Jesus Christus im Heiligen Geist sich erschließt und schenken will. „Herrlichkeit" ist immer etwas, was aus der Fülle Gottes verschenkt wird: was der Vater an den Sohn verströmt; was der Sohn als Einssein im Geist der Liebe erfährt; was er an uns weitergeben will, um uns in das beseligende Einssein hineinzunehmen. Lichtglanz, Lichtfülle, Lichtströme des Liebens und des Geliebtwerdens sind der letzte Wurzelgrund der „Herrlichkeit" (im Griechischen „doxa"). Nicht von ungefähr ist es auch ein Schlüsselwort des hohepriesterlichen Gebets im Johannesevangelium. Nach dieser Herrlichkeit geht unser tiefstes Sehnen, zu dieser Herrlichkeit sind wir als Geschöpfe und innerhalb der Schöpfung als Mittler von allem, was mit uns Geschöpf ist, unterwegs.

[18]Ich bin überzeugt, daß die Leiden dieser Zeit nichts bedeu-
ten im Vergleich mit der Herrlichkeit, die an uns offenbar
werden soll. [19]Denn das sehnsüchtige Verlangen der Kreatur
wartet auf die Offenbarung der Söhne Gottes.

[20]Denn die Kreatur ist der Nichtigkeit unterworfen wor-
den, nicht aus eigenem Willen, sondern durch den, der sie
unterworfen hat – auf Hoffnung. [21]Es ist so: auch die Kreatur
als solche wird befreit werden von der Knechtschaft der Ver-
wesung zur Freiheit der Herrlichkeit der Kinder Gottes.
[22]Wir wissen ja, daß die gesamte Schöpfung bis jetzt ein-
mütig seufzt und in Wehen liegt.

[23]Doch nicht nur das: auch wir selbst, die wir die Erst-
lingsgabe des Geistes haben, auch wir seufzen in unserem
Herzen und erwarten die Sohnschaft, die Erlösung unseres
Leibes. [24]Denn zur Hoffnung sind wir gerettet worden; Hoff-
nung aber, die man sieht, ist keine Hoffnung. Wie kann denn
einer erhoffen, was er sieht? [25]Wenn wir aber auf das hoffen,
was wir nicht sehen, warten wir in Geduld.

[26]So nimmt sich auch der Geist unserer Schwachheit an.
Denn wir wissen nicht, was wir beten sollen, wie es sich ge-
bührt. Doch der Geist selber tritt für uns ein mit wortlosem
Seufzen. [27]Der aber die Herzen erforscht, weiß, was das An-

liegen des Geistes ist, daß er, wie Gott es will, für die Heili-
gen eintritt.
28 Wir wissen aber, daß Gott denen, die ihn lieben, alles
zum Guten wirkt, denen, die nach seinem Ratschluß Geru-
fene sind. 29 Denn die er zuvor erkannt hat, die hat er auch
zuvor dazu bestimmt, gleichförmig zu sein der Weise seines
Sohnes, auf daß er der Erstgeborene unter vielen Brüdern sei.
30 Die er aber vorherbestimmte, die hat er auch gerufen,
und die er gerufen hat, die hat er auch gerechtfertigt, die er
aber gerechtfertigt hat, die hat er auch verherrlicht.

Römerbrief 8, 18–30; Übersetzung: Heinrich Schlier

Erste Übung

Ich bin überzeugt,
daß die Leiden dieser Zeit nichts bedeuten
im Vergleich zu der Herrlichkeit,
die an uns offenbar werden soll

Römer 8, 18

Die geheimnisvolle Wirklichkeit, die mit dem Wort Herrlichkeit umschrieben wird, ist etwas, was wir zutiefst ersehnen, und zugleich etwas, was wir weder uns nehmen noch machen noch gar erzwingen können, was wir nur als reines Geschenk erbitten können. Herrlichkeit kommt von Christus als die eigentliche und tiefste Weise, wie Erlösung erfahren wird.

In einem ersten Übungsschritt fragen wir uns ganz einfach: Wonach sehne ich mich im tiefsten? Gibt es Augenblicke in meinem Leben, wo ich meine, etwas von

„Herrlichkeit" erfahren zu haben, vielleicht in einer scheinbar wenig religiösen und mit dem Glauben nur schwach verbundenen Weise – beispielsweise im Sinne von „Unsagbar schön!" –, wodurch sich aber die Ahnung von „Herrlichkeit" vertieft hat? Versuchen wir, in diesem Sinne unsere tiefsten persönlichen Wünsche und Sehnsüchte kommen zu lassen, auch wenn wir dabei spuren, wie vieles dabei unklar und ungewiß ist. Aus unserer drängenden Sehnsucht sprechen wir: „Herr, erbarme dich meiner." Den geheimnisvollen Urgrund, dem wir entstammen und auf den wir zugehen, ihn, der uns „Herrlichkeit" erschließen kann und will, rufen wir an: „Herr, erbarme dich meiner." Dann lassen wir alle Gedanken, Worte und Bilder los und verharren in der Haltung der Sehnsucht und in vollkommenem Schweigen so, als würde sich uns aus der Stille das Geheimnis der Herrlichkeit offenbaren.

In einem zweiten Schritt wenden wir uns der dunklen Seite dieses Textes und damit auch der dunklen Seite unseres Lebens zu. Meditieren, sich versenken, heißt ja nicht die Augen vor der Wirklichkeit zumachen, sondern alle Wirklichkeit im Licht der letzten Wirklichkeit betrachten, wie Paulus es tut: „Ich bin überzeugt, daß die Leiden dieser Zeit nichts bedeuten im Vergleich mit der Herrlichkeit, die an uns offenbar werden soll."

Leiden gehört zum Dasein. In der antiken Weisheitsüberlieferung des römischen Dichters Vergil heißt es: „Sunt lacrimae rerum – Alle Dinge weinen." Dieses Leiden der Kreatur wird hier als „sehnsüchtiges Verlangen" oder auch als „Seufzen" gedeutet, als „Stöhnen", wie man auch übersetzen kann. Die gesamte Schöpfung stöhnt und so auch wir inmitten der Schöpfung. Wenn wir uns anschicken, das Seufzen der Schöpfung wahrzunehmen, müssen wir wohl zuerst auf unser eigenes Seufzen und Stöhnen in uns selbst und in bezug auf uns selbst, auf unser eigenes Dasein vernehmen: Menschenlos ist Menschenleid!

In der Sicht des Apostels ist dieses Leiden aber nicht Todeskampf, sondern Geburtsschmerz; nicht Ausdruck der Unterwerfung unter die Vergänglichkeit, Verwesung, Nichtigkeit, sondern es bleibt die Hoffnung auf Befreiung, Verwandlung, Vollendung.

Stellen wir uns zunächst die Frage: Woran leide ich am meisten? An Lebensverhältnissen, die ich nicht ändern kann? An äußerer Erkrankung, an innerer Belastung, vielleicht letzten Endes an mir selbst und an meiner Unfähigkeit, das Leid, das ich nicht ändern kann, anzunehmen?

Eine zweite Frage hängt eng damit zusammen: Habe ich in meinem Leben nicht nur das Zerstörerische, sondern auch schon das Fruchtbare des Leidens erfahren, daß etwa eine neue Erkenntnis in mir heranreifte, eine innere Wandlung möglich wurde?

Wie Paulus an anderen Stellen seiner Briefe (z.B. Röm 8,17; 2 Kor 4,10; Phil 3,10) sagt, kann alles Leiden zum Leiden mit Christus werden. So können wir ihm unser Leid und gerade das, woran wir am meisten leiden, hinhalten: „Herr Jesus Christus, erbarme dich meiner." Wir bitten ihn damit um die Kraft der Hoffnung, unser Leid nicht als Todeskampf, sondern als Geburtswehen hinnehmen zu können: „Herr, erbarme dich." In seinem Erbarmen liegt die verwandelnde Kraft, die aus der Liebe kommt. Unser Leid, unser tiefstes Leid dem Herrn hinhalten, darin liegt eine doppelte Bewegung: annehmen, aber auch loslassen. Wenn wir Christus unser Leid hinhalten, dann versuchen wir, nicht so sehr selbst auf unser Leid zu schauen, sondern Christus auf unser Leid schauen zu lassen: „Herr Jesus Christus, erbarme dich meiner."

ZWEITE ÜBUNG

Zur Hoffnung sind wir gerettet worden

Römer 8, 24

Wenn wir auf unsere Leiderfahrung eingehen, auf die Stimme des Leidens in uns hören, dann besteht die große Gefahr, daß das Leid uns ganz auf uns selbst zurückwirft, uns in uns selbst verschließt und wir so ausschließlich um uns selbst kreisen. Dann wird das Leiden wirklich Agonie, verliert seine Fruchtbarkeit und ist nicht mehr Geburtsschmerz. Das sicherste Zeichen dafür, daß Leiden den Charakter von Geburtswehen trägt, ist die Öffnung für etwas Neues, etwas Größeres: ein Schritt auf dem Weg zur Herrlichkeit, die nur aus dem Leid und durch das Leid – anders sicherlich nicht – erfahren wird. Ein erster Schritt liegt darin, daß mein Leid mich öffnet für das Leid meiner Mitmenschen und das Leid der ganzen Kreatur: Ein Verhängnis liegt ja über der ganzen Schöpfung aufgrund der Urschuld der Menschheit, aber in der Schöpfung glüht auch eine Hoffnung, die sie warten und über sich hinaus verlangen läßt.

Wie verhalte ich mich gegenüber dem Leid anderer? Verschließe ich mich? Gehe ich nur auf bestimmtes Leid ein? Bemitleide ich, indem ich mitjammere und das Leid des anderen dadurch vielleicht noch verstärke, oder veranlaßt mich das Mitleiden, mich darauf zu besinnen, was im Text genannt wird: „das sehnsüchtige Verlangen der Kreatur, die wartet auf die Offenbarung der Söhne Gottes". Alles Mitleiden hat nur einen Sinn, daß ich versuche, mich zum Zeichen der Hoffnung zu machen oder – besser – mich von Christus zum Zeichen der Hoffnung machen zu lassen. Versuche ich, Zeichen der Hoffnung zu sein durch mein konkretes Tun? Zeichen der Hoffnung auch dort, wo das konkrete Tun seine Grenzen findet? Zeichen der Hoffnung nicht durch Einstimmen in das allgemeine Lamentieren und Schwarzsehen, sondern durch mein Gebet? „Herr Jesus Christus, erbarme dich aller."

Lassen wir auch die geängstigte Kreatur in unser Bewußtsein kommen, nicht nur die Menschen, auch die Tiere, die versehrten Pflanzen, die sterbenden Wälder – alles wartet „auf die Offenbarung der Söhne Gottes", nur sind die „Söhne Gottes" zu Söhnen der Zerstörung geworden ... „Herr Jesus Christus, erbarme dich aller."

Denken wir schließlich ganz intensiv an einen Menschen, der viel leidet, an einen, der uns vielleicht sehr nahesteht, und sprechen wir ganz gesammelt: „Herr Jesus Christus, erbarme dich seiner." Erwecken wir ein tiefes Vertrauen für ihn, das dieser Leidende vielleicht selbst im Moment nicht aufbringen kann. Im tiefsten wartet auch er auf Herrlichkeit. Zeichen der Hoffnung werden – dazu gehört der Glaube an die kommende Herrlichkeit, auch wenn wir die Weise der Vollendung nicht sehen – die Zuversicht, daß wir alles Leiden auch als Zeichen der Verheißung, als Geburtswehen ansehen dürfen. Aber die Hoffnung muß sich bewähren im Wartenkönnen. Das gilt nicht nur für das letzte Ziel unseres Lebens, sondern auch in unseren mitmenschlichen Beziehungen, die durch ungeduldige Voreiligkeit eher zerstört als entfaltet werden. Sich gedulden können heißt die Spannungen des „Noch nicht" und die damit verbundenen Belastungen aushalten können, nicht aufgeben, nicht ausbrechen, nicht wegwerfen, sondern „darunter bleiben" (wie das griechische Wort für „Geduld", „hypomonē", wörtlich bedeutet).

Diese drei Worte „hoffen – warten – sich gedulden" sprechen Grundbedingungen unseres Menschseins aus. Mit ihnen läßt sich auch das Wesen der Meditation beschreiben. Meditieren heißt ja nicht, etwas tun wollen, sondern still halten; warten können in Geduld, aber in der Hoffnung, daß sich an mir und in mir – und dadurch letztlich in der Welt – Vollendung ereigne. So ist die Übung der Meditation eine Übung der Hoffnung: in Stille, Sammlung, Aufmerksamkeit ganz wach dasitzen und warten, daß sich uns etwas kundtut, etwas aufleuchtet. Es geht darum, gewissermaßen „die Geburt zu erwarten", was bei den Worten „in Hoffnung" mit anklingt.

Dritte Übung

Wir wissen nicht, was wir beten sollen,
wie es sich gebührt.
Doch der Geist selber tritt für uns ein
mit wortlosem Seufzen

Römer 8,26

In der Haltung der reinen Hoffnung, des reinen Wartens, der reinen Geduld zu verharren und dabei wachzubleiben, ist schwer. Jesus spricht davon im Gleichnis von den Knechten, die auf die Wiederkunft ihres Herrn warten sollen, dann aber zwischendurch etwas anderes tun und das Eigentliche verpassen; so mahnt er die Jünger: „Wachet und betet" (Lk 21,36). Meditieren ist im Grunde nichts anderes, als das zu üben.

Wir, die wir unsere Schwachheit immer wieder erfahren, auch unsere Schwachheit beim Beten und Meditieren, werden in V.26 daran erinnert, daß wir einen Beistand haben, den Geist. Er ist „Erstlingsgabe", eine Art Anzahlung, durch die der Erwerb des Ganzen schon gewährleistet ist. Er kommt unserer Unzulänglichkeit, unserem Unvermögen zu Hilfe. Unser Seufzen und Verlangen ist niemals angemessen, da die „Herrlichkeit", nach der wir uns ausstrecken, unser Sprechen und Begreifen übersteigt. So wirkt in uns ein tiefes Geheimnis, das unser ganzes Leben auf die Vollendung hin ausspannt. Dem Seufzen unserer Schwachheit kommt der Geist mit seinem „wortlosen Seufzen" zu Hilfe und macht es hörbar für Gott. In uns, in unserem Herzen tritt der Geist Gottes bei Gott für uns ein.

„Der aber die Herzen erforscht, weiß, was das Anliegen des Geistes ist, daß er, wie Gott es will, für die Heiligen eintritt." Die „Heiligen", das sind wir, die Christus durch den Glauben angehören und Ausschau halten nach der Herrlichkeit mit ihm beim Vater. Gewöhnlich meinen wir mit den Heiligen jene, die die Vollendung schon erlangt haben, aber auch wir gehören zu ihnen als solche, die unterwegs sind.

Der Geist, das Prinzip dieser wortlosen Bewegung in unserem Inneren auf Vollendung hin, ist in uns gegenwärtig in einem tiefen Symbol, das unser ganzes Leben durchzieht, im Sinnbild des Atems. Wie wir den Atem als Geschehen erfahren, als eigentliche Kraft unseres Lebens, so ist der Geist in der Tiefe unserer selbst die Kraft unseres Lebens, die uns dem Ziel unseres Lebens, der Herrlichkeit, der letzten Erfüllung entgegenführt.

In der Übung lassen wir uns ganz tief und bewußt auf unseren Atem ein. Wir nehmen das Wunder des Atems wahr. Damit sich unsere Gedanken nicht verlieren, sondern bei diesem Wunder bleiben, nehmen wir nach einer kleinen Weile, nach einigen Minuten, wenn unser Atem ruhig kommt und geht, das kleine, dem heiligen Augustinus zugeschriebene Gebet auf: „Atme in mir, du Heiliger Geist." Beim Einatmen sprechen wir innerlich: „Atme in mir", und beim Ausatmen: „du Heiliger Geist." Wir überlassen uns ganz diesem Geschehen des Atems im Glauben, daß wir uns in diesem Bild und Gleichnis ganz und bedingungslos dem Wirken des Geistes überlassen, seinem Seufzen und Beten, mit dem er uns zu Gott trägt.

Wie tritt der Geist für die Heiligen ein? „Wie Gott es will", heißt es in V.27. Wenn der Geist Gottes der Geist der Liebe ist, dann ist das Gebet des Geistes das Gebet der Liebe und – da er sich „unserer Schwachheit annimmt" – das Gebet um Liebe. Dieses „Gebet der Liebe", das aus dem Geist kommt, ist im Grunde der Ruf nach dem Geliebten, nach Christus. Es ist das Gebet, das am Ende der Offenbarung des Johannes steht: „Und der Geist und die Braut sprechen: Komm!" (Offb 22,17). Oder wie dieser uralte christliche Sehnsuchtsruf ursprünglich, auf aramäisch lautet: „Marana tha – Unser Herr, komm!"

Auch die bekannte Gebetsform des Jesus-Gebets, auf das wir in unseren meditativen Übungen immer wieder zurückkommen: „Herr Jesus Christus, erbarme dich meiner", ist letztlich nur eine Abwandlung des Rufes: „Komm, Herr Jesus!" Immer, wenn Jesus sich meiner erbarmt, kommt er. Das Erbarmen Jesu ist sein Kommen mit seiner Liebe und in seiner Liebe zu uns – jetzt und einst in Vollendung …

Im Schweigen suchen wir uns auf das Rufen des Geistes, auf sein wortloses Seufzen, mit dem er für uns eintritt, einzulassen und beten als Ruf der Liebe und als Ruf um die Liebe des Herrn: „Komm, Herr Jesus" oder: „Erbarme dich meiner." Zuletzt wieder alle Worte loslassen und im sehnsuchtsvollen, demütig erwartenden Schweigen verharren.

Vierte Übung

*Wir wissen aber,
daß Gott denen, die ihn lieben,
alles zum Guten wirkt*
Römer 8,28

Aus dem Ruf der Liebe, aus dem Gebet um Liebe ergibt sich eine der tiefsten und bewegendsten Aussagen unseres Glaubens als Christen. Alles, was uns in unserem Leben widerfährt, ausnahmslos alles, dient und wirkt zum Guten oder, wie man auch sagen kann, zum Heil, zum eigentlichen, wahren Leben, zur Erfahrung der Herrlichkeit. Das Leiden, das Stöhnen und Seufzen sind eben nicht Agonie, Todeskampf, sondern sie sind die Wehen für das größere Leben, solange die Sehnsucht nach Gott und seiner Liebe, die Sehnsucht nach Herrlichkeit im Menschenherzen nicht erlischt.

Die Gott Liebenden sind die von ihm Gerufenen; lieben können, Gott lieben können gründet in seinem Ruf. Dieser Ruf aber nimmt eine konkrete Gestalt im Evangelium an, ja dieser Ruf ist Jesus Christus selbst. Der Weg mit dem Evangelium, der der Weg der Nachfolge Christi ist, auch der Nachfolge des Gekreuzigten, ermöglicht diese Lebensschau: daß denen, die Gott lieben, alles zum Guten gereicht. Eine positivere Lebens- und Weltanschauung ist kaum denkbar. Selbst die Sünde kann zum Guten gereichen als „felix culpa – glückselige Schuld", aus der die Gottesliebe gereinigt und vertieft neu hervorgeht. Das alles ist nur möglich im Licht des Evangeliums, im Licht Christi, des Gekreuzigten und Auferstandenen.

Die verherrlichte Daseinsweise, zu der die von Gott Gerufenen im voraus bestimmt sind, wird hier folgendermaßen benannt: „gleichförmig zu sein der Weise (oder wörtlich: dem Bild, das heißt hier: der Erscheinungsweise) seines Sohnes". An der verherrlichten Seinsweise Christi teilzuhaben, wie er leibhaftig von Herrlichkeit erfüllt zu sein, dazu hat Gott den Menschen bestimmt. Dieser Prozeß des Gleichförmigwerdens heißt mit dem Gekreuzigten und dem Auferstandenen gleichförmig werden und so in seine Herrlichkeit eingehen, „auf daß er der Erstgeborene unter vielen Brüdern sei". Der Weg in die Gemeinschaft mit dem Auferstandenen führt immer über die Nachfolge mit dem Gekreuzigten. Das Wort dieser Übung, daß Gott denen, die ihn lieben, alles zum Guten wirkt, gewinnt hier, im Gleichförmigwerden mit seinem Sohn, eine unerschöpfliche Tiefe.

Es wird nicht gesagt, wer vorherbestimmt ist; es geht einfach um das Bewußtsein: „Ich bin vorherbestimmt", das sich in verschiedenen Phasen entfaltet: im Ruf, der an die einen früher, an die anderen später ergeht; in der Rechtfertigung, die immer Begegnung mit dem Gekreuzigten ist; in der Verherrlichung kraft der Auferstehung Jesu Christi, in der die letzte Erfüllung menschlicher Daseinsweise besteht.

Wir können diesen Dreischritt in die Meditation nehmen und uns bei der ersten Stufe ganz tief bewußt werden: Ich bin von Ewigkeit her bestimmt, Herrlichkeit zu erlangen; von Ewigkeit her hat Gott mich gemeint, weiß er um mich, hat er seinen Plan mit mir.

Bei der zweiten Stufe rufen wir uns in Erinnerung, wann der Ruf Jesu oder die Gestalt Jesu in unser Leben getreten ist, wo wir von ihm angerührt wurden, wie wir uns bewußt wurden, von ihm angenommen zu sein.

Auf der dritten Stufe schließlich fragen wir uns, wann der Gekreuzigte in unser Leben getreten ist, wann wir durch ihn Vergebung der Schuld empfangen haben und damit auch die Befähigung, das eigene Leben mit dem Kreuz und dem Leiden anzunehmen in der Ahnung, daß hierin schon Keime der kommenden Herrlichkeit liegen.

Versuchen wir wieder, in der Meditation die innere Ruhe zu erspüren und dann tief im Innern „Ja!" zu der Wirklichkeit unseres Lebens zu sagen, wie sie Paulus uns enthüllt hat: Ich will meiner Berufung entsprechen – Herr Jesus Christus, erbarme dich meiner. Ich will dem Ruf folgen – Herr Jesus Christus, erbarme dich meiner. Ich will das Kreuz der Rechtfertigung annehmen – Herr Jesus Christus, erbarme dich meiner. Ich will von ganzem Herzen die Herrlichkeit ersehnen und die Verwandlung in Auferstehung auch durch den Schmerz hindurch an mir geschehen lassen – Herr Jesus Christus, der du mich von Ewigkeit her kennst, erbarme dich über mich Sünder.

6

Um durch ihn alle zu versöhnen

Zum Hymnus des Kolosserbriefes

Kolosser 1, 12–28

Alles Meditieren, jeder Schritt auf dem Weg der inneren Übung, beginnt mit dem Stillwerden und dem Sich-Sammeln. Da wir leibhaftige Wesen sind, fängt das Ruhigwerden, wie es in der Einführung als Grundübung näher dargelegt ist, vom Leibe her an: das Erspüren des aufrechten Sitzens; das Erfühlen des Atems; das Geschehen-Lassen des Atems in mir; das Aufgehen in diesem Geschehen-Lassen. Im Bewußtsein der göttlichen Wirksamkeit in mir sitze ich in entspannter Wachsamkeit da, ganz gesammelt bei mir selbst, und höre die tiefe Stille in mir selbst.

In den folgenden Meditationen wenden wir uns einem Text aus dem Brief an die Kolosser zu, der mit dem Worten beginnt: „Dankt dem Vater mit Freude." Immer sollten wir in der Gesinnung der Dankbarkeit, einer dankbaren Freude in die Meditation hineingehen. Allein in dieser Gesinnung werden wir dafür geöffnet, das auszuloten, was Paulus nennt: „Anteil zu haben am Los der Heiligen, die im Licht sind". Dazu hat Gott uns befähigt. Meditieren ist nichts anderes als das Ausloten dieser Befähigung.

Es ist gut, wenn wir auch außerhalb der Übungen den vorgeschlagenen Text des Kolosserbriefes immer wieder lesen, auch laut lesen, damit das Wort in uns eindringen kann, es uns so mehr und mehr vertraut wird und wir in ihm gleichsam Wohnung nehmen und zu Hause sind. Vielleicht lernen wir die Verse des Christus-Hymnus (V.15–20) auch auswendig.

In den folgenden Meditationen werden die Worte der Heiligen Schrift immer wieder mit dem Gebet zu Jesus Christus, dem sogenannten Jesus-Gebet, verbunden. Dieses meditative Gebet darf nicht isoliert für sich allein gesehen werden, sondern es steht sowohl in einer lebendigen Beziehung zur Person Jesu Christi, wie sie uns sowohl in der Heiligen Schrift als auch in der Feier der Eucharistie, im Heiligen Abendmahl begegnet. Auf keinen Fall sollten wir versuchen, das Jesus-Gebet als bloße Technik zu benutzen, um rasch zu besonderen inneren Erlebnissen zu kommen. Es ist nichts anderes als ein Weg der Hingabe an Christus, ein Weg, der helfen kann, aus dem Christus-Geheimnis zu leben.

12 Dankt dem Vater mit Freude! Er hat euch fähig gemacht,
Anteil zu haben am Los der Heiligen, die im Licht sind.
13 Er hat uns der Macht der Finsternis entrissen und aufge-
nommen in das Reich seines geliebten Sohnes. 14 Durch ihn
haben wir die Erlösung, die Vergebung der Sünden.

15 Er ist das Ebenbild des unsichtbaren Gottes,
der Erstgeborene der ganzen Schöpfung.
16 Denn in ihm wurde alles erschaffen
im Himmel und auf Erden,
das Sichtbare und das Unsichtbare,
Throne und Herrschaften, Mächte und Gewalten,
alles ist durch ihn und auf ihn hin geschaffen.
17 Er ist vor aller Schöpfung,
in ihm hat alles Bestand.
Er ist das Haupt des Leibes,
der Leib aber ist die Kirche.

Er ist der Ursprung,
der Erstgeborene der Toten;
so hat er in allem den Vorrang.
19 Denn Gott wollte mit seiner ganzen Fülle
in ihm wohnen,
20 um durch ihn alles zu versöhnen.
Alles im Himmel und auf Erden
wollte er zu Christus führen,
der Friede gestiftet hat am Kreuz durch sein Blut.

21 Auch ihr standet ihm einst fremd und feindlich gegen-
über; denn euer Sinn trieb euch zu bösen Taten. 22 Jetzt aber
hat er euch durch den Tod seines sterblichen Leibes ver-
söhnt, um euch heilig, untadelig und schuldlos vor sich tre-
ten zu lassen. 23 Doch müßt ihr unerschütterlich und un-
beugsam am Glauben festhalten und dürft euch nicht von
der Hoffnung abbringen lassen, die euch das Evangelium
schenkt. In der ganzen Schöpfung unter dem Himmel wurde
das Evangelium verkündet; ihr habt es gehört, und ich, Pau-
lus, diene ihm.

24 Jetzt freue ich mich in den Leiden, die ich für euch er-
trage. Für den Leib Christi, die Kirche, ergänze ich in mei-
nem irdischen Leben das, was an den Leiden Christi noch
fehlt. 25 Ich diene der Kirche durch das Amt, das Gott mir
übertragen hat, damit ich euch das Wort Gottes in seiner
Fülle verkündige, 26 jenes Geheimnis, das seit ewigen Zeiten
und Generationen verborgen war. Jetzt wurde es seinen Hei-
ligen offenbart; 27 Gott wollte ihnen zeigen, wie reich und
herrlich dieses Geheimnis unter den Völkern ist: Christus ist
in euch, er ist die Hoffnung auf Herrlichkeit. 28 Ihn verkündi-
gen wir; wir ermahnen jeden Menschen und belehren jeden
mit aller Weisheit, um dadurch alle in der Gemeinschaft mit
Christus vollkommen zu machen.

Kolosserbrief 1, 12–28

Erste Übung

Dankt dem Vater mit Freude!
Er hat euch fähig gemacht,
Anteil zu haben am Los der Heiligen,
die im Licht sind

Kolosser 1, 12

Der Anfang des Textes, der zum Dank an den Vater mit Freude auffordert und der Schluß (V.26ff.), in dem von einem Geheimnis die Rede ist, das jetzt offenbart wurde, nämlich „Christus in euch, die Hoffnung auf Herrlichkeit", stehen in einem wesentlichen Zusammenhang. Hier kommt das Eigentliche und Entscheidende des christlichen Weges zur Sprache: Christus in uns, durch den der Vater uns befähigt, Anteil am Licht zu haben. Wir sind befähigt, die Erfahrung der Gemeinschaft im Licht Christi zu machen. Es ist die Erfahrung einer neuen Dimension, die im folgenden Vers „Reich des Sohnes seiner Liebe" genannt wird. Wir sind – grundsätzlich – der Macht der Finsternis entrissen. Durch das Handeln Gottes an uns, die wir getauft sind und glauben dürfen, hat sich eine radikale Veränderung unseres Daseins vollzogen, in die wir aber immer wieder neu einwilligen und immer wieder neu und tiefer hineinwachsen müssen. Meditieren heißt nichts anderes als die Erfahrung dieser neuen Welt machen wollen, sich die Erfahrung dieser neuen Dimension schenken lassen: das Reich Gottes in seinem Sohn Jesus Christus.

Wir können diesen ersten Vers (V.12) in einem ganz schlichten Dreischritt anhand der drei Worte Dank, Vater, Licht in die Meditation nehmen. Zuerst spüren wir nach, wie weit Dankbarkeit unser Leben bestimmt. Wem bin ich dankbar? Kann ich etwas Letztes, einen Letzten benennen, dem ich danke? Dann versuchen wir, ganz behutsam „Vater" zu sagen. Vielleicht ist es manchem nicht möglich, weil für ihn „Vater" nicht das letzte Wort oder nicht das umfassende Wort für denjenigen ist, dem er danken will. Dann lasse er das Wort und versuche dem geheimnisvoll Verborgenen dankbar zu sein, aus dem ihm alles zuströmt. Und schließlich das Licht: Was erfahre ich in meinem Leben besonders als „Licht"? Es geht hier nicht um ferne, großartige, sondern um ganz einfache Dinge, die wir als Licht erfahren, die den Dank ermöglichen und von denen wir dann sagen: Das Leben ist im letzten trotz aller Finsternis Licht. Bei diesem Versuch, den Dank und das Licht zu erspüren, nichts erzwingen wollen: Es ist ein Anfang. Wir dürfen den Ursprung von allem, wofür wir dankbar sind, ansprechen. Diese Dankbarkeit kann in uns eine tiefe Freude entzünden, die ja nichts Lautes ist. Zuletzt aber lassen wir alle Gedanken los und bleiben nur in der Stille.

Zweite Übung

Er hat uns der Macht der Finsternis entrissen und aufgenommen in das Reich seines geliebten Sohnes

Kolosser 1,13

Meditieren geschieht mit Leib und Seele. Unsere Seele bekommt beim Meditieren das Wort Gottes und unser Leib beim Atmen den Sauerstoff. Wenn beides sich zur

Einheit verdichtet, kann einem – und das gehört zu den Geheimnissen des intensiven Meditierens – dabei warm werden. Durch die Grundübung der Konzentration mit ihrem Ruhen in sich selbst, bauen wir gleichsam eine Mauer oder einen Mantel (wie bei einem Kohlenmeiler, um im Bilde zu bleiben), in dessen Schutz sich die innere Wärme immer mehr entwickeln kann.

Die Erfahrung der Dankbarkeit gegenüber dem Vater wird durch das Gegenbild zum Licht verdeutlicht und verstärkt: Macht der Finsternis. Diese Macht ist – entsprechend den Mächten, von denen am Ende von V.16 die Rede ist – personal zu verstehen. Der Finsternis steht Christus als das Licht schlechthin gegenüber. Er ist, wie es im Johannesevangelium heißt, das Licht der Welt; es leuchtet in die Finsternis; die Finsternis hat es nicht begriffen (Joh 1,5).

Erlösung heißt der Macht der Finsternis entrissen und in das Reich des Sohnes, des Lichtes versetzt werden: durch ihn, oder wörtlicher übersetzt: in ihm. Diesem „wir in Christus" entspricht am Ende des Textes (V.27) „Christus in uns" bzw. „Christus in euch".

Es geht aber darum, Einsicht auch in unsere Finsternisse zu gewinnen. Sie werden hier genauso angesprochen, wie wir sie erleben. Einerseits als eine Macht, der wir uns ausgeliefert fühlen, die in uns wirkt und uns zum Bösen treibt, die uns in Zweifel und Depression stürzt. Andererseits sind wir aber persönlich beteiligt und haben wirklichen Anteil, so daß wir unsere Schuld und Sünde nicht einfach auf die Macht der Finsternis abschieben können. So entsteht eine eigentümliche Situation, in der wir uns vorfinden: Wir wollen wohl, aber wir können nicht; und: Wir könnten wohl, aber wir wollen nicht – ohne daß wir unseren persönlichen Anteil, der in einer nicht nachmeßbaren Weise dabei ist, genau abgrenzen könnten.

Wir versuchen in einem ersten Schritt, das in den Blick zu nehmen, was wir in unserem Leben als Finsternis erfahren haben und immer wieder, oft verborgen und ganz versteckt, erfahren. Dann fragen wir als zweites: Was erleben wir als unseren Anteil, wo wir eigentlich gekonnt hätten und doch nicht wollten, wo wir eigentlich wollten und doch nicht recht konnten? Mitten im Anschauen der Finsternis, die es in jedem Leben gibt, im Anschauen des persönlichen Versagens, lassen wir die Sehnsucht nach Erlösung, die Hoffnung auf Befreiuung, die Erwartung der Vergebung stark werden. Machen wir uns bewußt, daß einer unbeirrbar zu uns steht, bei dem wir trotz allem oder – besser – mit allem angenommen sind: „In ihm haben wir die Erlösung, die Vergebung der Sünden." Wir brauchen keine Angst zu haben angesichts unserer Finsternis. Sie ist nur der dunkle Untergrund, auf dem das Licht der Erlösung deutlich werden soll. Aus unserem Verlangen nach Angenommenwerden, nach Erlösung, nach Vergebung der Sünden versuchen wir ihn, der uns näher ist als wir uns selbst, ehrfürchtig, aber doch innig anzureden. Nehmen wir zuerst das Wort „Herr". Wir wiederholen es innerlich und spüren, was darin klingt: „Herr". Dann öffnet sich dieses Wort wie eine Blüte, die der Name ist: „Herr, Jesus Christus." Im ruhigen Wiederholen lassen wir diese drei Worte klingen, wie wenn man Glocken anschlägt und ihren Klang zum erstenmal hört. Und wieder die Sehnsucht nach Erlösung, Befreiung, Angenommensein stark werden lassen: „Herr Jesus Christus, erbarme dich meiner." In ihm haben wir die Erlösung und Vergebung der Sünden: „Herr Jesus Christus, erbarme dich meiner." Wir lassen die Worte langsam verklingen und lauschen ehrfurchtsvoll nur noch auf den, der uns näher ist als wir uns selbst.

Dritte Übung

Er ist das Bild des unsichtbaren Gottes, der Erstgeborene der ganzen Schöpfung

Kolosser 1, 15

Bei dem Versuch, auszuloten, was es heißt, „in das Reich seines geliebten Sohnes versetzt" zu sein und „Anteil zu haben am Los der Heiligen, die im Licht sind", stehen wir an der Schwelle zum innersten Geheimnis des „Christus in uns". Mit V.15 beginnt ein urchristlicher Hymnus, in dem christliche Glaubenserfahrung ihr Ureigenes in Anlehnung an Sprachformen der antiken Weisheit und des frühjüdischen Nachdenkens über das Verhältnis zwischen Gott und seiner Schöpfung auszusprechen sucht. An das Geheimnis, vor dem letztlich alle menschliche Sprache versagt, vermag noch am ehesten die Sprache der Dichtung zu rühren, denn sie wendet sich an den ganzen Menschen und an sein Innerstes, sein Herz. Der Hymnus ist die Sprache der lobpreisenden Anbetung.

Der Hymnus spricht oder, richtiger gesagt, singt von Christus: „Er ist das Bild des unsichtbaren Gottes." Im Griechischen steht für „Bild" das Wort „eikon". Christus ist die „Ikone" des unsichtbaren Gottes. Der unsichtbare und damit unbegreifbare, so ganz jenseitige Gott – der auch von uns inmitten aller Vertrautheit doch immer wieder als der ganz Andere erfahren wird – tritt in eine innige Beziehung zu uns durch das Bild seiner selbst, das nicht etwas von ihm Abgelöstes, sondern aus ihm Hervortretendes und zugleich in Einheit mit ihm Bleibendes ist. Als die Ikone Gottes ist Jesus Christus das uns zugewandte Antlitz Gottes.

Das „Bild" des unsichtbaren Gottes bestimmt das Sein der Welt in ihrem innersten Kern. Ähnlich wird im Prolog des Johannesevangeliums das „Wort" besungen, der Logos, „durch ihn ist alles geworden, und ohne ihn wurde nichts, was geworden ist" (Joh 1,3). Alles ist durch den Logos Gottes geworden, weil dieses Wort gleichsam aller Kreatur inne wohnt. Ebenso ist alles durch die Ikone Gottes erschaffen, weil Gott im Hinblick auf Jesus Christus in die Welt und in die Geschichte der Menschen, in das Leben von jedem einzelnen hinein handelt und so dieses Bild allem Geschaffenen innewohnen läßt. Dann aber ist eine ganz wichtige Umkehrung möglich: Christus ist nicht nur die Ikone des unsichtbaren Gottes, sondern er ist auch meine Ikone, er ist mein Bild, mein wahres Bild, mein wirkliches Wesen. Jesus Christus als das „Bild" und das „Wort" ist die Offenbarung Gottes, aber auch die Offenbarung meiner selbst in meinem eigentlichen Sein.

Es hungert mich danach, immer mehr diese Ikone zu werden. Es gibt in mir eine Sehnsucht nach meinem Bild. Wir kennen vielleicht die Geschichte von Oscar Wilde, „Das Bildnis des Dorian Gray"; sie erzählt, wie ein Mensch seine innere Verwüstung an einem Gemälde erkennen muß, das er auf seiner Dachkammer verborgen hat, und erst als er tot ist, strahlt dieses Bild in seiner ganzen Schönheit. So müssen auch wir durch die Einverwandlung in Christus sterben, damit unser ursprüngliches Bild aufstrahlt und wir in der Christus-Nachfolge, in der Christus-Werdung die Selbstentfremdung überwinden oder, modern ausgedrückt, unsere eigentliche Identität erlangen. Das ist aber niemals nur ein psychologischer, sondern ein zutiefst religiöser Prozeß: Durch Menschwerdung, Kreuz und Auferstehung Christi – verbunden mit dem Stirb und Werde unserer Einverwandlung in Christus als die Ikone des unsichtbaren Gottes – werden wir die, die wir in unserem innersten Wesen immer schon sind.

Wie können wir das in die Meditation einbringen? Es ist im Grund ganz einfach, es geschieht auf dem Weg des Schweigens und Harrens, daß sich die Ikone, die Christus ist, in uns und durch uns hindurch enthüllt. Der Ausgangspunkt, die zentrale Übung ist das Schweigen, das Hören nach innen, das In-sich-hinein-Horchen. Im schweigenden Gesammeltsein von Leib und Seele suchen wir zu erspüren, daß unser Innerstes mit Christus in Beziehung steht, daß wir nur sind, weil er ist, daß wir ständig aus ihm sind, weil wir allein in ihm unseren Bestand haben und daß ein geheimnisvoller Zug unseres Wesens – das Ihm-immer-ähnlicher-Werden und In-ihn-hinein-verwandelt-Werden – auch zu seinem Wesen gehört: „Auf ihn hin ist alles geschaffen." Dieses schweigende Harren ist dann wie eine Bitte: Laß mich *dich* erfahren – Laß mich *mich* erfahren …

Dann versuchen wir, gleichsam die Inschrift, die zu jeder wahren Ikone gehört, zu entziffern, mit dem uns vertrautesten Wort: „Jesus". Ganz behutsam, als dürften wir die Inschrift unseres innersten Wesens, die Aufschrift der Ikone, die im tiefsten wir selber sind, entziffern: „Jesus." In Abständen, in Ehrfurcht, in freudigem

Erschrecken darüber, daß die Inschrift, daß der Name sich uns offenbart: „Jesus".

Wenn wir das Gefühl haben, von dieser Kraft, von dieser letzten, göttlichen Wirklichkeit, die uns und alles trägt, nichts zu spüren oder daß sie uns verschlossen ist, dann hängen wir die Bitte an: „Jesus, erbarme dich meiner!" Daß wir der alles durchdringenden göttlichen Wirklichkeit als des Christus ansichtig werden, können wir nicht erzwingen: Es ist Geschenk! Wir können nur vertrauen und bitten: „Erbarme dich!" oder die Bitte auch abwandeln: Zeig dich mir, oder: Offenbare dich, oder: Gib dich, schenk dich mir.

Die Inschrift wird jetzt gleichsam deutlicher, das Bild enthüllt sich in seiner Göttlichkeit und Ewigkeit: „Jesus Christus", und wir geben dieser göttlichen Ikone jetzt volle Gewalt über uns, wir liefern uns ihr aus: „Herr Jesus Christus", und fügen dann die Bitte um immer tiefere Umgestaltung und Einverwandlung in diese Ikone Gottes an: „Herr Jesus Christus, erbarme dich meiner." Er ist meine Ikone: „Herr Jesus Christus, erbarme dich meiner."

Zum Ikone-Werden gehört an erster Stelle: sich versenken und geschehen lassen. Als zweites kommt die Selbstdisziplinierung, aber es gehört noch ein Drittes hinzu. Wir können es uns vielleicht so vorstellen, als ob sich das Bild einer gemalten Ikone in ein plastisches Bildnis aus Stein oder Holz verändern wurde. Aus einem Holz- oder Steinblock entsteht das Bild durch Wegmeißeln oder Wegschnitzen, durch Wegnahme. Dieser Vorgang des Wegnehmens geschieht in der Schule des Leidens. Hier wird das Bild Christi in uns freigelegt, wenn wir in der Nachfolge Christi das Kreuz annehmen und in dieses oft so schmerzliche und bittere Wirken

Gottes an uns einwilligen. Der Weg zu dem, was wir eigentlich schon immer sind, ist unausweichlich ein Weg des Kreuzes und des Leidens. Hierin liegt auch ein Trost für den, der vielleicht Mühe mit dem Weg in die Stille hat, der aber bereit ist, den Schmerz und das Kreuz des Alltags anzunehmen. Er weiß, daß da Gott am Werk ist, damit das Antlitz Christi in ihm Gestalt gewinnt unter den manchmal sehr heftigen Meißelschlägen des Meisters – ein Vergleich übrigens, der sich schon bei Bonaventura und Nikolaus von Kues findet. Alle drei Wege, Ikone zu werden, gehören zusammen; alle dienen dem Offenbarwerden des einen Bildes.

Vierte Übung

Er ist das Haupt des Leibes,
der Leib aber ist die Kirche

Kolosser 1, 18

Unser gesammeltes Sitzen in der Meditation dient als leibhaftiger Hinweis darauf, daß unser ganzes Wesen in Christus gründet. Wir sind nicht nur durch ihn erschaffen, sondern auch auf ihn hin, sein Bild soll sich immer deutlicher in uns ausprägen. Er ist – ich bin durch ihn und in ihm und auf ihn hin. Hier liegt das Geheimnis unseres Daseins.

In V. 18 erscheint das Christus-Geheimnis in einer neuen Weise. Er ist das „Haupt des Leibes". Dem antiken Menschen war die Vorstellung vom Kosmos, dem Weltall als einem beseelten Organismus oder Leib ganz geläufig.

Dieser Leib aber ist auf ein Haupt angewiesen, das ihm Einheit und Ordnung sichert. Diese Stelle als „Haupt", das wir nicht so sehr bildhaft zu verstehen haben, sondern vielmehr als das tragende, leitende Prinzip, als das, was den Kosmos zu einer geordneten Ganzheit, zur geordneten Schöpfung macht, wird Christus zugesprochen. Nicht die heidnischen Götter, nicht eine gottähnlich empfundene Weltseele, nicht der vergöttlichte Kaiser, sondern Christus ist das Haupt des Leibes. Er stellt die verborgene Einheit alles Geschaffenen dar, die sich in seiner Auferstehung von den Toten und in seiner Erhöhung über das All bei der Himmelfahrt und Ausgießung des Heiligen Geistes kundtut. Der „Erstgeborene von den Toten", der auferstandene Christus, ist der „Erstgeborene der ganzen Schöpfung" (V.15). Erst in der Auferstehung und Himmelfahrt wird Christus uns als Ursprung und Einheit von allem Geschaffenen offenbar.

„Der Leib aber ist die Kirche." Wenn das Wort „Kirche" fällt, können sich heute leicht Assoziationen einstellen, die unter Umständen das Ende der Meditation bedeuten. Im Zusammenhang des Textes kann sich aber auch eine ganz neue Möglichkeit eröffnen, zu ihrem Wesen vorzudringen. „Kirche" ist hier die durch Christus verwirklichte Einheit von Menschheit und Kosmos.

Das Wesen der Kirche ist Einheit als beständiger Prozeß des Einswerdens und Einsbleibens. Alles, was uns als Kirche begegnet, das Leben der Gemeinden, die Lehre, die Feier der Sakramente, die institutionellen Ordnungen und was immer, hat keine andere Bedeutung und Daseinsberechtigung, als der Verwirklichung der Einheit in Christus zu dienen. Das Wesen der Kirche ist etwas in Christus Vorgegebenes. Aus ihm strömt die Einheit hervor und soll in dieser Welt sichtbar und erfahrbar werden: durch uns, indem wir mehr und mehr Kirche werden. In dem Maße, in dem wir in Christus unser wahres Wesen erlangen und damit aus der Entfremdung zur Einheit mit uns selbst und zur Einheit untereinander kommen, werden wir Kirche, verwirklichen wir Kirche. Kirche ist nicht irgendetwas von uns Getrenntes, sondern Kirche sind wir in dem Maße, wie wir Einheit mit Christus bilden in der Gemeinschaft mit aller Schöpfung: mit den Mitmenschen und ebenso mit aller Kreatur, mit der Sonne, der Erde, der Luft, dem Wasser, den Pflanzen und Tieren, so wie Franziskus in seinem Sonnengesang gebetet hat.

Alle Einheit aber lebt aus dem Dienen und aus dem Opfer. Ohne Dienstbereitschaft und Opferhingabe gibt es keine Harmonie des Friedens, keine Einheit, keine Erfahrung der Fülle. Jesus Christus teilt uns diese göttliche Fülle als gelebte und verwirklichte Einheit dadurch mit, daß er sich leer machte, sich seiner göttlichen Herrlichkeit entäußerte, sich selbst erniedrigte bis zum Tod, ja bis zum Tod am Kreuz (Phil 2,7ff.).

Wir gehen in die Haltung der Sammlung und machen uns bewußt, daß wir durch die Auferstehung Jesu und die Geistsendung zu einer allseitigen Beziehung des Einswerdens berufen sind. Wir können uns ganz einfach spüren, wie wir gesammelt auf dem Stuhl sitzen, und dabei ein Stück Schöpfung wahrnehmen: „Herr Jesus Christus, erbarme dich meiner.“ Dann gehen wir einen Schritt weiter, und nehmen bewußt alles mit hinein, was in dem uns umgebenden Raum ist: „Herr Jesus Christus, erbarme dich unser.“ Wir beziehen schließlich alle Kreatur mit ein, alle verletzte und verwundete Schöpfung, alle durch den Menschen geschändete Kreatur: „Herr Jesus Christus, erbarme dich unser aller.“ Nehmen wir in unser Gebet auch bewußt die Menschen mit hinein, mit denen wir uneins sind: „Herr Jesus Christus, erbarme dich unser aller."

Wir stellen uns das Kreuz vor Augen. Durch das Opfer Jesu ist Versöhnung und Frieden gestiftet. Das Kreuz ist der Weg, der in seiner Vertikalen und Horizontalen Himmel und Erde und alles Geschaffene vereint. Der Gekreuzigte ist die Gestalt gewordene Hingabe, die Einheit schafft. Nun verwandeln wir die Formel des Gebetes noch einmal: „Gekreuzigter Herr Jesus Christus, erbarme dich unser aller." Nehmen wir mit den Worten „Gekreuzigter Herr Jesus Christus" sozusagen die göttliche Liebe in unser Herz auf und lassen sie mit den Worten „Erbarme dich unser aller" weiterströmen an alle Menschen und an alle Kreatur. Die Allverbundenheit und Allversöhnung geht so weit, daß auch die Verstorbenen einbezogen sind. Durch die Opferhingabe Christi sind auch die Lebenden und die Toten verbunden. So dürfen wir uns auch unserer Verstorbenen bewußt werden: „Gekreuzigter Herr Jesus Christus, erbarme dich unser aller." Im Bewußtsein der Allverbundenheit, in der wir immer Beschenkte sind und zugleich Schenkende sein dürfen, lassen wir schließlich alle Worte los und verharren ganz im Schweigen.

Fünfte Übung

Jetzt aber hat er euch durch den Tod seines sterblichen Leibes versöhnt

Kolosser 1,22

Wenn wir beten „Erbarme dich meiner", dann bitten wir um eine Veränderung, um die Umwandlung auf Christus hin. So gesehen, hat diese Gebetsformel nichts mehr von egoistischer Verengung an sich, wie es manchem zunächst scheinen könnte. Wenn Jesus sich meiner erbarmt und mich verwandelt, dann ist auch meinen Mitmenschen sehr viel gedient. „Erbarme dich meiner" bedeutet: Nimm mich, wie ich bin, und mach mich so, wie du mich haben willst. „Erbarme dich" heißt wörtlich: Gib mir dein Herz! Nimm mein enges, mein steinernes Herz, und gib mir dein weites, von dienender und sich hingebender Liebe erfülltes Herz dafür.

Nachdem der Hymnus mit dem Lobpreis Christi endete, durch den Gott alles versöhnen und zur erfüllten Einheit führen wollte, kommt in V.21 noch einmal unser eigenes Ich gleichsam als Gegenbild zu dieser beschworenen Einheit in der Fülle der Liebe zur Sprache: „Ihr wart entfremdet und feindlich durch euer Denken bis hinein in eure Taten." Unsere Entfremdung besteht letztlich Christus, unserem Urbild, gegenüber, aber auch uns selbst. Wir verhalten uns feindlich gegenüber unserem wahren Ich, wir verschließen uns vor der Stimme der Wahrheit in uns selbst. Daraus folgt, daß wir auch einander fremd und feindlich gegenüberstehen. Unser in sich selbst verschlossener Sinn treibt uns zu bösen Taten. „Fremd und feindlich" meint also Aggression,

Zorn, Empfindlichkeit, Haben- und Besitzenwollen, im Grunde unsere Zerrissenheit, die uns oft gar nicht bewußt wird, unser Gespaltensein mit dem Drang nach dem Guten und dem Wollen des Bösen, mit dem Wollen des Guten und dem Drang zum Bösen.

Dieser Mensch, der wir sind, ist durch Christus, „durch den Tod seines sterblichen Leibes versöhnt". Wieder ist es das Opfer der Hingabe bis zum Vergießen des Blutes. Hiervon geht eine Kraft aus, die den gespaltenen und zerrissenen Menschen wieder zur Einheit zurückführt und es ihm ermöglicht, „heilig, untadelig und schuldlos" vor Christus treten zu dürfen, um in die Einheit, Ganzheit und Fülle der Liebe hineinzuwachsen.

Schauen wir in unser Leben: Wann wurde mir meine Zerrissenheit zum erstenmal richtig bewußt? Wo bin ich Wesentliches schuldig geblieben? Was empfinde ich jetzt immer wieder neu als die schwerste Belastung meines inneren Lebens? Aber bleiben wir dabei nicht stehen, sondern bringen es vor den Gekreuzigten im Wissen, daß sein Blut heilt und ganz macht, daß seine Liebe unsere Liebeskraft stärkt. So lassen wir ihn das anschauen, was wir selbst als Belastung empfinden, und beten ohne Selbstquälerei, aber ganz ehrlich und offen im Blick auf den Gekreuzigten: „Herr Jesus Christus, erbarme dich über mich Sünder."

In der Vergebung der Sünden erfahren wir das Evangelium, die frohe Botschaft vom Ganzwerden und Heilwerden, die Botschaft vom Einswerden aller Menschen und aller Schöpfung in Christus. „In der ganzen Schöpfung unter dem Himmel wurde das Evangelium verkündet." Diesem Evangelium „diene ich, Paulus". Der Mensch, der Vergebung erfahren hat, der durch Liebe beschenkt wurde, weiß, daß alles Geschenk ist; er wird der

Demütige und der Dienstbereite. In V.25 wird der gleiche Gedanke weiterentfaltet: „Ich diene der Kirche durch das Amt, das Gott mir übertragen hat, damit ich euch das Wort Gottes in seiner Fülle verkündige, jenes Geheimnis, das verborgen war und jetzt offenbart ist in seinen Heiligen." Christentum ist nicht Doktrin oder Lehre, sondern Ermöglichung der Teilhabe am Geheimnis Christi als Einswerden. Jeder von uns hat ein Amt, durch das er der Einheit und dem Einswerden dienen kann. Nichts, was wir tun, kann so unbedeutend sein, als daß es nicht ein Dienst sein kann, und Dienst schafft immer von sich aus Einheit. Wo ich aufrichtig diene, werde ich mit Dingen und Menschen eins, und wenn ich in dieser Einstellung nur ein Stück Papier vom Boden aufhebe.

Nachdem wir vorhin nach unserer Schuld gefragt haben, schauen wir jetzt in unser Leben, wo wir dienen, wem wir dienen, ob wir uns als Diener der göttlichen Liebe verstehen. Wir lassen unseren Alltag kommen und gehen damit vor Christus. Wir bieten ihm unseren Alltag als Dienst an und bitten, daß er immer mehr Dienst wird: „Herr Jesus Christus, dir dienen – erbarme dich meiner." Wo wir nicht frei genug sind zum Dienen, wo wir auf unsere Begrenztheit stoßen, setzt wieder das Gebet ein: „Herr Jesus Christus, erbarme dich meiner – gib mir dein Herz dienender Liebe." Wir versuchen, uns dem Wort des Apostels anzuschließen: „Ich, Paulus, diene ihm", und setzen in dieses Bekenntnis, das zugleich Bitte und Lobpreis ist, unseren eigenen Namen ein: „Ich, …, diene ihm, möchte ihm dienen!"

Sechste Übung

Für den Leib Christi, die Kirche, ergänze ich in meinem irdischen Leben, was an den Leiden Christi noch fehlt

Kolosser 1,24

Vers 24 gehört zu den geheimnisvollsten Sätzen der ganzen Bibel. Er läßt sich kaum eindeutig erklären, man kann nur versuchen, sich dem angesprochenen Geheimnis behutsam zu nähern. Das Opfer Christi ist umfassend. Sein Leiden ist nicht nur das Sterben auf Golgota, sondern ebenso die Todesangst in Getsemani; sind auch die Tränen, die er über Jerusalem weint, alle Ablehnungen, Verweigerungen und Unverständnisse der Menschen ihm gegenüber; es ist sein ganzer irdischer Lebensweg, von Betlehem angefangen, mit allen äußeren und inneren Leiden. Aus dieser ganzen liebenden Hinnahme und Hingabe lebt – nach seiner Erhöhung und der Sendung des Heiligen Geistes – die Einheit, das Einswerden der Kirche und das Einswerden der Schöpfung.

Wie aber dieses Einswerden immer neu verwirklicht werden muß, so muß auch das einmalige Opfer Jesu im Lauf der Geschichte durch das Wirken des Heiligen Geistes vergegenwärtigt werden. Das geschieht in zweifacher Weise. Das Leiden Christi wird vergegenwärtigt durch die Feier der Eucharistie und durch die Leiden der Christen. Pascal hat den bewegenden Satz formuliert: „Christus liegt in Agonie bis ans Ende der Zeiten." Das ist die Agonie, der Todeskampf der Christen, die in Verbindung mit Christus leiden. Das Leidenszeugnis für Christus kann vielfache Gestalt annehmen. Es ist nicht nur das blutige Martyrium, sondern es sind auch die kleinen und großen Probleme des Alltags, die inneren Verdunklungen, Zweifel und Augenblicke der Verzweiflung, alle körperlichen Schmerzen bis hin zu den unheilbaren Leiden und die Einsicht in ein baldiges Sterben. Wo wir zu unserem Leiden mit seinen verschiedenen Stufungen, Schattierungen und Formen in freiem Gehorsam „Ja!" sagen im Blick auf Christus und sein Opfer, da wirken wir in einer verstandesmäßig nicht mehr erklärbaren Weise im Heiligen Geist mit am Gestaltwerden und an der Verwirklichung der Einheit.

Der Zusammenhang zwischen dem Opfer Jesu und den Leiden derer, die zu Christus gehören und Kirche sind, kommt in dem tiefsinnigen Brauch zum Ausdruck, daß in der katholischen und in der orthodoxen Kirche die Eucharistie an einem Altar gefeiert wird, in dem Reliquien von Märtyrern eingelassen sind; in der byzantinischen Kirche sind diese Reliquien in ein Tuch eingenäht, das auf den Altar gelegt wird und auf das die Grablegung Christ gleichsam als Summe seiner Leiden aufgemalt ist. Die Eucharistie lebt gewissermaßen von unserem Opfer des Alltags und unserer Annahme der Leiden, und unser Leiden lebt von der Eucharistie, von der Vergegenwärtigung des Opfers Christi im Sakrament, durch die unsere Leiden über unseren engen persönlichen Rahmen hinaus eine universale Wirksamkeit bekommen.

So geht aus unserem Leiden durch die Verbindung mit Christus eine unmittelbare Kraft in die Welt hinein, Segen stiftend und Versöhnung schaffend. Unser Leiden ist nicht sinnlos; verbunden mit dem Leiden Christi, wird es geheimnisvoll fruchtbar, aber niemals aus uns selbst heraus, sondern immer nur als Geschenk. Niemals können wir fürbittend etwas für andere erzwingen wollen oder gar durch Selbstquälerei Gott etwas abtrotzen wollen. Es bleibt ein Weg im Dunkel des Glaubens, bei dem wir nicht sehen, ob und was von uns angenommenes Leiden bewirkt.

In der Übung nehmen wir die schmerzlichen Unabänderlichkeiten unseres Lebens in den Blick; wir halten das, was da ist und was Gott uns gibt, ihm hin im Blick auf das Kreuz und sagen: „Herr, wie du willst!" Wir halten es Christus hin als Gabe, die er verwandeln kann zur Gabe für alle: „Herr, wie du willst!" Er kann aus meiner Bereitschaft und Offenheit eine Gabe zur Verwandlung meiner selbst werden lassen, eine Möglichkeit des tieferen Einswerdens mit ihm, eine Gabe für das Einswerden der Menschheit in ihm: „Herr, wie du willst!" Die Betrachtung des Leidens führt erneut in das Zentrum christlichen Lebens, zum „herrlichen Reichtum dieses Geheimnisses unter den Völkern, das ist: Christus in euch, die Hoffnung auf Herrlichkeit". Jesus von Nazaret will von uns gelebt werden als der „Christus in uns". Wenn dann am Ende von V.28 als Ziel formuliert wird, „um jeden in Christus vollkommen darzustellen", um jeden in Christus zur Reife zu bringen, dann wird die Austauschbarkeit ersichtlich: ich in Christus – Christus in mir. In den Abschiedsreden des Johannesevangeliums sagt Jesus zum Vater: „Ich in dir – du in mir" (Joh 17,21). Um diese Erfahrung wachsender Einheit, die sich unter uns als Fülle vollenden will, beten wir: „Herr Jesus Christus, du in mir, ich in dir – erbarme dich aller."

ZWEITER TEIL

GEISTLICHE ÜBUNGEN ZU TEXTEN DER MYSTISCHEN ÜBERLIEFERUNG

1

Bild Gottes werden

Zu einem Text von Gregor von Nyssa

Im folgenden vertrauen wir uns einem Meister an, der im 4. Jahrhundert lebte und oft als Urheber einer christlichen Theologie der Mystik bezeichnet wird und den man also auch einen Meister der Stille nennen kann: Gregor von Nyssa.

Gregor lebte etwa von 338/39 bis 394. In der Hauptstadt Kappadokiens im östlichen Kleinasien geboren, wuchs er als zweitjüngster von insgesamt neun Geschwistern auf. Die älteste Schwester, die heilige Makrina, führte, zusammen mit der Mutter nach dem Tod des Vaters, in der Einsamkeit am Schwarzen Meer ein asketisches Leben und bestärkte Gregors Bewunderung und Nachahmung dieser Lebensweise. Von großem Einfluß auf ihn wurde auch sein älterer Bruder Basilius, den er selbst dankbar als Vater und Lehrer bezeichnet. Er vermittelte ihm die rhetorisch-philosophische Bildung der Spätantike, so daß Gregor „wie kein zweiter die alte Geistigkeit dem neuen Glauben zu assimilieren vermochte" (H. Dörries). Durch den Einfluß seines theologisch wie kirchenpolitisch überragenden Bruders, der das Amt des Metropoliten in der Hauptstadt Kappadokiens innehatte, wurde Gregor Bischof von Nyssa und hatte als Verteidiger des wahren Glaubens in den arianischen Wirren viele

Schwierigkeiten, auch Verfolgung und Verbannung, zu erleiden. Insbesondere durch seine mystische Theologie, die für die geistige Grundlegung des ostkirchlichen Mönchtums wegweisend wurde, gewann sein Denken durch die Jahrhunderte hindurch eine kaum zu überschätzende Bedeutung – vielleicht gerade dadurch, daß seine Theologie nicht Theorie bleibt, sondern nach Verwirklichung drängt in einem Leben ständiger Angleichung an Christus, auf dem Weg der Verinnerlichung, in der Haltung gesammelter, sich allein auf Christus ausrichtender Hoffnung, durch Askese, das heißt (nach der ursprünglichen Bedeutung des griechischen Wortes) „Übung".

Erste Übung

Dieser Christus also, der alle Erkenntnis und jegliches Begreifen übersteigt, der Unsagbare, der Unaussprechliche, der Unbeschreibliche

Der Grundvorgang der Meditation, die Grundübung, die wir vollziehen, ist immer wieder die gleiche: sich in seinem Leib gesammelt und gelöst wahrnehmen, die Stille einatmen, die Stille im Ausatmen „verdichten", die Offenbarung der Stille im Atem zu erspüren versuchen. Bei diesem Hineinspüren in die Stille versuchen wir nun, auf die Stimme dieses geistlichen Meisters zu hören und seine Deutung der christlichen Erfahrung für einen Meditationsweg aufzubereiten. Wir wählen dazu einen Text aus seiner Schrift „Über die Vollkommenheit"; der Abschnitt steht darin an ziemlich zentraler Stelle und klingt fast wie ein Hymnus:

„Dieser Christus also,
der alle Erkenntnis und jegliches Begreifen übersteigt,
der Unsagbare, der Unaussprechliche, der Unbeschreibliche,
wollte wiederum dich zum Bilde Gottes machen;
und mit diesem Plane wurde er
aufgrund seiner Liebe zu den Menschen
zum Abbild des unsichtbaren Gottes,
so daß er mit der eigenen Gestalt, die er angenommen hatte,
in dir Gestalt werden konnte,
so daß also du wiederum durch ihn
auf das Bild der Urschönheit hin
gestaltet werden kannst;
und so sollst du werden, was du von Anbeginn warst."

Um solch einem Text ganz persönlich näherzukommen, versuchen wir, ihn in ein Gebet umzuformen: „Du, Christus also ... wolltest wiederum mich zum Bilde Gottes machen, so daß also ich wiederum durch dich auf das Bild der Urschönheit hin gestaltet werden kann; und so soll ich werden, was ich von Anbeginn war." Wir denken auch daran, daß sich in einem solchen Text die Erfahrung nicht nur dieses großen geistlichen Meisters spiegelt, sondern der ganzen Gemeinschaft um ihn, seiner Geschwister, der Mönchsgemeinschaften, die später seine Mystik pflegten. Wir sprechen diesen Text wiederholt und nach Möglichkeit auch laut, damit er in uns zum Klingen kommt, so daß wir ihn fast auswendig kennen und den großen Bogen erspüren, der in ihm enthalten ist.

Wir wenden uns dann der ersten Zeile zu: „Dieser Christus also". Gregor von Nyssa knüpft an das an, was er in seiner Schrift vorher gesagt hat und jetzt voraussetzzen kann; er spricht von Christus wie von einem, dessen verborgenes Wesen ihm vertraut ist. Wir müssen uns erst behutsam hineintasten, wie weit wir uns eine solche Vertrautheit zu eigen machen können. So fragen wir uns: Was klingt in mir, wenn ich „Christus" sage oder – wenn es mir näher liegt – „Jesus" oder „Jesus Christus" oder auch nur „Herr"? Wann und wo und wie ist dieses Wort in meinem Leben besonders stark erklungen: „Du, Christus"? Was schwingt in mir mit, wenn ich versuche, behutsam und ehrfürchtig „Christus" zu sagen? In welche Lebensbereiche greift dieses Wort, oder steht es nur traurig am Rande meines Lebens?

In der Übung versetzen wir uns ganz bewußt in die gesammelte Haltung, erspüren den Atem in der Stille und versuchen ganz ruhig, in Ehrfurcht und Dankbarkeit „Christus" zu sagen. Wir hören, wie „es" in uns klingt; wir lassen ein wenig die Vergangenheit unseres Lebens kommen, wie dieses Wort damals klang. Vielleicht ist es auch belastet und von einem Mißklang begleitet, der durch bestimmte Lebenserfahrungen bedingt ist. Wir versuchen, alles loszulassen, die Erinnerungen, auch die unangenehmen Gefühle, und sprechen beim Ausatmen: „Dieser Christus also". Wir lassen nur dieses Wort unser Inneres, unseren seelischen Raum durchdringen: „Christus".

Vielleicht spüren wir danach das Bedürfnis, unsere Erfahrungen mit diesem Wort und der Wirklichkeit, die es bezeichnet – „Christus in meinem Leben", mit jemandem auszutauschen. Gregor von Nyssa kommt unseren Erfahrungen gewissermaßen schon entgegen, wenn er nach den einleitenden Worten: „Dieser Christus also", fortfährt: „der alle Erkenntnis und jegliches Begreifen übersteigt". Zu unseren Schwierigkeiten mit dem Wort

„Christus" gehört auch, daß wir immer wieder auf Menschen treffen, die mit einer unwahrscheinlichen Selbstsicherheit mit diesem Wort umgehen, so wie mit einem leichten, billigen Rezept, das alle Probleme löst. Es mögen uns dabei vielleicht manche Begegnungen oder Äußerungen, Religionsstunden, Predigten oder Verlautbarungen in den Sinn kommen.

Aber neben dieser aufgesetzten Selbstsicherheit stoßen wir auch auf eine weitere Schwierigkeit: unsere eigenen Zweifel, unsere persönlichen Schwierigkeiten, die sich bei dem Wort „Christus" einstellen. Und demgegenüber steht nun dieser Satz: „der alle Erkenntnis und jegliches Begreifen übersteigt". Christus ist immer größer als alle Vorstellungen und Gedanken, die wir uns von ihm machen. Christus „hat" man nicht; auch die, die ihn zu „haben" meinen, haben ihn nicht. Wir können ihm von uns aus überhaupt nicht nahekommen, es sei denn, er erschließt sich uns gnadenhaft je neu im Glauben. Auch die Verkündigung der ganzen Christenheit zusammengenommen, bringt Christus nicht in seiner Fülle zur Darstellung. Noch nie ist der ganze Christus in seiner Fülle verkündet worden, nie in seiner Fülle geliebt worden. Er bleibt ein Geheimnis, das etwas Faszinierendes durchschimmern läßt, das man aber nie durchschaut. Die Apostel verkündigen Christus in seinem gottmenschlichen Geheimnis. Christus, so sagt es hier der heilige Gregor von Nyssa mit großer Strenge, ist ein Geheimnis, das ihn zum Unsagbaren, zum Unaussprechlichen, zum Unbeschreiblichen macht.

Schauen wir in unser Leben hinein, dorthin, wo Christus sich uns scheinbar entzogen hat, wo uns Zweifel über ihn kamen. Wir gehen ins Schweigen und versuchen, dieses Geheimnis, das uns ja doch im letzten prägt und trägt, das sich uns als unser Leben eröffnet, aber auch wieder verschließt und das wir „Christus" nennen, schweigend als gegenwärtig zu verehren. Aus der Stille heraus können wir es, können wir ihn ansprechen und etwa sagen: „Du über alle Erkenntnis, du über jegliches Beschreiben, du Unsagbarer, du Unaussprechlicher, du Unbegreiflicher, du – jetzt hier …"

Zweite Übung

(Dieser Christus) wollte wiederum dich zum Bilde Gottes machen

Von dem Geheimnis, das wir im Schweigen zu ehren suchten, von Christus, der sich uns enthüllt und wieder verbirgt, der sich uns mitteilt und wieder entzieht, sagt Gregor von Nyssa, daß er etwas tun will, daß durch ihn etwas geschehen soll: Er wollte wiederum dich – mich – uns – zum Bilde Gottes machen. „Wiederum": Er will eine Dimension in uns erneut öffnen, wieder etwas bewußt machen und herstellen, was uns verborgen war, was nicht gewußt und erkannt, was nicht gelebt wurde. Ich – ein Bild, eine „Ikone" Gottes, ein Abbild des „Unbegreiflichen, Unaussprechlichen, Unsagbaren"? Was ist mein eigentliches, wahres Ich? Was kann ich als meine tiefste Wirklichkeit wahrnehmen, so wie ich mich jetzt erfahre?

Wir versuchen, diesen Fragen nachzugehen. Wer bin ich? Wer ist es, der da fragt: Wer bin ich? Welches Ich ist noch hinter diesem Wort „ich"? Wir versuchen, in diesen

Spiegel des Unbegreiflichen zu schauen und uns selbst in einer ganz tiefen Wahrnehmung zu erkennen, nicht dieses oder jenes, sondern das Eigentliche. Machen wir uns auf den Weg in das verborgene Dunkel unseres Selbst. Wir können überzeugt sein, daß jemand uns führt. Wir nehmen behutsam die Haltung des gesammelten Schweigens ein und hören vom Atem her in uns hinein, hören die Frage: „Wer bin ich?" und wenden sie um zur Aussage: „Ich bin da!" Ich nehme mein Dasein an – in Offenheit und Bereitschaft zu allem, was darin beschlossen liegt: Ich bin ...

Als nächsten Schritt können wir gewissermaßen in unserer inneren Welt Umschau halten und uns fragen: Was ist mein sehnlichster Wunsch – jetzt und mein Leben hindurch? Was ist als tiefster und geheimster Wunsch in meinem Leben immer wieder aufgetaucht? Gibt es etwas Bestimmtes, das immer wiederkehrt? Oder hat sich der Wunsch mit der Zeit verändert – und warum?

Vielleicht finden wir gar keine eindeutige Antwort, sondern spüren nur, wie wir in einen Prozeß hineinkommen, bei dem hinter der einen Antwort eine andere aufsteigt und hinter dieser wiederum eine weitere. Vielleicht merken wir, wie in unserem Innersten ein unendliches Verlangen da ist, ein Verlangen nach Entgrenzung, nach einem Empfangen, das immer mehr empfangen möchte, nach einem Weit-werden-Wollen, das immer weiter werden will. Dieses Verlangen nach dem Unendlichen ist das „Bild", das wir in uns tragen, die Ikone Gottes! Es ist Verlangen nach unendlicher Liebe.

Gott hat einen Plan, seine Ikone in uns zu vollenden. So heißt es jetzt in unserem Text: „Mit diesem Plan wurde er, Christus, aufgrund seiner Liebe zu den Menschen zum Abbild des unsichtbaren Gottes." Unser Leben steht unter einem Plan, es ist von einer inneren Führung durchzogen, die wir als Liebe bezeichnen dürfen. Gerade in einer Zeit wie der unseren tut es not, sich darauf zu besinnen, daß wir Menschen weder blinden Zufällen oder einem unbarmherzigen Schicksal ohnmächtig ausgeliefert sind noch allmächtig unser Leben ganz nach unseren eigenen Plänen und Wünschen einrichten können. Unser Leben steht unter dem Geheimnis der Liebe. Jeder Augenblick meines Daseins ist von Liebe bestimmt und gefügt.

In der Meditation suchen wir die Wirklichkeit dieser Worte zu uns im Schweigen sprechen zu lassen: aus Liebe zu uns Menschen, aus Liebe zu mir. Wir können es nicht erzwingen, was uns dabei an innerer Erfahrung geschenkt wird. Wir bitten, daß uns die Augen geöffnet werden für das Geheimnis der Führung und Güte. Es ist die alles durchwaltende Liebe Christi, die uns erkennen läßt: Ich bin gemeint, wir sind gemeint. Wenn wir beim Blick in unser Leben auf Dunkelheiten stoßen, wo wir nichts mehr von einer liebenden Führung erkennen, versuchen wir, eine solche Erfahrung nicht zu verdrängen oder abzuwürgen, sondern nehmen solche Grenzerfahrung ehrlich an, und bitten Christus, daß wir von ihm das Annehmen lernen, daß wir von ihm das Ja-sagen lernen.

Jeder Augenblick unseres Lebens steht unter einem Anspruch: sich der Fügung und Führung der Liebe zu öffnen. Dieser Anspruch, der in unserem Leben verborgen an uns ergeht, wird am deutlichsten sichtbar in der Menschwerdung Christi. So heißt es im Text: „Er wurde aufgrund seiner Liebe zu den Menschen zum Abbild des unsichtbaren Gottes", das heißt: Er wurde *in seinem Menschsein* Abbild des unsichtbaren Gottes. Unser Menschsein als göttliche Möglichkeit, etwas vom göttlichen Urbild im Abbild unseres menschlichen Daseins zu spiegeln, das ist die Würde unseres Menschseins. Das verlangt aber von uns auch das Ja zu diesem Menschsein.

Wir dürfen uns diese Würde nicht irgendwie abgehoben, überirdisch schwebend vorstellen. Denken wir vielmehr an die Menschwerdung Jesu, wie er in der Verlassenheit des Stalles zu Betlehem Abbild des unsichtbaren Gottes wurde, wie sein Weg durch die Verborgenheit des Arbeitsalltags in Nazaret, durch die Unverständnisse, Enttäuschungen und Ablehnungen während seines öffentlichen Wirkens und zuletzt durch die Passion und äußerste Verlassenheit am Kreuz führte. Unser Leben wird nur dann eine göttliche Möglichkeit, wenn wir „Ja" dazu sagen und es ganz annehmen, wie Christus sein Menschsein ganz angenommen hat. So müssen wir immer neu unser Menschsein annehmen, auch mit seinen Grenzen, auch mit seinen Fehlern, ja auch mit seinen Sünden. In allem, selbst in der Sünde, sind „göttliche Möglichkeiten" als Sehnsucht nach dem Unendlichen verborgen.

Wir versuchen, uns in dieses Ja zu unserem Menschsein einzuüben. Dieses Ja ist schwer, es war aber auch für Christus schwer. Ja zu meinem Menschendasein im Glauben an die darin verborgenen göttlichen Möglichkeiten, Widerstrahl und Widerschein ewigen Lichtes zu sein.

Dritte Übung

(Christus) wurde zum Abbild des unsichtbaren Gottes, so daß er mit der eigenen Gestalt, die er angenommen hatte, in dir Gestalt werden konnte

Bei dem Versuch, zum eigenen Menschendasein „Ja" zu sagen, stößt jeder, wenn er ehrlich ist, an die Grenze. Gibt es eine Möglichkeit, über sie zu gelangen oder sie zu durchbrechen und in jene Grenzenlosigkeit zu gelangen, die unseren tiefsten und sehnlichsten Wünschen zugrunde liegt? Ja, wenn wir Jesus Christus, der Mensch wurde, in uns Mensch werden lassen. Die Menschwerdung Jesu geschieht darauf hin, daß – wie Gregor sagt – „er mit der eigenen Gestalt, die er angenommen hatte, in dir Gestalt werden konnte". Die Menschwerdung Jesu ist letztlich nur in dem Maße sinnvoll und kommt nur zur Vollendung, wenn sie in uns geschieht. Die Gestaltwerdung Christi vollzieht sich in uns, in einem jeden von uns und in dem einen Ganzen, das wir als Menschen gemeinsam bilden, damit wir die Menschheit des Gottmenschen Christus seien. Freilich war für ihn dazu der Weg von Betlehem über Golgota zur Auferstehung und Geistsendung notwendig, daß seine Menschwerdung sich durch den Geist in uns erneuern kann in der ihm eigenen Gestalt, die er angenommen hatte, daß er so in dir, in mir, in uns Gestalt werden kann.

Wir fragen uns: Wenn ich auf Christus schaue, was fällt mir am stärksten auf? Was ist das in seinem Wesen, was mich fasziniert, was ich in mir verwirklichen möchte, was in mir Gestalt gewinnen soll? Lassen wir einmal den Blick auf Christus ruhen, wie ein jeder von uns ihn kennt. Lassen wir auf uns wirken, was wir als Ausstrahlung empfinden und wovon wir wünschen, daß es in uns Gestalt annimmt.

In unmittelbarem Anschluß an den vorliegenden Text, wo am Schluß von unserer Umgestaltung in Christus „auf das Bild der Urschönheit hin" die Rede ist, spricht Gregor von Nyssa von den „Farben" dieses Bildes, die sich bei der Menschwerdung Christi in uns ausprägen müssen. Es sind dies vor allem folgende drei Farben: Demut, Sanftmut, Langmut.

Das erste ist die Demut. Es ist die Bereitschaft zum letzten Platz, die Haltung, die der Mensch ausprägen muß anstelle des Geltenwollens, anstelle der Sorge um das eigene Image und Prestige, anstelle dessen, was in der Psychologie „Selbstverwirklichung" genannt wird – das ist im Grunde oft nichts anderes als der Aufbau des eigenen Ego-Ichs, das sich nach außen hin durchsetzen will. Der in sich selbst, in sein Ich verschlossene Mensch ist nicht durchlässig für das Göttliche, nicht bereit für die Wandlung. An zweiter Stelle nennt Gregor die Sanftmut. Sie ist die Überwindung der Aggression, bei der es wiederum um die Durchsetzung eines Ichs geht, das sich bedroht fühlt, das Angst hat, zu kurz zu kommen, das meint, sich behaupten zu müssen.

Das dritte ist die Langmut, zu der wesentlich die Geduld, das Ertragenkönnen gehört. Gregor stellt uns in diesem Zusammenhang Christus in seiner Passion vor Augen, der das Leid annimmt, der bereit ist, das Leid zu tragen. Auch das ist Abbild des unsichtbaren Gottes: der leidensfähige, der leidbereite Mensch. Die Langmut schließt als Höhepunkt die Feindesliebe ein. Die Bereitschaft, vergeben zu können, auf das Durchsetzen von Rechten gegenüber Unrecht verzichten zu können, Rechtsansprüche aufgeben zu können. Die Feindesliebe war immer und besonders in der geistlichen Überlieferung der Ostkirche der Maßstab dafür, wieweit einer durchsichtig und durchlässig für das göttliche Licht geworden ist, für Gott, der seine Sonne aufgehen läßt über Gute und Böse und es regnen läßt über Gerechte und Ungerechte (Mt 5,44–45). Diese All-Liebe, die nichts bevorzugt und nichts ausklammert, sondern alles einschließt und umfaßt, vollendet sich in der Feindesliebe.

Um den Weg der Demut, Sanftmut, Langmut, den Weg der Feindesliebe gehen zu können, müssen wir versuchen, mit Christus eins zu werden, der von sich sagt: „Ich bin sanftmütig und von Herzen demütig" (Mt 11,29). Wir werden eins mit ihm, wenn wir ihm in uns Raum geben, wenn wir uns von ihm in ihn hinein verwandeln lassen. Die Gestaltwerdung Christi in uns ist ein Umwandlungsprozeß, der immer auch schmerzlich ist, weil es ja um eine Geburt geht, die mit Geburtswehen verbunden ist, um die Geburt Christi in uns und damit um die Geburt unseres wahren Ich, dessen, was wir von Anbeginn waren.

Diesen lebenslangen Prozeß können wir versuchen, in drei Schritten jeweils neu einzuüben. Der erste schließt sich an ein Wort aus dem hohepriesterlichen Gebet Jesu im Johannesevangelium an: „Ich in dir – du in mir" (Joh 17,21). Wir öffnen uns ganz bewußt bei diesen Worten der Demut, Sanftmut, Langmut Christi. Wir geben ihm Raum in uns, seiner Sanftmut, seiner Demut, seiner Langmut und Feindesliebe. Wenn Widerstände in uns aufsteigen, lassen wir sie zu, suchen aber auch zu erspüren, daß ein größeres Ich – das „Ich bin" Jesu Christi – anstelle unseres kleinen Ich treten will: „Ich in dir – du in mir."

Ein anderer Ausdruck für dieses „Ich in dir – du in mir" ist das Gebet des heiligen Nikolaus von Flüe: „Mein Herr und mein Gott: Nimm alles von mir, was mich hindert zu dir" – nimm dieses kleine Ich in seiner Selbstverschlossenheit, in seiner Selbstherrlichkeit, in seinen Begierden, seinem Herrschenwollen von mir. „Gib alles mir, was mich fördert zu dir" – gib mir deine Demut, deine Sanftmut, deine Langmut; gib mir deine Liebe, die sich auf alles, was ist, erstreckt und die sich allen zuwendet, auch den Feinden. „Nimm mich mir, und gib mich ganz zu eigen dir." Es geht um die Ablösung, um das Sterben unseres kleinen Ego in seiner Selbstverschlossenheit, um das Aufsprengen der Schale, um das Gestaltwerden, um die Geburt Jesu Christi in uns.

Als dritten Schritt fassen wir unser Beten um die Verwandlung durch die Liebe Christi im Jesus-Gebet zusammen: „Herr Jesus Christus, erbarme dich meiner." Wir atmen seinen Namen gleichsam in uns hinein: „Herr Jesus Christus" und lassen beim Ausatmen diese Gnade sich gleichsam in uns ausbreiten als verwandelnde Kraft: „Erbarme dich meiner, erbarme dich unser."

Der Text Gregors spricht zuletzt vom „Bild der Urschönheit". Dieses Geheimnis, dem die größten Philosophen vor allem der Antike nachgesonnen haben, enthüllt sich als Urgüte. Die eigentliche Schönheit trägt den Namen „Güte". Das Ziel ist, in diese Güte umgestaltet zu werden, um selbst Güte zu sein, der gütige Mensch zu werden, der stets der liebende Mensch ist. Das ist das Ziel, das ist unser wahres Wesen, wie wir von

Anbeginn gemeint sind. „Werde, der du bist." Durch alle Generationen hindurch, auch durch alles Versagen und alles Verhängnis hindurch ist der Mensch, sind die Menschen als Güte gemeint. Das Erste und das Letzte, das Eigentliche und das alles Verbindende ist die grenzenlose Liebe.

2

Auf dem Weg der Demut

Zum siebten Kapitel der Regel des heiligen Benedikt

Die Regel des heiligen Benedikt ist aus dem Erfahrungsweg eines geistlichen Meisters erwachsen. Nach diesem fast tausendfünfhundert Jahre alten Text sind unzählige Menschen ihren Weg zu Gott gegangen. Gerade das macht ihre Strahlkraft aus, daß die Regel Benedikts Erfahrung vermitteln will, daß sie zu lebendiger Gotteserfahrung hinführen kann. Diese Lebensordnung ist durch die Jahrhunderte hindurch nicht nur als geschriebenes Wort weitergegeben worden, sondern als eine Überlieferung, die an lebendige Personen gebunden ist und zu deren Verständnis im Grunde eine jahrelange Praxis innerhalb einer benediktinischen Gemeinschaft erforderlich ist. Aber seit altersher wurde dieser geistliche Übungsweg auch an Menschen außerhalb des Klosters vermittelt, die in der Welt nach tieferer Erfüllung ihres Lebens suchen. (Zum Näheren sei verwiesen auf E. Jungclaussen, Worte der Weisung. Die Regel des heiligen Benedikt als Einführung ins geistliche Leben, Verlag Herder Freiburg – Basel – Wien, [3]1988.)

Das siebte Kapitel ist das Kernstück der Regel. Zum Verständnis dieses Textes sind zunächst einige allgemeine Grundsätze zu beachten: 1. Der hier beschriebene Weg der Demut ist ein Weg gnadenhafter innerer Führung, nicht ein Weg selbstgemachter und aus eigener Kraft erklommener Stufen. 2. Dieser Weg ist ein Weg unter dem Geheimnis des Kreuzes. 3. Es geht im Demutskapitel vor allem um die Erschließung der Herz-Dimension bzw. um das gereinigte Herz. 4. Es handelt sich um eine Übung, an der nicht nur unser Inneres, Seele und Geist, beteiligt ist, sondern auch unser Leib, also um eine ganzheitliche, seelisch-leibliche Übung. 5. Die vielen Schriftzitate (in der abgedruckten Übersetzung durch Kursivschrift hervorgehoben, zugleich mit dem Verweis auf den größeren Zusammenhang, in dem sie in der Bibel stehen) dienen nicht nur als eine Art biblischer Beleg, sondern es sind „Herzworte", deren beständiges Wiederholen, das heißt „Meditieren", die jeweilige Haltung einüben soll. 6. Die einzelnen Stufen lösen einander nicht ab, sondern sind vielmehr als die verschiedenen Aspekte derselben Sache, nämlich des Wahrhaftigwerdens, der wachsenden Selbsterkenntnis zu verstehen.

1Brüder, die göttliche Schrift ruft uns zu: *Jeder, der sich erhöht, wird erniedrigt, und wer sich erniedrigt, wird erhöht werden* (Lk 14,11; Mt 23,12; Lk 18,14). 2Mit diesen Worten zeigt uns die Schrift, daß jede Erhöhung eine Art Stolz ist.3Davor hütet sich der Prophet, wie seine Worte zeigen: *Herr, mein Herz ist nicht stolz, meine Augen blicken nicht überheblich. Ich habe keine großartigen Pläne und befasse mich nicht mit Dingen, die mir zu hoch und zu wunderbar sind.* 4Aber was geschieht, *wenn meine innere Haltung nicht demütig ist, wenn ich meine Seele stolz werden lasse? Dann behandelst du meine Seele, wie man ein Kind behandelt, das man* [gewaltsam] *von der Mutterbrust wegnimmt* (Ps 131).

5Brüder, wenn wir den höchsten Gipfel der Erniedrigung erreichen und rasch zu dieser Erhöhung im Himmel gelangen wollen, zu der man durch die Erniedrigung in diesem Leben aufsteigt, 6dann müssen wir durch unseren Aufstieg in der Tugend jene Leiter errichten, die dem Jakob im Traum erschien und *auf der er Engel herab- und hinaufsteigen* (Gen

28,12) sah. [7]Dieses Herab- und Hinaufsteigen hat für uns ganz sicher keinen anderen Sinn, als daß man durch Erhöhung herab- und durch Erniedrigung hinaufsteigt. [8]Die aufgerichtete Leiter ist unser irdisches Leben, das der Herr himmelwärts aufrichtet, wenn sich unser Herz erniedrigt. [9]Die Holme der Leiter deuten wir auf unseren Leib und unsere Seele. In diese Holme hat der göttliche [Gnaden-]Ruf die verschiedenen Stufen der Demut und der Tugend eingefügt, die wir ersteigen sollen.

[10]Auf der ersten Stufe der Demut stellt sich der Mensch immer die Gottesfurcht vor Augen und flieht gar sehr das Vergessen. [11]Immer denkt er an alle Gebote Gottes, und immer erwägt er in seinem Herzen, wie das Feuer der Hölle die Gottesverächter wegen der Sünden brennt, daß aber auch das ewige Leben den Gottesfürchtigen bereitet ist. [12]Jederzeit soll sich der Mensch freihalten von Sünden und Fehlern – von Gedankensünden, von Sünden der Zunge, der Hände, der Füße und des Eigenwillens, aber auch von den Begierden des Fleisches, [13]und es soll ihm bewußt sein: Gott schaut immer vom Himmel her auf ihn herab, Gottes Auge sieht überall sein Tun und Lassen, und die Engel erstatten allezeit Meldung.

[14]Darauf weist der Prophet uns hin und zeigt, daß Gott in unseren Gedanken immer gegenwärtig ist; er sagt: *Gott prüft Herz und Nieren* (Ps 7,10). [15]Und: *Der Herr kennt die Gedanken der Menschen* (Ps 94,11). [16]Und er sagt auch: *Du durchschaust meine Gedanken von fern* (Ps 139,2). [17]Und: *Das Denken des Menschen wird dir sich öffnen* (Ps 75,11). [18]Um aber seine verkehrten Gedanken gewissenhaft zu überwachen, soll der taugliche Bruder in seinem Herzen immer das Wort wiederholen: Nur dann *bin ich untadelig vor ihm, wenn ich mich in acht nehme vor meiner Bosheit* (Ps 18,24).

[19]Den eigenen Willen zu tun, verwehrt die Schrift, wenn sie uns sagt: *Wende dich ab von den Regungen deines eigenen Willens!* (Sir 18,30). [20]Auch flehen wir zu Gott im Gebet, *daß* sein *Wille in* uns *geschehe* (Mt 6,10). [21]Mit gutem Grund werden wir also belehrt, nicht unseren eigenen Willen zu tun. So beachten wir die Mahnung der Heiligen Schrift: *Es gibt Wege, die den Menschen recht erscheinen, die aber am Ende zur Tiefe der Hölle hinabführen* (Spr 16,25). [22]Wir zittern auch vor dem Wort, das über die Nachlässigen gesagt ist:

*Verwerflich und abscheulich sind sie geworden, weil sie
ihrem Willen gehorcht haben* (Ps 14,1).

[23]Daß uns Gott in den Begierden des Fleisches immer ge-
genwärtig ist, glauben wir, weil der Prophet des Herrn sagt:
All mein Begehren liegt offen vor dir (Ps 38,10). [24]Hüten wir
uns also vor dem bösen Begehren; denn der Tod lauert an der
Schwelle der Lust. [25]Deshalb gebietet die Schrift: *Geh deinen
Begierden nicht nach!* (Sir 18,30).

[26]Es gilt somit: *Die Augen des Herrn beobachten Gute
und Böse* (Spr 15,3); [27]*der Herr schaut immer vom Himmel
auf die Menschenkinder herab, um zu sehen, ob noch ein
Verständiger da ist, der Gott sucht* (Ps 14,2); [28]die Engel, die
uns zugeteilt sind, melden dem Herrn täglich bei Tag und bei
Nacht unser Tun und Lassen. [29]Wir müssen also in jedem
Augenblick auf der Hut sein, damit uns Gott nicht irgendein-
mal, wie der Prophet im Psalm sagt, *abtrünnig und verdor-
ben* sehen muß. [30]Er soll nicht, weil er uns in seiner Güte
jetzt schont und auf unsere Bekehrung und Besserung wartet,
dereinst zu uns sagen müssen: *Das hast du getan, und ich
habe geschwiegen* (Ps 50,21).

[31]Auf der zweiten Stufe der Demut liebt der Mönch seinen
eigenen Willen nicht und findet kein Gefallen daran, seine
Wünsche zu erfüllen, [32]sondern richtet sich in seinem Tun
nach dem Wort des Herrn, der sagt: *Ich bin nicht gekommen,
um meinen Willen zu tun, sondern den Willen dessen, der
mich gesandt hat* (Joh 6,38). [33]Ebenso heißt es in einer
Schrift: Eigenwille bringt Strafe, Gebundenheit [an fremden
Willen] erwirbt die Krone.

[34]Auf der dritten Stufe der Demut unterwirft sich der
Mönch seinem Oberen aus Liebe zu Gott in vollkommenem
Gehorsam. So ahmt er den Herrn nach, von dem der Apostel
sagt: *Er war gehorsam bis zum Tod* (Phil 2,5–11).

[35]Auf der vierten Stufe der Demut übt der Mönch den Ge-
horsam in der Weise, daß er auch bei harten Aufträgen und
bei solchen, die ihm zuwider sind, ja sogar bei jeglichem zu-
gefügten Unrecht stillbleibt und bewußt die Geduld bewahrt.
[36]Er erträgt das alles, ohne sich entmutigen zu lassen oder
wegzulaufen; denn er denkt an das Wort der Schrift: *Wer bis
zum Ende standhaft bleibt, der wird gerettet* (Mt 10,22),

[37]und das andere Wort: *Hab festen Mut und ertrage den Herrn!* (Ps 27,14). [38]Um zu zeigen, daß der Getreue für den Herrn auch alles Widrige ertragen muß, legt die Schrift denen, die leiden, diese Worte in den Mund: *Um deinetwillen werden wir hingemordet Tag für Tag und wie Schafe behandelt, die zum Schlachten bestimmt sind* (Röm 8,35–39). [39]Weil sie aber zuversichtlich auf Gottes Vergeltung hoffen, fügen sie freudig die Worte hinzu: *Doch all das überwinden wir durch den, der uns geliebt hat* (Röm 8,37). [40]Und anderswo sagt die Schrift: *Gott, du hast uns geprüft, du hast uns im Feuer geläutert, wie man das Silber im Feuer läutert; du hast uns in die Schlinge geraten lassen, hast drückende Lasten auf unsere Schultern gelegt* (Ps 66,10). [41]Und um zu zeigen, daß wir unter einem Oberen stehen müssen, fügt sie hinzu: *Du hast uns in die Gewalt von Menschen gegeben* (Ps 65,12). [42]Sie erfüllen aber auch das Gebot des Herrn durch ihre Geduld bei Unrecht und Kränkung: Wenn *sie auf eine Wange geschlagen werden, halten sie auch die andere hin; dem, der ihnen das Hemd wegnimmt, überlassen sie auch den Mantel; werden sie gezwungen, eine Meile mitzugehen, dann gehen sie zwei mit* (Mt 5,39–42). [43]Wie der Apostel Paulus ertragen sie *falsche Brüder* (2 Kor 11,26) und *Verfolgung* (2 Kor 12,10) und *segnen die Menschen, die sie verfluchen* (1 Kor 4,9–16).

[44]Auf der fünften Stufe der Demut bekennt der Mönch seinem Abt demütig, und ohne etwas zu verbergen, alle bösen Gedanken, die in seinem Herzen aufsteigen, und alles Böse, das er heimlich getan hat. [45]Dazu mahnt uns die Schrift mit den Worten: *Offenbare dem Herrn deinen Weg und vertraue ihm!* (Ps 37,5). [46]Sie sagt auch: *Bekennt dem Herrn; denn er ist gütig; denn ewig währt sein Erbarmen.* [47]Und der Prophet sagt: *Ich bekannte dir meine Sünde, und mein Unrecht deckte ich nicht zu* (Ps 32,5). [48]*Ich sagte: Ich will mich anklagen und vor dem Herrn mein Unrecht gestehen. Da hast du alle Bosheit meines Herzens verziehen* (Ps 32,5).

[49]Auf der sechsten Stufe der Demut ist der Mönch mit dem Allergeringsten und Schlechtesten zufrieden, und bei jedem Auftrag, den er erhält, betrachtet er sich als schlechten und nichtswürdigen Arbeiter. [50]Er sagt sich mit dem Prophe-

ten: *Ich bin zunichte geworden und war ohne Verstand. Wie ein dummes Tier bin ich vor dir. Und doch bleibe ich immer bei dir* (Ps 73,22f.).

[51]Auf der siebten Stufe der Demut bekennt sich der Mönch nicht nur mit der Zunge als den Niedrigsten und Geringsten von allen, sondern ist davon auch im innersten Herzensgrund überzeugt. [52]Er demütigt sich und sagt mit dem Propheten: *Ich bin ein Wurm und kein Mensch, der Leute Spott, vom Volk verachtet* (Ps 22,7). [53]*Ich habe mich erhoben, da wurde ich erniedrigt und beschämt* (Ps 87,16). [54]Und wieder: *Es war gut für mich, daß du mich gedemütigt hast; so lernte ich deine Gebote* (Ps 119,71).

[55]Auf der achten Stufe der Demut tut der Mönch nur das, wozu die gemeinsame Regel des Klosters und das Beispiel der Älteren mahnen.

[56]Auf der neunten Stufe der Demut hält der Mönch seine Zunge vom Reden zurück, bleibt still und redet nicht, bis er gefragt wird. [57]Lehrt doch die Schrift, daß man *beim vielen Reden der Sünde nicht entgeht* (Spr 10,19), [58]und daß *der Schwätzer auf der Erde keine Richtung hat* (Ps 140,12).

[59]Auf der zehnten Stufe der Demut ist der Mönch nicht leicht zum Lachen bereit, weil geschrieben steht: *Nur der Tor bricht in schallendes Gelächter aus* (Sir 21,20).

[60]Auf der elften Stufe der Demut spricht der Mönch, wenn er redet, freundlich und ohne zu lachen, bescheiden und gesetzt; er sagt wenige und überlegte Worte und macht kein Geschrei, [61]wie es in einer Schrift heißt: Den Weisen erkennt man an der Kürze seiner Rede.

[62]Auf der zwölften Stufe der Demut ist der Mönch nicht damit zufrieden, seine Demut im Herzen zu haben, sondern offenbart sich auch immer in seinem Leib denen, die ihn sehen. [63]Das heißt: beim Gottesdienst, im Oratorium, im Kloster, im Garten, unterwegs, auf dem Feld, kurz überall; mag er sitzen, gehen oder stehen, senkt er den Kopf und richtet den Blick auf den Boden. [64]Wegen seiner Sünden hält er sich jederzeit für schuldig und denkt, er sei bereits vor das schreckliche Gericht Gottes gestellt. [65]Immer spricht er in seinem Herzen die Worte des Zöllners im Evangelium, der den Blick auf den Boden richtete und sprach: *Herr, ich*

Sünder bin es nicht wert, meine Augen zum Himmel zu erheben (Lk 18,13). [66]Und mit dem Propheten sagt er: *Gebeugt bin ich und tief gedemütigt* (Ps 38,9).

[67]Hat nun der Mönch alle diese Stufen der Demut erstiegen, dann gelangt er bald zu jener Gottesliebe, *die vollkommen ist und die Furcht vertreibt* (1 Joh 4,16–21). [68]In der Kraft dieser [Liebe] beginnt er, alle Vorschriften, die er bisher nur aus Angst beobachtete, jetzt ohne Mühe, infolge der Gewöhnung wie von selbst zu erfüllen, [69]nicht mehr aus Furcht vor der Hölle, sondern aus Liebe zu Christus, und weil das Gute ihm zur Gewohnheit, die Tugend zur Freude geworden ist. [70]Diesen Zustand der Vollendung wird der Herr durch den Heiligen Geist huldvoll an seinem Arbeiter offenbar machen, der rein geworden ist von Fehlern und Sünden.

Regel des heiligen Benedikt, 7. Kapitel

Erste Übung

Die göttliche Schrift ruft uns zu:
Jeder, der sich erhöht, wird erniedrigt,
und wer sich erniedrigt,
wird erhöht werden

Benedikt-Regel 7, 1

Das erste ist der Ruf, der an uns von Gott her ergeht. Die Stimme dieses Rufes kommt auf uns zu durch das Wort von außen, „die göttliche Schrift", die Bibel, in der Gott zu uns spricht, dann aber auch durch das Wort von innen, die verborgene Stimme Christi in uns. Die Art und Weise, wie wir auf das Wort von außen eingehen, ermöglicht, daß die Stimme in uns zu klingen beginnt, uns aufschließt, uns etwas eröffnet. Das Wort von außen ist eine Hilfe, das Wort von innen, das heißt das innere Wort, zu erleben.

Für Benedikt war das biblische Wort: „Jeder, der sich erhöht, wird erniedrigt, und wer sich erniedrigt, wird erhöht werden", eines der zentralen Worte der Heiligen Schrift. Die Texte der Heiligen Schrift waren ihm und seinen Mönchen so vertraut, daß es für sie nur eines Wortes oder Satzes bedurfte, um an den ganzen Zusammenhang des Textes in seiner Bedeutungsfülle erinnert zu werden. Wenn wir diesen Satz isoliert hören, wird es für uns schwer sein, ihn in seiner Tiefe in uns zum Klingen zu bringen. Deshalb suchen wir einen Zugang zu diesem Wort von den drei verschiedenen Evangelientexten, in denen es vorkommt: Lk 14,7-11 (Über die Wahl der Plätze beim Gastmahl); Mt 23,1-12 (Rede über Pharisäer und Schriftgelehrte); Lk 18,9-14 (Gleichnis vom Pharisäer und Zöllner).

„Er sagte aber zu den Gästen ein Gleichnis, da er merkte, wie sie sich die ersten Tischplätze aussuchten, und sagte zu ihnen: Wenn du von jemandem zur Hochzeit eingeladen wirst, setze dich nicht auf den ersten Platz nieder; es könnte ein vornehmerer als du von ihm eingeladen sein und der, der dich und ihn eingeladen hat, zu dir sagen: Mach diesem Platz, und du müßtest beschämt den letzten Platz einnehmen. Sondern wenn du eingeladen bist, geh und setz dich auf den letzten Platz, damit, wenn der kommt, der dich eingeladen hat, zu dir sagen wird: Freund, rücke höher hinauf. Dann wirst du vor allen Ehre haben, die mit dir zu Tische sitzen. Denn jeder, der sich selbst erhöht, wird erniedrigt werden, und wer sich selbst erniedrigt, erhöht." (Lk 14,7-11)

Dieses Gleichnis ist ein Bild unseres Lebens. Unser Leben ist ein Fest, zu dem wir geladen sind. Es kommt darauf an, daß wir bei diesem Fest den Platz einnehmen, der uns zukommt, der von dem Gastgeber, der uns eingeladen hat, bestimmt ist, und den nicht wir selbst bestimmen, sondern der, der für uns das Fest unseres Lebens veranstaltet.

In der Übung suchen wir zu erspüren: Mein Leben ist Geschenk, Einladung zu einem Fest. Mein Platz dabei ist von Gott bestimmt. Kann ich „Ja" sagen zu dem Platz meines Lebens, auf dem ich jetzt stehe? Habe ich die innere Bereitschaft, diesen Platz freizugeben und auf höhere Weisung einen anderen einzunehmen, auch einen, der in den Augen der Menschen der letzte Platz sein kann? In Dankbarkeit suchen wir immer wieder zu sprechen: Ja, wie du willst. Ich bin nur Gast. Ich darf diesen Platz haben, aber zugleich mit der Offenheit, daß Gott ihn verändern, daß er mir einen neuen Platz zuweisen kann: „Ja, wie du willst ..."

Zweite Übung

Der Größte von euch soll euer Diener sein

Matthäus 23, 11

Grundlegend für das Demutskapitel in der Regel des heiligen Benedikt ist das Schriftwort: „Jeder, der sich erhöht, wird erniedrigt, und wer sich erniedrigt, wird erhöht werden" (7,1). Um die Tragweite dieses Wortes zu erfahren, suchen wir die Zusammenhänge auf, in denen es im Evangelium steht. Die Botschaft des ersten Textes an uns lautete: Wir sind zu einem Fest eingeladen, zu dem Fest schlechthin, das der Mensch feiern kann, der

Hochzeit; was bei einer Hochzeit gefeiert wird, ist das Einswerden. Bei diesem Fest wird uns ein Platz zugewiesen. Es stellt sich uns die Frage, nach dem Platz in unserem Leben als Fest: ob ich zu diesem Platz „Ja" sagen kann oder ob unerfüllte Ansprüche da sind, die mich unzufrieden machen, und ob der innerste, geheimnisvolle Sinn dieses Festes – das Einswerden mit Gott – das Ziel meines Lebens ist. Hieraus kann sich dann aber die weitere Frage ergeben: Muß ich immer auf dem Platz bleiben, auf dem ich jetzt in meinem Leben bin, oder gibt es einen Maßstab, der es mir erlaubt, eine Veränderung meines Platzes anzustreben, mich für einen anderen Platz zu entscheiden?

Die Antwort hierauf können wir der Rede Jesu gegen Pharisäer und Schriftgelehrte entnehmen, wo er am Ende zu seinen Jüngern sagt:

„Ihr aber sollt euch nicht Rabbi nennen lassen. Denn einer ist euer Lehrer, ihr alle aber seid Brüder. Und ihr sollt niemand euren Vater nennen auf Erden, denn einer ist euer Vater, der im Himmel. Und ihr sollt euch nicht Meister nennen lassen, denn einer ist euer Meister, Christus. Der Größte von euch soll euer Diener sein. Wer aber sich selbst erhöht, wird erniedrigt, und wer sich selbst erniedrigt, wird erhöht werden." (Mt 23,8–12)

Hier wird der Maßstab für unseren Platz eindeutig ausgesprochen, er heißt: dienen. Die Wahl unseres Platzes bestimmt sich wesentlich danach, wo wir am besten mit unseren Fähigkeiten dienen können. Nicht so, daß wir uns mit unseren Fähigkeiten ins Licht stellen, sondern als reiner Dienst. Alle Qualitäten, die wir haben, sollen durchscheinend werden auf Gott hin. Alles, was wir tun, hat keinen anderen Sinn, als Dienst vor Gott und für Gott zu sein. Das heißt konkret: Mein Platz ist dort, wo ich am meisten gebraucht werde! Vielleicht manchmal so, daß gar nicht alle meine Fähigkeiten zur Entfaltung kommen. Aber ich werde in meiner Person gebraucht; vielleicht zuweilen in einer sehr schmerzhaften, mich überfordernden Weise, aber ich werde gebraucht, ich darf dienen. Gerade hier wird deutlich, daß Demut, wie Benedikt sie meint, Mut zum Dienen ist, Bereitschaft zum Dienen dort, wo man am meisten gebraucht wird. Der Platz, den wir suchen, bestimmt sich also danach, wo wir am meisten dienen können. Wo wir einander dienen, da sind wir auf dem Wege der Einswerdung, da entsteht Harmonie, Einheit. Dienen heißt transparent, durchlässig werden für umfassende Liebe, für die unfaßbare Liebe Christi.

In der Übung können wir uns fragen: Setze ich meine Fähigkeiten an dem Platz, den ich einnehme, voll ein? Sehe ich meine Fähigkeiten als Dienst, als Aufgabe? Gibt es Punkte, wo ich mich dem Anruf zum Dienen entziehe? Dann kehren wir wieder zum Anfang zurück: Mein Platz heißt dienen! – Wir lassen dieses Wort ganz ruhig in uns klingen: dienen. – Wir stellen uns das Bild Christi vor Augen, der nicht gekommen ist, um sich bedienen zu lassen, sondern um zu dienen ... Denken wir nur an die Fußwaschung! (Joh 13,1–17)

Dritte Übung

Der Zöllner aber stand von ferne
und wagte nicht einmal,
seine Augen zum Himmel zu erheben,
sondern schlug an seine Brust und sagte:
Gott, sei mir Sünder gnädig!

Lukas 18,13

Grundlegend für das Demutskapitel ist das Wort Jesu von der Selbsterniedrigung. Bei dem Versuch, auszuloten, was dienen in unserem Leben heißt, lassen wir uns mit der Regel des heiligen Benedikt von diesem Jesus-Wort leiten, das in den Evangelien wiederholt und betont am Ende eines Textabschnitts steht und sich uns von diesem Zusammenhang her jeweils neu erschließen kann. Der dritte Text, in dem es vorkommt, ist das Gleichnis vom Pharisäer und Zöllner:

„Er sprach aber zu einigen, die auf sich selbst vertrauten, daß sie gerecht seien, und die übrigen verachteten, dieses Gleichnis: Zwei Menschen gingen hinauf in den Tempel zum Beten, der eine ein Pharisäer und der andere ein Zöllner. Der Pharisäer stellte sich hin und betete bei sich selbst dies: Gott, ich danke dir, daß ich nicht bin wie die übrigen Menschen, Räuber, Ungerechte, Ehebrecher oder auch wie dieser Zöllner. Ich faste zweimal die Woche, ich gebe den Zehnten von allem, was ich erwerbe. Der Zöllner aber stand von ferne und wagte nicht einmal, seine Augen zum Himmel zu erheben, sondern schlug an seine Brust und sagte: Gott, sei mir Sünder gnädig. Ich sage euch: Dieser ging gerechtfertigt in sein Haus hinunter, jener nicht. Denn jeder, der sich selbst erhöht, wird erniedrigt, und wer sich selbst erniedrigt, wird erhöht werden." (Lk 18,9–14)

Das Gleichnis ist ein Bild von solcher Eindringlichkeit, daß es eigentlich nicht vieler erklärender Worte bedarf. Wir wollen nur den einen oder anderen tragenden Zug nachzeichnen, um ihn für uns selbst auszuloten. Warum ist der Zöllner gerechtfertigt und nicht der Pharisäer? Worin unterscheiden sich die beiden? Der Pharisäer stellt sich vor Gott hin und bestimmt seinen Platz, indem er sich von den anderen abgrenzt: ich, ich, ich ... Er kleidet diese Abgrenzung in ein frommes Wort: „Gott, ich danke dir." Im Maße, in dem er sich von den anderen abgrenzt, grenzt er sich aber auch von Gott ab, ja er maßt sich den Platz Gottes an und spricht das Urteil über Räuber, Betrüger, Ehebrecher und diesen Zöllner da. Die Bezogenheit auf sein Ich macht ihn unfähig, wirklich „Du" zu sagen. Er bleibt Gott das Eigentliche schuldig, nämlich sich selbst in seiner Ganzheit. Er verweist auf dieses und jenes, das er Gott präsentiert anstelle von sich selbst. Er nimmt nicht wahr, daß sich der Mensch überhaupt nie in seiner Ganzheit Gott gegenüber voll einbringen kann, weil er sich als Ganzes nicht wirklich erfassen, sich selbst niemals ganz ausloten kann und somit über diesem Sich-vor-Gott-Einbringen zwei Worte stehen: Nie genug!

Der Zöllner bleibt hinten, von ferne stehen, auf dem letzten Platz. Er wird zum Typus des Menschen, der erkennt, daß er Gott sich selbst schuldig geblieben ist. Er schaut nicht um sich, er sieht nur Gott. Ja, er ist so von dieser Gegenwart Gottes betroffen, daß er nicht einmal zu Gott aufzuschauen wagt. Er erlebt den lebendigen Gott, seine überwältigende Größe, aber auch seine überwältigende Güte, der er sich versagt hat; so kann er nur stammeln: „Gott, sei mir Sünder gnädig."

Nur diese wenigen Worte! Mit diesen aber stellt er

sich auf den Boden der Wirklichkeit. Demut heißt lateinisch „humilitas" und darin steckt das Wort „humus – Boden". Demut ist nicht nur Bereitschaft zum Dienen, sondern auch Bereitschaft, sich auf den Boden der Tatsachen zu stellen, der Wahrheit über sich selbst ins Auge zu sehen, die Wahrheit über sich selbst anzunehmen, wahrhaftig zu sein. Aus dieser Wahrhaftigkeit heraus spricht der Zöllner: „Gott, sei mir Sünder gnädig."

Wer vor dem lebendigen Gott steht, kann sich nicht mehr anderen gegenüber abgrenzen, er weiß ja, daß jeder sein Maß von Gott her hat und daß er dem anderen gegenüber keinen anderen Maßstab hat außer: daß er ihn von Gott her lieben soll. Dieses Maß der Liebe aber ist niemals etwas Festes und Abgeschlossenes, sondern immer etwas Offenes und Dynamisches: Nie genug!

„Gott, sei mir Sünder gnädig" – in diesem Wort liegt etwas Doppeltes. Auf der einen Seite die Bitte um Vergebung, daß ich versagt habe, daß ich mich versagt und nicht mich selbst eingebracht habe; auf der anderen Seite die Bitte um Verwandlung, daß ich in den lebendigen Prozeß der Umwandlung, Läuterung und Hingabe, daß ich in Gott hineingenommen werde. Von Gott getroffen, weiß der Zöllner, daß er der, der er sein soll und sein könnte, nur werden kann durch die Gnade Gottes – das ist letzte Wahrhaftigkeit und Wahrheit. So ist dieses Wort: „Gott, sei mir Sünder gnädig" zum Grundgebet der Christenheit geworden.

In der meditativen Übung suche ich mich in letzter Ehrlichkeit vor Gott zu sehen, meine Möglichkeiten, die ich nicht verwirklicht habe, aber auch, daß ich mit meinen Grenzen Gott angenommen bin: „Gott, sei mir Sünder gnädig." Von Gott getroffen, ist mir die Möglichkeit eröffnet, andere anzunehmen (nicht zuletzt mich selbst).

Weil ich ihn von Gott her zu sehen versuche, weiß ich, daß jeder seinen persönlichen Weg zu Gott hat; ich darf mich dem anderen gegenüber nicht abgrenzen und verschließen, sondern soll ihn annehmen und verstehen, auch mit dem, was ich und andere als seine Fehler bezeichnen: „Gott, sei *mir* Sünder gnädig."

Achten wir einmal darauf, wie oft wir in unserem Innern über andere Menschen, über Dinge, Zustände, Vorgänge urteilen. Wenn wir merken, wie sehr wir uns mit diesem Urteilen abgrenzen, sollten wir wie der Zöllner sprechen: „Gott, sei mir Sünder gnädig." Versuchen wir, das Urteilen loszulassen. Lassen wir uns auch nicht auf ein fragwürdiges Wiedergutmachungsmanöver ein, indem wir auf einmal alle positiven Seiten anfangen aufzuzählen. Auch wenn wir einen Menschen oder eine Sache loben, können sich dahinter Eigeninteresse und eine starke Ich-Bezogenheit verbergen. Oftmals ist übertriebenes Lob ebenso verdächtig wie vernichtendes Urteil. Entscheidend und maßgebend bleibt der Blick auf den Herrn, daß wir auf ihn ganz und gar angewiesen sind, daß wir ihm alles verdanken, daß er uns annimmt und jene innere Ruhe und Zufriedenheit schenkt, die es nicht nötig macht, über andere nachzudenken und zu urteilen, sie einzustufen und sich von ihnen abzugrenzen. Diese von Gott geschenkte Zufriedenheit, der schlichte Austausch in der Gemeinschaft mit anderen – ohne übertriebene Begeisterung, aber auch ohne falsche Abgrenzung: Das vermag unser Leben völlig zu verwandeln.

Vierte Übung

Ich ließ meine Seele ruhig werden und still;
wie ein kleines Kind bei der Mutter
ist meine Seele still in mir

Psalm 131,2

Der Weg der Demut nach dem heiligen Benedikt ist der Weg des Zöllners. In seinem Gebet: „Gott, sei mir Sünder gnädig", lieferte sich der Zöllner der Verwandlung aus. Beim Pharisäer war nichts zu verwandeln; für ihn war alles „richtig" so, er behauptete sein Ich so, wie es war. Durch die Verwandlung erfuhr der Zöllner die Rechtfertigung, wurde er in die rechte Beziehung zu Gott gebracht, gerecht gemacht. Alles, was im siebten Kapitel der Regel folgt, ist Entfaltung dieses Zöllnerweges: in letzter Wahrhaftigkeit meine Beziehung zu Gott betrachten; meine innersten Bereiche Gott öffnen; in Wahrhaftigkeit meine Beziehung zum Nächsten sehen. Der ganze Weg wird dann im Bild der Jakobsleiter zusammengefaßt. Am Ende, bei der zwölften Stufe der Demut ist die Rede vom gesenkten Blick, der nicht nur ein Zeichen des Sündenbewußtseins, sondern auch eine Geste des Gesammeltseins ist: „Immer spricht er (der Mönch bzw. jeder, der auf dem geistlichen Weg ist) in seinem Herzen die Worte des Zöllners im Evangelium, der den Blick auf den Boden richtete und sprach: Herr, ich Sünder bin es nicht wert, meine Augen zum Himmel zu erheben" (V.65).

Am Ende der Demutsstufen oder, wie wir auch sagen können, des Zöllnerweges ist dann die Rede von einem totalen Umbruch, dem Durchbruch zum inneren Menschen, wie er von Gott ursprünglich gemeint ist: „Hat der Mönch nun alle diese Stufen der Demut erstiegen, dann gelangt er bald zu jener Gottesliebe, die vollkommen ist und die Furcht vertreibt ..., weil das Gute ihm zur Gewohnheit, die Tugend zur Freude geworden ist. Diesen Zustand der Vollendung wird der Herr durch den Heiligen Geist huldvoll an seinem Arbeiter offenbar machen, der rein geworden ist von Fehlern und Sünden" (V.67.69–70). „Gott, sei mir Sünder gnädig" ist das Sicheinlassen auf diesen Läuterungsprozeß, das Sichausliefern an die Kraft des Heiligen Geistes, an die Gnade, die mich befähigt zu einer Liebe, die ohne Furcht ist. Denn diese Liebe vergleicht nicht mehr, weder nach unten noch nach oben, sondern sie richtet sich einfach auf den, von dem die Kraft kommt, alles aufzugeben, sich selbst zu vergessen und nur noch den zu sehen, den wir lieben. Dieses Ziel des Weges, den Zustand der Liebe ohne Furcht, der inneren Freiheit, der Geborgenheit stellt uns Benedikt am Anfang wie eine Verheißung vor Augen, und zwar mit Psalm 131 (130).

Benedikt bezeichnet den Psalmendichter als Propheten. Das heißt, der Psalm sagt eine verborgene, nicht unmittelbar zugängliche Wahrheit und Wirklichkeit aus; er eröffnet mir etwas, was meinem gewöhnlichen Bewußtsein verschlossen ist. Was ist nun die verborgene Wirklichkeit, die hier als eine Wahrheit über mich selbst und gleichermaßen eine Wahrheit über Gott enthüllt wird?

„Herr, mein Herz ist nicht stolz,
meine Augen blicken nicht überheblich.
Ich habe keine großartigen Pläne
und befasse mich nicht mit Dingen,
die mir zu hoch und zu wunderbar sind.

Aber was geschieht,
wenn meine innere Haltung nicht demütig ist,
wenn ich meine Seele stolz werden lasse?
Dann behandelst du meine Seele,
wie man ein Kind behandelt,
das man (gewaltsam) von der Mutterbrust wegnimmt."
(V.3–4)

Zum Vergleich folgt hier eine wörtliche Übersetzung des hebräischen Urtextes (aus: W. Beyerlin, Wider die Hybris des Geistes. Studien zum 131. Psalm, Stuttgart 1982), die zeigt, wie die freie Wiedergabe in der Benediktregel den Grundgedanken wahrt, aber am Schluß doch eine gewisse Sinnverschiebung vornimmt:

„Jahwe, nicht hochmütig ist mein Herz,
nicht hoffärtig sind meine Augen,
nicht gehe ich um mit großen
und mir zu wunderbaren Dingen!
Nein, ich habe beschwichtigt
und zur Ruhe gebracht meine Seele!
Wie ein Entwöhntes zu seiner Mutter,
wie das Entwöhnte, so ist meine Seele zu mir!
Warte, Israel, auf Jahwe
von nun an und alle Zeit!"

Die Demut, die sowohl Benedikt als auch der Psalmist meinen, ist das Aufhören der Wünsche, das Aufhören der großen Pläne, ist das Geborgensein in Gott. Dieser tiefe Frieden kommt hier in einem Bild zum Ausdruck, das dem Menschen tief vertraut ist: das Kind, das auf dem Schoß der Mutter und in ihren Armen geborgen ist. Gott ist nicht nur der Fordernde, vor dem wir erschrecken, sondern auch der Bergende, der tiefen Frieden in einer Bewußtseinsebene ermöglicht, die wir nur erahnen können. Die Demut führt zum Vertrauen auf diesen mütterlichen Gott; er ermöglicht einen neuen Bewußtseinszustand, der unser Leben verwandelt; wir brauchen keine Ängste mehr zu haben; wir sind um nichts mehr besorgt, was wir noch erreichen müssen, was wir versäumen könnten, was wir zu verlieren haben. Das ist das eigentliche Geschenk der Demut: völlig in Gott hineingelassen sein; in Gott und in sich selbst ruhen, weil Gott sich in der Tiefe meiner selbst kundtut.

Wir versuchen zu erspuren, was dieses In-sich-Ruhen, dieses In-mir-Ruhen, In-dir-Ruhen in uns weckt. – Was verhindert dieses Ruhen in mir und damit in Gott? Wo hänge ich mit meinen Vergleichen? Wo hänge ich mit meinen Ängsten? Wo bleibe ich an Dingen hängen? Was hindert mich, mich loszulassen? Und immer wieder in tiefer innerer Sammlung die Nähe des mütterlich bergenden Gottes zu erspüren suchen: „Ruhen in mir – ruhen in dir."

Ich habe in die Wahrheit meines Selbst einzugehen als den mütterlichen Grund der letzten Geborgenheit, als den Urgrund, dem ich entstamme. Er ist nicht nur die fordernde Größe des „Nie genug", sondern auch die bergende, ermöglichende, schenkende Kraft, das zu werden, was ich sein darf: „Ich ließ meine Seele ruhig werden und still; wie ein kleines Kind bei der Mutter ist meine Seele still in mir."

Fünfte Übung

Wenn wir rasch zu dieser Erhöhung
im Himmel gelangen wollen,
zu der man durch die Erniedrigung
in diesem Leben aufsteigt

Benedikt-Regel 7, 5

Nach der ersten Anrede (V.1: „Brüder, die göttliche Schrift ruft uns zu ...") ermuntert Benedikt in V.5 in einem zweiten Aufruf uns, den Weg der Demut zu gehen: „Brüder, wenn wir den höchsten Gipfel der Erniedrigung erreichen wollen ..." Es geht darum, „durch unseren Aufstieg in der Tugend jene Leiter (zu) errichten, die dem Jakob im Traum erschien und auf der er Engel herab- und hinaufsteigen sah". Nur mit einem Nebensatz ist das Bild der Jakobsleiter erwähnt, weil es der Mönchsüberlieferung tief vertraut war; so konnte Benedikt voraussetzen, daß den Mönchen schon bei einer Andeutung gleich das Bild mit seinem ganzen Assoziationsbereich gegenwärtig war. Wir müssen uns heute die Geschichte der Jakobsleiter erst vor Augen führen und ihre uns weitgehend verlorengegangenen Bilder erst wieder lebendig werden lassen, bevor wir auf die Konsequenzen eingehen können, die Benedikt zieht.

„Und Jakob zog aus von Beerscheba und machte sich nach Haran auf den Weg. Da stieß er auf eine Stätte und blieb daselbst über Nacht, denn die Sonne war untergegangen. Und er nahm einen von den Steinen der Stätte, legte ihn sich zu Häupten und legte sich an jener Stätte zum Schlafen nieder. Da träumte ihm und siehe, eine Treppe stand auf der Erde, während ihre Spitze an den Himmel reichte. Und siehe, Gottesengel stiegen daran auf und nieder. Und siehe, Jahwe stand an ihr und sprach: ‚Ich bin Jahwe, der Gott deines Vaters Abraham und der Gott Isaaks. Das Land, auf dem du liegst – dir und deiner Nachkommenschaft werde ich es geben. Und deine Nachkommenschaft wird wie der Staub der Erde werden, und ausbreiten wirst du dich nach Westen und Osten, nach Norden und Süden, und in dir werden sich segnen alle Geschlechter des Erdbodens und in deiner Nachkommenschaft. Siehe, ich bin mit dir und werde dich, wo immer du hingehst, behüten und dich in dies Land zurückbringen, denn ich werde dich nicht verlassen, bis ich ausgeführt habe, was ich dir verheißen habe.' Als nun Jakob aus seinem Schlaf erwachte, sagte er: ‚Wirklich, Jahwe ist an dieser Stätte zugegen, und ich habe es nicht gewußt. Und er fürchtete sich und sprach: ‚Wie schauerlich ist diese Stätte. Das ist nichts anderes als eine Wohnung Gottes, und dies ist das Tor des Himmels.' Und als Jakob am Morgen aufstand, da nahm er den Stein, den er sich zu Häupten gelegt hatte, stellte ihn als Malstein auf und salbte ihn an seiner Spitze mit Öl. Und er gab jener Stätte den Namen Betel, während die Stadt den Namen Lus hatte." (Gen 28,10–19; Übersetzung: Gerhard von Rad)

Jakob ist auf der Flucht vor seinem Bruder Esau, heimatlos, in äußerster Bedrängnis. In dieser Situation erfährt er die Verheißung, die Zusage äußerster Fülle. Er erfährt sie nicht in seinem normalen Bewußtsein, im hellen Tagbewußtsein, sondern in einer anderen Bewußtseinsstufe, die in der Bibel Traum genannt wird. Im Schlaf tritt er in eine andere Wirklichkeit ein, im Traum macht er eine Erfahrung, die so stark ist, daß sie für ihn die eigentliche Erfahrung ist. Das Traumbewußtsein wird für ihn das bestimmende und tragende Bewußtsein. Das entspricht in etwa dem Weg der religiösen Erfahrung durch Meditation: eine neue, dem normalen Bewußtsein unzugängliche Bewußtseinsstufe zu erreichen und von daher zu einer großen inneren Sicherheit, zu Freude und

Zuversicht zu gelangen, aber auch ein heiliges Erschrecken zu erfahren.

Er sieht eine Treppe oder, wie man später verstand und übersetzte, eine Leiter zum Himmel emporragen. Engel steigen auf ihr hinauf und hernieder und stellen die Verbindung zwischen dem Träumenden, dem Schlafenden und dem Herrn her. Dieses Bild hat die Christen jahrhundertelang fasziniert. In der Zeit des frühen Mönchtums und der Kirchenväter entstand eine ganze Literatur über die Treppe zu Gott, die „Leiter zum Paradies", das Geheimnis des Aufstiegs in die Transzendenz. Das entscheidend Christliche daran, das auch in der Benedikt-Regel klar zum Ausdruck kommt, liegt darin, daß aufsteigen zunächst einmal hinabsteigen bedeutet, um so die volle Wirklichkeit des Lebens und die Wirklichkeit seiner selbst zu erfahren. Benedikt sagt bezeichnender Weise – im Unterschied zum Urtext – „herab- und hinaufsteigen". Wir sind der großen Versuchung ausgesetzt, in einer Art Träumerei aufsteigen und der Wirklichkeit unseres Selbst, unserer Umwelt, unseres Lebensraumes entfliehen zu wollen. Der Mensch gelangt zur Erfahrung der göttlichen Fülle, wenn er mit Christus hinabsteigt, um durch sein Kreuz hinaufzusteigen in die Welt Gottes.

Der Weg nach oben ist für den Christen der Weg in die Tiefe. Das heißt: Ich komme in dem Maß nach oben, zu Gott, indem ich den Weg in die Tiefe, in meine Tiefe, in meine Untiefe gehe und nicht, indem ich diesem Leben, das ich zu leben habe, entfliehe. Dieser Weg in die eigene Tiefe ist nicht leicht, bedeutet er doch das Durchschreiten aller meiner Abgründe, aber ich kann ihn in dem Vertrauen gehen, daß in der Tiefe nicht der Absturz ins Bodenlose geschieht, sondern daß da *der* Stein ist, der gesalbte Stein, der Eckstein, Christus, das Haus Gottes und das Tor des Himmels. Er ist der Punkt, auf dem alles in mir ruht und zu dem alles in mir in Beziehung steht.

Den Weg in die Tiefe kann ich nicht machen und nicht erzwingen. Der lebendige Austausch mit Gott durch alle meine Schichten hindurch, wobei keine Schicht verdrängt wird, ist das Wirken Gottes in mir. Er ist es, der in mir diese Leiter entstehen läßt, Stufe um Stufe, bis ich sehe, daß der Weg in die Tiefe der Annahme meiner selbst der Weg in die Höhe ist, daß gute Mächte auf- und niedersteigen und mich in lebendige Beziehung zum Herrn führen.

Wie können wir dieses Bild von der Himmelsleiter in der Übung fruchtbar werden lassen? Wir stellen uns das Bild von der Leiter, auf der Engel auf- und niedersteigen, vor Augen und fragen uns: Will ich voll und ganz Mensch sein, indem ich in diesem meinem Leben nach jenem „gesalbten Stein" suche, auf dem alles aufruht, Christus? Gott suchen als ganzer Mensch im Ja zu dem Leben, wie es jetzt von mir gelebt wird, und zu dem, was von mir gefordert wird – das ist der erste Schritt. Dann angesichts des Bildes einwilligen in die innere Bewegung, die die Frage nach Gott in uns auslöst, und dieser Bewegung nachgehen in sich selbst hinein: tiefer; tiefer in mein Leben, tiefer in mich hinein; ohne Angst vor alldem, was mir in mir selbst begegnet; im Vertrauen, daß ich Christus in mir finde und daß dadurch alles in meinem Leben verwandelt werden kann in einen Weg, Stufe um Stufe, zu ihm hin. Alles kann Stufe werden zu Christus hin.

Mit Hilfe des Atems spüren wir immer tiefer in uns hinein und versuchen voller Vertrauen, ganz behutsam, den tiefsten Grund anzusprechen: „Herr Jesus Christus, erbarme dich meiner."

Bei unserem Weg in die Tiefe, in die volle Wirklichkeit des Lebens werden wir immer auf Schwierigkeiten, auf Leiden, auf Grenzerfahrungen stoßen. Wir prüfen uns, ob wir „Ja" sagen können, ob ich den Schmerz und das Leid in meinem Leben annehmen kann. Christus ist dort, wo ich mich in die Tiefe meines Lebens wage und den Kreuzweg mit ihm gehe. Wenn wir irgendwo erschrecken, bleiben wir stehen und schauen auf das Kreuz. Er, der Gekreuzigte, hat uns die Verheißung gegeben: „Ihr werdet den Himmel offen und die Engel Gottes auf- und niedersteigen sehen" (Joh 1,51).

Der Weg in die Tiefe verlangt den Mut zur Tiefe, daß wir uns in unser Leben einlassen, in das Kreuz, in den Schmerz einlassen und „Ja" sagen. Christus verheißt uns auch die Erfahrung der Erfüllung und der göttlichen Wirklichkeit; wir dürfen uns auf ihn, auf das letzte Ja, auf die eigentliche Wahrheit berufen. Bei dem Weg durch die Tiefe gibt es eine Führung, gibt es ein Geleit. Dort, wo der Mensch seine Grenzen am deutlichsten spürt, dort ist die Erfahrung der Fülle am nächsten.

Sechste Übung

Auf der ersten Stufe der Demut
stellt sich der Mensch
immer die Gottesfurcht vor Augen
und flieht gar sehr das Vergessen

Benedikt-Regel 7, 10

„Gottesfurcht" ist für uns heute ein schwieriges Wort. Gemeint ist: sich von Gott in seiner ganzen Größe treffen lassen, so daß er mich völlig in Bann schlägt und ich mich nicht mehr zu lösen wage aus Furcht, das Entscheidende in meinem Leben zu versäumen. Die alten Mönche sagten: Mit der Gottesfurcht binde ich mich so radikal an Gott, daß man sagen könnte, ich werde mit der Gottesfurcht angenagelt an Gott oder an das Kreuz! In „Gottesfurcht" schwingt Ehrfurcht mit vor einer unbekannten Wirklichkeit, die in ihrer Vollkommenheit, Größe, Allmacht, Absolutheit, Allgegenwart ganz anders ist als ich, so daß ich ihr gegenüber eigentlich verschwinde und nichts bin. Aber dann liegt darin auch eine Seligkeit oder Beseligung, ein Glück, das den Menschen über sich hinauszuheben, ja zu zerreißen scheint, so daß er vor der Gewalt solchen intensiven Erlebens geradezu erschrickt. Es gibt im Deutschen ein Wort, das diese Erfahrung in ihrer ganzen Spannweite wiedergibt: „heilig" – so wie es im Anschluß an das gewaltige Gotteserlebnis des Propheten Jesaja im Gottesdienst heißt: „Heilig, heilig, heilig, Gott, Herr aller Mächte und Gewalten. Erfüllt sind Himmel und Erde von deiner Herrlichkeit." Sich auf „Gottesfurcht", auf die Erfahrung der Heiligkeit Gottes einlassen ist der erste Schritt zum Dienen und damit der erste Schritt zur Wirklichkeit, um auf den Boden der Tatsachen zu kommen.

In der Übung lassen wir uns von diesem Wort „heilig" ansprechen, nicht so sehr vom Verstand, sondern vielmehr vom Herzen her und auch gewissermaßen mit allen Poren des Leibes, vor allem vom Atem her. Immer erst die Grundhaltung erspüren, mit dem Atem fühlen, und dann erst die innere Bewegung empfinden: in Ehrfurcht dienen – dem ganz Anderen – dem Heiligen – Gott. Und die Übung langsam beenden.

Es gibt kein ehrliches Meditieren, wenn wir nicht als ganze Menschen meditieren. Der ganze Mensch, das sind wir nicht nur in der Einheit von Leib, Seele und Geist, sondern auch in der Einheit unserer Lebensgeschichte! Immer wieder geht von der Meditation ein Licht aus in unsere Lebensgeschichte, daß Dinge klar und deutlich angeschaut werden, daß sie auch dort, wo sie schmerzlich sind, angeschaut werden können. In diesen Zusammenhang haben wir das Wort zu stellen: „Auf der ersten Stufe der Demut flieht der Mensch ganz und gar das Vergessen." Gemeint ist das Vergessen der Gottesfurcht, das Vergessen Gottes. Gottesfurcht ist nichts anderes als das beständige Leben im Bewußtsein der Gegenwart Gottes, und „das Vergessen ganz und gar fliehen" heißt dann, positiv gewendet, sich immer wieder an Gott erinnern.

So können wir uns fragen: Was erinnert mich immer wieder an Gott und bewirkt, daß ich ihn nicht völlig vergessen habe? Was erinnert mich an ihn? Das können sehr viele Dinge sein und hat auch nicht gleich etwas mit Kirche, Predigt, Bibel zu tun. Es kann aus ganz anderen Quellen kommen, vor allem, wenn wir nachfragen, welche Dinge wir in unserem Leben nicht vergessen können. Da sind die unvergeßlich schönen Dinge, die wir nicht vergessen können und auch nicht möchten. Aber auch die anderen, die wir vergessen, verdrängen möchten und es doch nicht können. Wir versuchen, alle diese Dinge behutsam auf den hin zu ordnen, den wir nicht vergessen dürfen, auf Gott. In der Meditation gehen wir beidem nach, den Dingen, die wir nicht vergessen mochten, und denen, die wir nicht vergessen können, und fragen uns, wie sehr sich Gott uns durch beides immer wieder in Erinnerung gebracht hat – und wie weit wir ihn vergessen haben. Schauen wir ruhig ins eigene Leben, ohne uns darin zu verlieren, und wissen wir uns in der heiligen Gottesfurcht an der „Pforte des Himmels", vor der Wirklichkeit Gottes, vor Christus, zu dem die unvergeßlichen und die unvergeßbaren Dinge uns gleicherweise hinführen wollen! Ihre Zuordnung auf Christus hin geschieht letztlich im Danken, wie wir es dann auch in einem Gebet frei formulieren können, denn Undankbarkeit ist das Nichtdenken an Gott, das Vergessen.

Siebte Übung

Immer erwägt er in seinem Herzen,
wie das Feuer der Hölle
die Gottesverächter wegen der Sünden brennt,
daß aber auch das ewige Leben
den Gottesfürchtigen bereitet ist

Benedikt-Regel 7, 11

Der Weg der Demut ist ein Weg der äußersten Entschiedenheit. Das stellt Benedikt dem Mönch vor Augen im Bild vom Feuer der Hölle und im Wort vom ewigen Leben. Unser Leben ist in die Entscheidung zwischen Himmel und Hölle gestellt, die Möglichkeit einer endlosen Qual und die Möglichkeit einer grenzenlosen Freude. Was ist das Letzte im Leben: die Qual oder die Freude? Diese ernste Frage hat als Ziel die Frage nach Gott. Es geht hier nicht um die Probleme biblischer Begründungen oder eines streng dogmatischen Verständnisses von „Himmel“ und „Hölle“. Wir können viel einfacher von Erfahrungen ausgehen, die jeder von uns kennt, Erfahrungen äußerster Sinnlosigkeit, wo uns Schmerz, Unrecht, Leid zugefügt wurde, wo wir Enttäuschungen erlebten, wo wir mit dem Bösen konfrontiert wurden, auch mit dem Bösen in uns selbst. Aber auch Erfahrungen höchsten Glücks, wo wir den Himmel auf Erden erlebt haben und uns eine Ahnung von letzter Erfüllung aufgeleuchtet ist.

Die Alternative zwischen Himmel und Hölle ist im Grunde die Frage nach dem Sinn des Lebens, der sich uns im Blick auf Gott öffnet. Immer besteht die Möglichkeit, daß sich dieser Blick verdunkelt, daß wir den

Gekreuzigten aus den Augen verlieren und daß uns dann die furchtbare Möglichkeit eines sinnlosen Lebens überwältigt. Wir sind in einen Kampf um den Sinn unseres Lebens gestellt, in den Kampf zwischen dem Unvergeßlichen und dem Nichtzuvergessenden mit der Gefahr, darin zu scheitern, aber auch mit der Gewißheit, daß wir diesen Kampf um den Sinn des Lebens nie für uns allein, sondern füreinander und miteinander kämpfen.

Wir spüren, daß Meditieren keine Technik der Selbstberuhigung ist. Es kann auch sehr unruhig machen, wenn wir es ernstnehmen und uns ganz darauf einlassen. Meditieren bedeutet: sich mit ganzem Ernst den letzten Fragen stellen und ihnen nachgehen. Alle Meditation, wenn sie ernst ist, führt an diesen Grund der Entscheidung, wo die Abgründe des Daseins offenbar werden, wo der Blick in den Abgrund hinein zum Blick auf das Kreuz wird und so der Weg zu einem sinnerfüllten Leben ermöglicht und entschieden wird.

In der Konsequenz dieser Entscheidung fährt Benedikt in V.12 fort: „Jederzeit soll sich der Mensch freihalten von Sünden und Fehlern – von Gedankensünden, von Sünden der Zunge, der Hände, der Füße und des Eigenwillens, aber auch von den Begierden des Fleisches."

Was will Benedikt mit diesem dreifachen Ansatz: Gedankensünden, Sünden des eigenen Willens, Begierden des Fleisches? Er will, daß der Mensch diese Bereiche Gott öffnet, sie ihm darbietet. Wir sollen uns bewußt werden, daß Gott immer gegenwärtig ist und daß diese Beziehung bis in die geheimsten Bezirke hineinwirkt. Das stellt Benedikt im Bild des Engels dar. Engel auf der Jakobsleiter sind ein Bild der Beziehung, des Austausches zwischen uns und dem göttlichen Bereich. Dieses Bild wird noch verstärkt, wenn es am Ende der ersten

Demutsstufe heißt: „Die Engel, die uns zugeteilt sind, melden dem Herrn täglich bei Tag und bei Nacht unser Tun und Lassen" (V.28).

Es geht darum, daß sich der Mensch mit seinen einzelnen Bereichen Gott öffnet. Benedikt beginnt mit den Gedanken. Das entspricht uralter Übung der Mönche: die Welt der Gedanken Gott zu eröffnen, Gott in den Gedanken gegenwärtig zu wissen, um alle Gedanken auf Gott hinzulenken bzw. alle Gedanken, die von Gott wegführen können, gleichsam aufzulösen. Dazu gibt Benedikt uns ein Hilfsmittel in die Hand: ein Schriftwort, das wir innerlich wiederholen und mit dessen Hilfe wir den inneren Bezirk unserer Gedanken ganz auf Gott hin öffnen können: „Du kennst meine Gedanken." Wir versuchen, unsere innerste Gedankenwelt vor Gott auszubreiten und sie immer wieder mit den Gebetsworten der Psalmen in Verbindung zu bringen: „Du durchschaust meine Gedanken von ferne." – „Mein Denken ist dir offen." Schließlich suchen wir alle Gedanken loszulassen und nur einen einzigen festzuhalten: Christus!

Der Herr, dem Benedikt alle Gedanken unterbreitet und auf den er sie zurückgeführt wissen will, ist Christus. Er, Christus, soll die alles beherrschende Wirklichkeit in meiner Gedankenwelt sein. – Wenn wir einmal darauf achten, was während eines Tages (und selbst während der Nacht, in unseren Träumen) in unseren Gedanken alles los ist, merken wir, wie weit wir noch in uns gefangen sind. Alles kommt darauf an, daß wir unsere Gedanken Christus darbieten und die Beziehung zu ihm herstellen, gerade auch durch das Jesus-Gebet, so daß er im eigentlichen Sinne unsere Bezugsperson wird.

Der zweite Bereich ist das Wollen. So heißt es in V.19: „Den eigenen Willen zu tun, verwehrt die Schrift, wenn sie uns sagt: Wende dich ab von den Regungen deines Eigenwillens.“ Der Eigenwille, das ist die Ich-Bezogenheit, wo der Mensch ganz von sich selbst bestimmt ist und bei seinem Tun nur sich selbst im Auge hat, indem er dazu noch behauptet: Das kann *ich* verantworten. In diesem Zusammenhang führt Benedikt ein sehr ernstes Wort an: „Es gibt Wege, die den Menschen recht erscheinen, die aber am Ende zur Tiefe der Hölle hinabführen“ (V.21) – in die äußerste Selbstzerstörung, in das Versklavtsein des Menschen an sich selbst mit den entsprechenden Konsequenzen. So können wir uns fragen: Wovon wird das, was ich will, bestimmt? Wie weit ist mein eigenes Ich der erste und letzte Maßstab? Wie weit erliege ich Täuschungen über mich selbst?

Der dritte Bereich schließlich sind die „Begierden des Fleisches“. Hier ist u.a. der Bereich der Sexualität angesprochen, was bei Benedikt übrigens selten geschieht. Auf der einen Seite kann diese Ausdruck der letzten Hingabefähigkeit des Menschen sein, auf der anderen Seite aber auch Ausdruck äußerster Ich-Sucht, wenn sie nicht mehr Antwort der Liebe ist, sondern sich selbst sucht als Haben-, Besitzen- und Genießenwollen. Vor dem bösen, das heißt aus der Ich-Versklavung kommenden Begehren warnt uns Benedikt mit einem kurzen, unheimlichen Wort: „Denn der Tod lauert an der Schwelle der Lust“ (V.24). Unheimlich in einem dreifachen Sinn. Erstens: Alle um ihrer selbst willen gesuchte Lust ist von Vergänglichkeit gekennzeichnet, von Anfang an kündigt sich in ihr das Ende an. Zweitens: Wenn ich die Lust suche und nicht das Du des Partners, wird diese Lust zu etwas Mörderischem und Tötendem für den, mit dem ich diese Lust teile, ohne ihn zu meinen. Drittens: Die um ihrer selbst willen gesuchte Lust verführt den Menschen, dem normalen Leben zu entfliehen, sein Ich zu verlieren, sich selbst aufzulösen: „Unbewußt – höchste Lust" (Richard Wagner, Tristan und Isolde). Wo Lust ausschließlich unter dem Zeichen des Nehmens und nicht des Gebens gesehen wird, wo sie kein Weg mehr ist, dem Leben zu dienen, kann sie nur vom Tod gekennzeichnet sein. Im Grunde kann sie nicht gesucht, sondern nur geschenkt werden: dort nämlich, wo der Mensch sich verschenkt.

Das Ziel ist, wie es bei der zweiten Stufe der Demut heißt, daß der Mensch nicht mehr seinen eigenen Willen liebt, an seiner Ich-Bezogenheit keinen Gefallen mehr findet, sich nicht mehr darin gefällt, seine Ich-Wünsche zu erfüllen. Jetzt steht die Gestalt Christi vor ihm, der gesagt hat: „Ich bin nicht gekommen, um meinen Willen zu tun, sondern den Willen dessen, der mich gesandt hat" (Joh 6,38). An dieses Wort können wir in der Übung anknüpfen. Wir versuchen, es für uns selbst zu sprechen, und fragen uns dabei ganz ehrlich, ob uns das möglich ist, ob ich mein Leben als einen Auftrag von Gott her verstehe, ob es vom Liebeswillen Gottes bestimmt ist oder ob es immer wieder nur von meinem Ich bestimmt wird, wo es um meine Freuden, meine Sorgen geht und es immer heißt: Ich will, ich möchte ... Dann versuchen wir unser ganzes Bestimmen und Bestimmtwerden von Gott her zu erfahren und „Du" zu sagen, nur dieses eine Wort: „Du!"

Achte Übung

Hab festen Mut und ertrage den Herrn

Benedikt-Regel 7,37

Das Leben nicht mehr nach dem eigenen, auf sich selbst bezogenen Willen, sondern nach dem Willen Gottes muß eine konkrete Form finden; diese Form wird von der dritten Stufe der Demut an beschrieben. So heißt es in V.34: „Auf der dritten Stufe der Demut unterwirft sich der Mönch seinem Oberen aus Liebe zu Gott in vollkommenem Gehorsam." Diese Weisung bezieht sich zwar zunächst auf Mönche, für die sich das Wort Christi im Gehorsam gegenüber dem Oberen konkretisiert, aber im Grunde auf jeden Christen. Überall gibt es Bereiche, wo wir uns einfügen und gehorchen müssen: Vorgesetzte, allgemeine Regelungen, Dienst- und Arbeitsvorschriften, Anforderungen des Betriebs oder der Behörde oder was auch immer. Es ist ein Unterschied, ob ich Anforderungen gehorche um meiner selbst willen oder um anderer willen, um der Angehörigen, der Familie, der Gemeinschaft, um des Ganzen willen, an dem ich mitarbeite, letztlich aber um Christi willen. Nicht selten geht dieser Gehorsam als Gefordert- und Beanspruchtwerden bis zum Äußersten unserer Kräfte, auch dies ist – ebenso wie die Annahme von Krankheit und Leiden – eine Nachahmung Christi, der gehorsam geworden ist bis zum Tod.

In dem Augenblick, wo wir uns bewußt werden: es geht nicht mehr um mich, sondern um die anderen, um ein größeres Ganzes, da vollzieht sich eine Verwandlung. Ich brauche nicht mehr für mich zu fürchten, daß ich etwa den Ansprüchen nicht entspreche, mein Gesicht, mein Image verliere und nichts mehr gelte; ich tue meine Arbeit ja auf einen anderen hin, um letztlich einen höheren Gehorsam zu erfüllen.

In den kleinen, aber oft sehr unangenehmen und harten Dingen des Alltags mit der Last der Arbeit, der Last der persönlichen und familiären Verhältnisse bewährt sich auf der vierten Stufe der Demut das Aushalten-Können, geht es um die Geduld (V.35). Man kann dann auch zu einem persönlich zugefügten Unrecht schweigen, weil das Ich nicht mehr so verletzlich ist. In all den Dingen, die uns schwerfallen, kommt Gott auf uns zu, um uns zu läutern und frei zu machen von uns selbst. Alle Spannungen, auch persönlicher Art, sind oftmals nur ein Spiegel unseres inneren Zustands, unserer persönlichen Empfindlichkeit, unseres Hängens am eigenen Ich: ein Spiegel der eigenen Unvollkommenheit, der eigenen Schwächen und Fehler. In dem Maße, in dem wir von uns selbst frei werden und nicht mehr an uns selbst hängen, ändern sich auch die Verhältnisse, in denen wir stehen.

In der Übung gehen wir wieder ein wenig in unseren Alltag, wo wir gefordert sind, wo wir Gehorsam im weitesten Sinn leisten müssen und fragen uns: Warum tue ich das? Steht eine letzte Dienstbereitschaft, Demut vor Gott dahinter? Wir schauen auch auf die schwierigen Situationen, die Widerwärtigkeiten des Alltags, das Aufgeriebenwerden, die Spannungen, Aggressionen und Ungerechtigkeiten. Wir überlegen: Kann ich das als Prüfung, Bewährung und Läuterung annehmen? Wenn sich Sperren einstellen, formulieren wir die Bitte: „Hilf, daß ich dir dienen kann." Laß mich dies als Möglichkeit erkennen, dir zu dienen und selbst daran zu wachsen und zu reifen zu Gewaltfreiheit und Feindesliebe; laß mich „die Geduld schweigend umarmen" (so wörtlich bei Benedikt, V.35), auch auf dem letzten Platz ... Bei dieser schon ans Mystische grenzenden Erfahrung mit der „Braut Geduld" muß die Meditation in der Gruppe notwendig an eine Grenze kommen. – Wer den Demutsweg weiterzugehen sich gerufen weiß (vgl. V.9), dem sei folgende kurze Weisung gegeben.

Bevor die Bereitschaft zum letzten Platz auf der sechsten Stufe zur bestimmenden Haltung wird und sich dann der Mönch bzw. der Christ auf der siebten Stufe in die letzte Läuterung, die dunkle Nacht des Geistes einlassen darf, muß er auf der fünften Stufe noch einmal in letzter Ehrlichkeit seinen „Schatten", die dunkle Seite seiner selbst, anschauen, und zwar gemeinsam mit einem, der aus Erfahrung gelernt hat, mit dem eigenen Schatten umzugehen, so daß dieser – sei es der Abt oder sonst ein geistlicher Vater – nun auch anderen helfen kann, mit dem Schatten umzugehen und ihn zu integrieren. Solches ist hier gemeint, nicht Beichte und Absolution im sakramentalen Sinn. Wie Benedikt selbst kein Priester war, so sieht er auch nicht vor, daß der Abt seiner Regel Priester sein müsse. Vielmehr findet die hier gemeinte Interpretation der fünften Demutsstufe ihre Bestätigung durch Kapitel 46,5–6 der Benedikt-Regel: „Handelt es sich aber um eine in der Seele verborgene Wunde und Sünde, so offenbare er sie nur dem Abt oder den geistlichen Vätern, die es verstehen sollen, eigene und fremde Wunden zu heilen, ohne sie aufzudecken oder bekannt zu machen."

Will man aber nun die Erfahrung der sechsten Demutsstufe, die vom Menschen her schon nicht mehr erzwingbar oder machbar ist, sondern wo sich das Wirken der

Gnade immer stärker als das eigentlich bestimmende Element des ganzen Demutsweges offenbart, auf eine kurze, ins Positive gewendete Formel bringen, so lautet diese: „Ich darf tun, was mir aufgetragen ist." Alles ist Geschenk. Der heilige Bernhard von Clairvaux faßt kurz und bündig zusammen: „Ich bin nichts, aber ich bin bei dir."

Es ist wohl nicht von ungefähr, daß auf der siebten Demutsstufe jener Psalm zu beten ist, den Jesus selbst am Kreuz gebetet hat: „Mein Gott, mein Gott, warum hast du mich verlassen?" (Ps 22). Diese Teilhabe an der Agonie Jesu ist nichts anderes als die passive Reinigung jener dunklen Nacht, die der heilige Johannes vom Kreuz so eindrucksvoll beschrieben hat (vgl. die Darstellung von Edith Stein, in: Werke, Band I: Kreuzeswissenschaft. Studie über Joannes a Cruce, Verlag Herder, Freiburg – Basel – Wien ³1985, 106ff.). Der schlichte Vers (V.54) drückt jene Selbstübergabe an Gott aus, jenes Stillwerden nach einem Leidenskampf, der in einen verhaltenen, aber um so erschütternderen Lobpreis mündet.

Den so vom Kreuz Christi Gezeichneten drängt es nun, sich nach außen hin völlig zurückzunehmen. Er hat es nicht nötig, ja es ist ihm peinlich, seine Individualität hervorzukehren und sich auf irgendeine Weise in den Mittelpunkt zu stellen (achte und neunte Demutsstufe). Ebenso schmerzt ihn alles laute und rohe Getue und damit auch Gelächter ... Das schließt keineswegs eine gelöste, weil er-löste Heiterkeit aus und ebensowenig die reine, selbstlose Zuwendung, das Zuhören- und Eingehenkönnen auf den anderen (V. 60). Im Gegenteil! Aber es zieht denjenigen, der der schrecklichen und zugleich befreienden Wahrheit über sich selbst inneward, immer mehr in die Stille und innere Sammlung. Dafür sind das geneigte Haupt und der gesenkte Blick ein Zeichen (V.65). Es ist die innere und äußere Haltung des Zöllners, an dem sich der Läuterungsprozeß nun vollenden kann im Durchbruch zur „Liebe ohne Furcht" (V.67). Dann ist alles ganz einfach geworden in einer geradezu paradiesischen Selbstverständlichkeit liebender Gottesbegegnung, die auch bei Johannes vom Kreuz als Frucht der Läuterungsnacht benannt wird.

Die Rückkehr zu Gott, die die Benedikt-Regel schon in den ersten Sätzen ihrer Vorrede als ihr eigentliches Anliegen nennt (vgl. E. Jungclaussen, Worte der Weisung. Die Regel des heiligen Benedikt als Einführung ins geistliche Leben, Verlag Herder, Freiburg - Basel - Wien, [3]1988, 20f.), hat sich im zwölfstufigen Demutsweg, in der zwölfsprossigen Jakobsleiter zum Paradies vollendet, soweit dies für uns Menschen in dieser unserer irdischen Existenz möglich ist. Rückblickend dürfen wir erkennen, daß Demut bei Benedikt von Nursia und in der Spiritualität des ersten christlichen Jahrtausends der umfassende Ausdruck ist für den mystischen Erfahrungsweg der geistgewirken Umgestaltung in Christus. Darum ist die Demut selbst ein Geheimnis, ein Mysterium, so daß wir schließen möchten mit den Worten eines östlichen Zeitgenossen des heiligen Benedikt, des Abtes Dorotheos von Gaza: „Das ist der *Weg* der Demut. Sie selbst aber ist göttlich groß und mit Worten nicht zu umschreiben." Oder wie es der heilige Johannes Klimakos († um 649) in seiner berühmten „Leiter zum Paradies" ausdrückt: „Demut ist die Herzensunterweisung Christi, die sich im tiefsten Brautgemach der Seele denen rein innerlich geeint hat, die dessen würdig erachtet wurden. Davor muß Menschenwort verstummen."

3

Die Fülle erfahren

Zu Gebeten des heiligen Franz von Assisi

Geistliche Übungen haben letztlich keinen anderen Sinn, als sich von Gott in das Geheimnis Gottes führen zu lassen. Beim Weg des inneren Lebens, des inneren Geführtwerdens kann der „Meister", der innere Erfahrung aus dem göttlichen Bereich zu vermitteln vermag, eine unschätzbare Hilfe sein. Der Meister, der im Christentum und darüber hinaus bis heute die vielleicht stärkste Ausstrahlung ausübt – in der Nachfolge Christi, des einen und unvergleichlichen Meisters –, ist Franz von Assisi.

Sehr bewegt lesen wir bei dem ersten und wichtigsten Biographen des heiligen Franz, bei Thomas von Celano, von der großen Liebe seiner Jünger und Gefährten zu ihm als ihrem geistigen Vater und geistlichen Führer. Die Innigkeit dieser Beziehung geht so weit, daß einer der Brüder den Heiligen sogar mit „liebste Mutter" anredet.

Eines der schönsten Zeugnisse für die Mütterlichkeit der Zuwendung des heiligen Franz zu den Seinen ist sein Brief an Bruder Leo, den Vertrautesten seiner Gefährten:

„Bruder Leo, dein Bruder Franziskus wünscht Dir Heil und Frieden. So rede ich denn zu Dir, mein Sohn, wie eine Mutter: weil ich alle Worte, die wir miteinander auf dem Wege gesprochen, kurz in diesem Wort zusammenfassen und Dir raten möchte - und wenn es Dich auch im nachhinein drängt, mich um einen Rat anzugehen –, so rate ich Dir jetzt: Auf welche Weise es Dir besser erscheint, Gott dem Herrn zu gefallen und seiner Armut nachzufolgen, tu es mit dem Segen Gottes des Herrn und aus Gehorsam mir gegenüber, und wenn es Deiner Seele not tut um weiteren Trostes willen: ja Leo, wenn Du zu mir kommen willst, dann komm!"

Dieser Brief ist aber als Ganzes mehr als nur ein Zeugnis für die mütterliche Zuwendung des heiligen Franz. Er zeigt den Umgang des christlichen Meisters mit seinem Schüler: Beide wissen sich auf dem Wege. Beide sind gebunden durch die Liebe zu dem einen Herrn. Bei aller Gehorsamsbindung an den Meister hat der Schüler die Freiheit, das zu wählen, was ihm als das Bessere erscheint. Weg-weisend ist letztlich allein Christus. Seinen Spuren, zumal seiner Armut gilt es nachzufolgen. Bindung und Freiheit zugleich bestimmen also das Verhältnis des christlichen Meisters zu seinen Schülern. Und das mütterliche Angebot des Trostes, das Angebot, „jederzeit kommen zu dürfen", klingt auch für uns heute noch als Einladung. Alle folgenden Übungen wollen deshalb nichts anderes sein als ein Gehen zum heiligen Franz und mit dem heiligen Franz, um an seinen Gebetsvollzügen teilzuhaben und so an der Vermittlung und Erschließung seiner innersten Erfahrung mit Gott, die er uns als christlicher Meister gewährt, damit auch wir ‚die Fülle erfahren'.

Erste Übung

Der Daseinsschmerz und die Annahme des Lebensplanes

Matthäus 5, 8

Höchster, glorreicher Gott,
erleuchte die Finsternis meines Herzens,
und schenke mir rechten Glauben,
feste Hoffnung und vollkommene Liebe.
Gib mir, Herr, Gespür und Erkennen, daß ich erfüllen möge
deinen heiligen und wahrhaften Auftrag.

Gebet vor dem Kreuzbild von San Damiano

Es war der 24. Januar 1206, als Franz von Assisi mit diesem Gebet Antwort gab auf die Stimme des Herrn. „Franz, siehst du nicht, daß mein Haus in Verfall gerät? Geh also hin, und stelle es mir wieder her" (Drei-Gefährten-Legende Nr. 13). Das Kreuz, von welchem Franz die Stimme des Herrn vernahm, zeigt, wie wenige Kreuze im Abendland, das Ganze des Heilswerkes Christi: nämlich die Kreuzigung, die Menschen in ihrer Beziehung zum Kreuz, angefangen von den frommen Frauen, Johannes und dem Hauptmann bis hin zum Soldaten mit der Lanze und dem verspottenden Juden (beide ganz klein dargestellt); das Kreuz aber verweist in seinem Querbalken auch auf die Auferstehung, nämlich durch die Frauen und die Engel am Grabe. Schließlich sieht man ganz oben den Triumph der Himmelfahrt des Herrn und die segnende Hand des Vaters. Diese Schau des Ganzen, der Zug ins Universale, das Erahnen der Fülle des Heiles, die dieses Kreuz vermittelt, ist kennzeichnend für den geistlichen Weg des heiligen Franz.

Wichtiger als das Kreuz ist zum Verständnis des Gebets die innere Verfassung, in der Franz vor diesem Kreuz niederkniete. Schon hatte ihn (wie es in Nr.7 der Drei-Gefährten-Legende beschrieben ist) der Herr ganz unvermutet heimgesucht, und zwar mit jener „Süße", die Chiffre ist für jenes innere Erfahren Gottes, das jeglichen Erfahrungshorizont des Menschen übersteigt und das sich eigentlich nicht in Worte fassen läßt. (Das muß übrigens immer bedacht werden, wo in der religiösen Sprache – nicht nur bei Franz von Assisi – das Wort „süß" oder „Süße" auftaucht.) Von dieser Heimsuchung heißt es dann wörtlich in der genannten Legende (Nr.8): „Von jener Stunde an begann er, sein eigenes Nichts zu fühlen und die Dinge, die früher seine Liebe gefunden, zu verachten." Das ist genau die Spannung, in die der Mensch gerät, wenn sein Eingepaßtsein in eine nur weltliche Welt im Erfahren des Daseinsschmerzes aufgesprengt wird, wenn ihm „Welt" und „Gott" frag-würdig geworden sind – in der doppelten Bedeutung dieses Wortes.

Es folgen für Franz die Begegnungen mit den Aussätzigen, gleichsam wie mit dem personifizierten Leid der Welt. Am Ende seines Lebens bekennt er davon in seinem Testament:

„So hat der Herr mir, dem Bruder Franziskus, gegeben, das Leben in Buße zu beginnen: denn, da ich in Sünden war, erschien es mir unerträglich bitter, Aussätzige anzublicken. Und der Herr selbst hat mich unter sie geführt, und ich habe ihnen Barmherzigkeit erwiesen. Und während ich fortging von ihnen, wurde mir gerade das, was mir *bitter* erschien, in *Süßigkeit* der Seele und des Lebens verwandelt."

Doch diese Begegnung mit dem Daseinsschmerz vertieft sich noch weiterhin, nämlich im Aushalten der inneren

Spannung, von der ihn auch die Gespräche mit dem guten Freunde nicht freimachen können, wohl aber vielleicht dazu befähigen, das Wort des Herrn selbst vom Kreuz her zu vernehmen. Trotz des inständigen Gebetes in der Grotte bei Assisi, zu der ihn der Freund immer wieder begleitet, heißt es in der Drei-Gefährten-Legende (Nr. 12):

„Dennoch litt er größte Qual und Seelenängste und vermochte keine Ruhe zu finden, bis er im Werk erfüllt, was er schon lange in sich trug. Verschiedene Gedanken, deren Lästigkeit ihn noch gefährlicher in Verwirrung brachte, folgten einander in buntem Wechsel. Er aber brannte in seinem Inneren von göttlichem Feuer und vermochte die empfangene Glut des Geistes nach außen hin nicht zu verbergen."

In dieser inneren Verfassung treffen Franz in San Damiano die anfangs genannten Worte des Herrn.

Wer in die Übung dieses Gebetes eintreten möchte, tut gut daran, zunächst dem Daseinsschmerz in seiner vielfachen Gestalt auch im eigenen Leben nachzuspüren: den Fragwürdigkeiten, Nichtigkeiten, Leiden, Trennungen, Versäumnissen, Zwiespältigkeiten ..., um sich dann in der am Schluß der Einleitung beschriebenen Weise (S. 13f.) auf den Text selbst einzulassen.

„Höchster, glorreicher Gott", so redet Franz den Gekreuzigten an, und so wird er mehrfach Gott um seines vollen Gottseins willen anreden, als den Höchsten, der gerade dabei ist, ihm das Höchste zu werden. Der Gekreuzigte ist Gott: Er ist das enthüllte und zugleich tief verborgene Geheimnis Gottes, und zwar als das Geheimnis der Teilhabe, der Glorie.

Glorie bzw. Herrlichkeit ist nach dem Evangelisten Johannes immer etwas zwischen zweien. Sie ist das geheimnisvolle Dritte zwischen den Liebenden, zwischen Vater und Sohn, als Ausglanz und Verklärungskraft einer sich restlos verschenkenden Liebe (vgl. vor allem Joh 17). Die Herrlichkeit des Gekreuzigten ist seine Kreuzeshingabe an den Vater und an uns, um uns „seine Herrlichkeit zu geben" (Joh 17,22).

Dem so vom Lichtglanz der Kreuzeshingabe des Herrn betroffenen Franziskus bleibt nicht anderes, als zu sprechen: „Erleuchte die Finsternis meines Herzens." Herz meint hier die Person-Mitte, wo die Entscheidungen über das Ganze meines Lebens fallen. Die Finsternisse unseres Herzens sind uns schon begegnet im Aufspüren des Daseinsschmerzes. Aber mit welchen persönlichen Finsternissen auch jeder in sich selbst zu ringen hat, angesichts der Herrlichkeit des Gekreuzigten wird ihre Grundgestalt deutlich: Sie besteht darin, sich nicht hergeben zu wollen, sich selbst nicht loslassen und verschenken zu können, in sich selbst verschlossen sein, kurz: im Mangel an wirklicher Liebe.

Aus dieser Einsicht ergibt sich die folgende Bitte: „Schenke mir rechten Glauben, feste Hoffnung und vollkommene Liebe." Franz betet um Haltungen, die eine Antwort auf die Kreuzeshingabe des Herrn sind: das Sich-Loslassen im Glauben, das Sich-Einlassen in der Hoffnung und das Sich-Überlassen in der Liebe. Dieses dreifache Band bindet Person an Person. Der Mensch bindet sich bewußt an den Gottmenschen Jesus Christus, das ist der rechte Glaube als totales Sich-Angeloben. Indem ich mich loslasse und so mein Wesen bewußt in Christus gründe und nicht mehr in mir selbst – weil er als das WORT, durch das ich geworden bin, mein wahres Wesen ist –, erschließt sich mir durch die Hoffnung im Gekreuzigten meine Zukunft. Meine Zukunft öffnet sich mir in der Zuversicht: Mein Heil, d.h. die eigentliche Erfüllung meines Lebens, liegt darin beschlossen, daß ich mich auf ihn einlasse. So bete ich, daß meine Liebe zur Fülle komme, indem ich mich ihm völlig überlasse.

Dieser meiner Liebeshingabe entspricht sein Liebesauftrag: „Gib mir, Herr, Gespür und Erkennen, daß ich erfüllen möge seinen heiligen und wahrhaften Auftrag." „Herr" ist eines der Ur-Worte des heiligen Franz, wohl am stärksten in seinem Testament vernehmbar. Es faßt zusammen, was die Übereignung in Glaube, Hoffnung und Liebe für Franz bedeutet. Von diesem Herrn erbittet er das Gespür, d.h. den Sinn für den Herrn, um immer neu auf ihn und seinen Liebesauftrag eingehen zu können, vor allem dort, wo er noch nicht deutlich erkennbar ist.

Daraus erwächst das Ja, d.h. die Annahme! Annahme nicht so sehr eines punktuellen Auftrags als vielmehr meines von Ewigkeit her von Gott in Christus beschlossenen und jetzt im Gegenüber des Gekreuzigten enthüllten Lebensentwurfs. Dieser Lebensentwurf ist heilig, weil er Instrument zur Kundgabe der Herrlichkeit Gottes sein soll, weil in meinem Lebensplan, so wie ihn Gott von Ewigkeit her beschlossen hat, zugleich seine Herrlichkeit offenbar werden soll. Zugleich ist dieser Entwurf die Wahrheit meines Lebens, nach der zu fragen ich nicht müde werden darf inmitten aller Lebenslüge und allem Zweifel. Freilich ist die Wahrheit meines Lebens „Wahrheit durch das Kreuz", wie es ein später Sohn des heiligen Franz, der Bruder Konrad von Parzham, ausdrückt: „Nur ein Blick auf das Kreuz lehrt mich in jeder Gelegenheit, wie ich mich zu verhalten habe."

In der Annahme des Lebensplanes verwandelt sich für

Franziskus der Daseinsschmerz ins Mitleiden mit dem Gekreuzigten, wie es die Drei-Gefährten-Legende von jener Begegnung mit dem Herrn sagt (Nr. 14):

„Von dieser Stunde an war sein Herz verwundet und wie aufgelöst im Gedächtnis an das Leiden des Herrn. So trug er, solange er lebte, immer die Wundmale des Herrn Jesus in seinem Herzen, wie dies dann auch die Erneuerung eben dieser Wundmale, die an seinem Körper wunderbar geschah und ganz klar bewiesen ist, glänzend offenkundig machte."

Dieses Mitleiden mit dem Gekreuzigten wird sein Leben hindurch die Triebkraft bleiben zur Verwirklichung der höchsten Armut und zum Mitleiden mit aller Kreatur, wie es schon bei den Aussätzigen begonnen hatte. Dieser göttliche Schmerz wird in der fortgesetzten Losschälung und Entäußerung von allen Anpassungstendenzen jenen Weg des inneren Erglühens ermöglichen, an dessen Ende die volle Christus-Verähnlichung in der Stigmatisation sichtbar wird, wie sie das obige Zitat anspricht.

Aber der Lebensentwurf ist nicht nur etwas, was immer nur vom Kreuz her zu erfragen ist, sondern es wird durch die Stimme des Herrn schon ein Umriß, eine Art Vorentwurf gegeben: „Stelle mein Haus mir wieder her!" Haus als „Bleibe des Herrn" ist das in vielfacher Variation anklingende Leitmotiv des Franziskuslebens, das er selbst in der ersten Regel formuliert hat: „Ja, stets wollen wir in uns Wohnung und Bleibe bereiten ihm, der da ist Gott der Herr, der Allmächtige, Vater, Sohn und Heiliger Geist."

Sorge und Dienst für die Wohnung des Herrn kennzeichnen als Wiederaufbau des Kirchleins von San Damiano den Beginn dieser Annahme des Lebensplanes. Sie treten in solch sichtbarer Weise immer wieder in Erscheinung, wenn es zum Beispiel gilt, für den eucharistischen Leib Christi einen würdigen Platz zu finden. Darüber hinaus aber geht es Franz und uns Heutigen mehr um das Bereiten der „Bleibe Gottes" in uns, um die Erneuerung des Hauses Gottes, das wir als einzelne und als Gemeinschaft darstellen, um den Leib Christi, d.h. die Kirche, aufzuerbauen zur Wohnung Gottes im Geiste (Eph 2,22) und sie als Zelt Gottes unter den Menschen sichtbar werden zu lassen (Offb 21,3).

Zweite Übung

Anbetung als All-Verbundenheit

Wir beten dich an, Herr Jesus Christus –
und in all deinen Kirchen,
die auf der ganzen Welt sind –,
und wir lobpreisen dich,
denn durch dein heiliges Kreuz
hast du die Welt erlöst.

Das Gebet aus dem Testament

Dieses Gebet gehört zu den bestbezeugten des heiligen Franz. Es findet sich neben dieser Fassung aus dem Testament des Heiligen mit leichten Veränderungen in der ersten Lebensbeschreibung des Thomas von Celano, im großen Franziskus-Leben des heiligen Bonaventura und in der Drei-Gefährten-Legende. Dort heißt es in Nr. 37 von den ersten Gefährten des Heiligen:

„Wenn sie eine Kirche entdeckten oder ein Kreuz, verneigten sie sich zur Anbetung und sprachen voll Hingabe: ‚Wir beten dich an, Christus, und preisen dich, aller Kirchen wegen, die auf der ganzen Welt sind, weil du durch dein heiliges Kreuz die Welt erlöst hast!' Sie glaubten nämlich, stets einen Ort Gottes zu finden, wo immer ihnen eine Kirche oder ein Kreuz begegnete."

Wer diesen Bericht mit dem des Thomas von Celano (I Cel 45) vergleicht, wird feststellen, daß Thomas von Celano das Leibhafte des Gebetsvollzuges betont, d.h. das Sich-zur-Erde-Niederwerfen vor Kirche oder Kreuz, während die Drei-Gefährten-Legende vor allem den „Ort Gottes", die „Bleibe Gottes" im Auge hat. Die etwas unterschiedliche Fassung des Gebetes hier gegenüber der des Testaments läßt unsere Deutung im folgenden nur noch klarer werden. Dabei ist zu bedenken, daß von Franz selbst nur die Worte stammen: „Herr Jesus", ferner: „und in all deinen Kirchen, die auf der ganzen Welt sind". Der übrige Text ist der Antwortgesang aus der Vesper von Kreuzerhöhung. Ihm hat Franz seine eigenen Worte beigefügt, um dadurch einen auswendig beherrschten Text der Liturgie zum Ausdruck seines persönlichen Betens zu machen.

Bevor wir uns der eigentlichen Übung zuwenden, noch ein überaus wichtiger Hinweis: Das Gebet der ersten Übung ist unter den authentischen Gebeten des Heiligen das einzige, das ausschließlich in der Ich-Form abgefaßt ist. Von nun an heißt es „wir" bzw. „uns" und „unser" (zum Teil gemischt mit der Ich-Form, wie z.B. im Sonnenlied). Dieses „Wir", mit dem das Gebet aus dem Testament anhebt und das nie mehr verstummen wird, selbst in der tiefsten Entrückung von La Verna nicht, umschließt das zweite der Urworte des heiligen Franz, nämlich „Bruder" bzw. „Schwester".

Es meint zunächst die brüderliche Verbundenheit der

franziskanischen Urgemeinde, von der die Drei-Gefährten-Legende (in Nr.41) so ergreifend schreibt: „Mit herzlicher Liebe liebten sie einander, einer diente dem anderen und umhegte ihn wie eine Mutter ihren einzigen und geliebten Sohn" (vgl. auch I Cel 38–39). Darüber hinaus klingt in dem „Wir" jene All-Verbundenheit auf, die in besonderer Weise die Strahlkraft des Heiligen ausmacht und die schon in dieser Übung zum Tragen kommt.

„Wir beten dich an, Herr Jesus Christus." Der Akt der Übereignung durch Glaube, Hoffnung, Liebe, wie wir ihn in der ersten Übung zu vollziehen suchten, erscheint hier als der Grundvollzug des Geschöpfseins: nämlich als die Anbetung. Diese Anbetung ist das Wiedererkennen und Anerkennen des Ursprungs, dem ich entstamme, und zwar hier ein Wiedererkennen des Ursprungs im Zeichen der Erlösung: in der Kirche und im Kreuz.

Aber dieser Ursprung ist nicht nur mein Ursprung, dem ich mich verdanke, sondern der Ursprung aller Menschen und aller Wesen überhaupt, deren Schöpfungsplan und Lebensentwurf in den meinen von Ewigkeit her mit hineinverwoben ist. So ist das „Wir" in der Anbetung ebenso unausweichlich, wie mit der Annahme meines Lebensentwurfs die Annahme aller Menschen als Brüder und Schwestern, ja die brüderlich-schwesterliche Annahme aller Kreatur untrennbar verbunden ist.

Und genau hier geschieht das für den Versenkungsweg des heiligen Franz Charakteristische: „und in all deinen Kirchen, die auf der ganzen Welt sind". Das „Wir" bewegt Franz in so wahrhaft umfassender Weise, daß er nicht bei einer Kirche stehenbleiben kann, sondern sich mit allen zur Anbetung Erlösten in allen Kirchen und der ganzen Welt gegenwärtig machen muß. Dieses „all" und „ganz" kennzeichnet den Universalimus des heiligen Franz, der uns immer aufs neue begegnen wird. Er ist die Antwort auf die Universalität der Erlösung, die sich darin spiegelt, daß eben überall auf der ganzen Welt Kirchen und Kreuze stehen. Sie bezeugen, daß die ganze Welt durch die Erlösung wieder „Ort Gottes" ist. (Wo diese Glaubenszeichen fehlen, müssen sie durch Glaubensboten errichtet werden: Der Universalismus des Heiligen begründet zugleich den missionarischen Impuls seiner Gemeinschaft.)

Die zum Gebet ausgebreiteten Arme, mit denen Franz immer wieder dargestellt wird, sind das Abbild der am Kreuzesholz ausgebreiteten, die Welt liebend umspannenden Arme des Erlösers. Mit diesen seinen Armen umfaßt Franz nicht nur den Schöpfer und Erlöser, sondern auch die erlöste Schöpfung.

„Und wir lobpreisen dich, denn durch dein heiliges Kreuz hast du die Welt erlöst." Erlösung als Wiedererkennen des Ursprungs im universalen „Wir" ermöglicht den Lobpreis. Dieser Lobpreis entspringt letztlich dem Bewußtsein, einander umfassend gegenwärtig zu sein, weil die durch den Sündenfall verursachte Trennung von Schöpfer und Geschöpf und der Geschöpfe untereinander aufgehoben ist. Lobpreis ist Jubel über die wiedergefundene All-Einheit der erlösten Schöpfung in ihrem Schöpfer und Erlöser – von Franz immer in eins begriffen.

Das Kreuz ist heilig, denn es ist wiederum Instrument zur Kundgabe der Herrlichkeit Gottes. In seiner Vertikalen und Horizontalen mißt es gleichsam die Dimensionen des Kosmos aus (vgl. Eph 3,18), um anzuzeigen, daß Christus durch seinen Tod und seine Auferstehung in der Aussendung seines Geistes „alles in allem erfüllt" (Eph 1,23).

Dieses Durchdrungenwerden des Kosmos von der Fülle Christi, die sich als sein mystischer Leib verwirklicht, gibt der Anbetung in allen „Kirchen, die auf der ganzen Welt sind" eine noch tiefere Bedeutung. Wir beten nicht nur miteinander überall auf der ganzen Welt an, sondern als die eigentliche „Bleibe Gottes", die wir selbst sind, beten wir zuallererst in uns an, „im Geist und in der Wahrheit". (Franz wird nicht müde, dies Wort aus dem Johannes-Evangelium zu zitieren.) Dabei geschieht durch die Teilnahme am mystischen Leib Christi ein gegenseitiges Sichdurchdringen im Geiste, ein einander Zulassen und Einlassen, gerade dort, wo die „Bleibe Gottes" im Verfall begriffen ist, damit wir bei deren Wiederaufbau, d.h. bei deren Rückführung zur ursprünglichen Bestimmung, auf unsichtbar-geheimnisvolle Weise einander liebend beistehen.

Dritte Übung

Die Maria in uns

Sei gegrüßt Herrin, heilige Königin, heilige Gottesgebärerin Maria, die du bist Jungfrau, zur Kirche gemacht und erwählt vom Heiligsten Vater im Himmel, die er geweiht hat mit seinem heiligsten geliebten Sohn und dem Heiligen Geist, dem Tröster, in welcher war und ist alle Fülle der Gnade und alles Gut.

Sei gegrüßt, du sein Palast.
Sei gegrüßt, du sein Gezelt (Tabernakel).
Sei gegrüßt, du sein Gewand.
Sei gegrüßt, du seine Magd.
Sei gegrüßt, du seine Mutter.
Und seid gegrüßt, ihr heiligen Tugenden alle, die ihr durch Gnade und Erleuchtung des Heiligen Geistes in die Herzen der Gläubigen ausgegossen werdet, um aus Ungläubigen Gläubige für Gott zu machen.

Gruß an die Gottesmutter

Heilige Jungfrau Maria, unter den Frauen der Welt ist keine dir ähnlich geboren, du Tochter und Magd des höchsten Königs, des Vaters im Himmel: du Mutter unseres heiligsten Herrn Jesus Christus, du Braut des Heiligen Geistes. Bitte für uns mit dem heiligen Erzengel Michael und allen himmlischen Mächten und mit allen Heiligen bei deinem heiligsten geliebten Sohn, unserem Herrn und Meister.

Antiphon aus dem Offizium vom Leiden des Herrn

„Geh und stelle mein Haus mir wieder her!" Dieser aus der ersten Übung noch fortwirkende Ruf zur Annahme des Lebensplanes, der sich in der zweiten Übung durch den Dienst der Anbetung als umfassender „kirchlicher" Lebensauftrag kundtat, wird in der dritten Übung zur Frage nach einer Orientierung, nach einem Modell für die Wiederherstellung und Erneuerung der „Bleibe des Herrn", die ich selber bin und immer mehr werden soll. Der Aufblick zu Maria hat also in den beiden uns überlieferten Mariengebeten des heiligen Franz exemplarische Bedeutung. Dabei soll die eigentliche Übung mit Hilfe des „Grußes an die Gottesmutter" erfolgen, während die „Antiphon aus dem Offizium vom Leiden des Herrn" mehr zur Klärung und Vertiefung herangezogen wird.

Beide Gebete, besonders das erste, lassen eine enge Verwandtschaft mit dem Marienlob der kirchlichen Liturgie aus vorfranziskanischer Zeit spüren. Ganz von fern vernimmt man sogar einen Nachklang des berühmten Hymnos Akathistos, eines der wichtigsten Dokumente byzantinischer Marienfrömmigkeit.

Das länger anhaltende stille Betrachten einer Marienikone könnte für den ersten Einstieg in diese Übung eine wesentliche Hilfe sein. Der eigentliche Vorgang der Versenkung hängt an den sich mehrfach wiederholenden Worten „Sei gegrüßt". Sie meinen das Betroffensein des Beters von dem hoheitsvollen, die Wirklichkeit des Heils gleichsam ausstrahlenden Bilde Mariens als der „heiligen Gottesgebärerin". Wenn wir dieses Bild gleich zu Beginn mit „Herrin" und „heilige Königin" ansprechen, wollen wir ihm eine Art Herrschergewalt über uns geben, uns ihm ausliefern; denn das Bild der Jungfrau, die vom Dreieinigen Gott zur Kirche erwählt und konsekriert ist, offenbart die „Bleibe des Herrn" in ihrer Vollendung: „in welcher ist alle Fülle der Gnaden und alles Gut", d.h. in welcher der dreieinige Gott mit seiner Fülle Wohnung genommen hat.

Die folgenden drei Anrufungen variieren das Motiv der Bleibe: als königlicher Palast des Gottmenschen, als Tabernakel dessen, den Johannes in seinem Evangelium sagen läßt: „Ich bin das lebendige Brot, das vom Himmel herabgekommen ist" (Joh 6,51), sowie gleichzeitig als Gezelt, durch das Gottes ewiges Wort Fleisch geworden ist und unter uns „gezeltet" hat. So heißt es wörtlich im Urtext. Zu dieser Fleischwerdung des Wortes, des ewigen Christus, bietet Maria gleichsam das Fleisch-Gewand dar zur Ermöglichung seiner Menschwerdung und damit zu seinem sichtbaren heilbringenden Erscheinen in der Menschenwelt.

Sie ist die Magd des Herrn, indem sie durch ihre Gottesmutterschaft ihm und der Menschheit gleicherweise dient. Magd und Mutter des Herrn aber ist sie als Glaubende. „Selig, die du geglaubt hast“, bekennt Elisabeth (Lk 1,45). Und an dieser Stelle des Textes vollzieht Franz wieder die Wendung ins Universale. Er kann nicht bei Maria als geschöpflichem Einzelwesen stehenbleiben, sondern sein Blick geht von der Fülle ihres inneren Lebens hin zu jener möglichen Fülle, die als verwandelnde Glaubenskraft durch Gnade und Erleuchtung des Heiligen Geistes allen Menschen zuteil werden kann. Damit ist die exemplarische Bedeutung des Marienbildes erneut herausgestellt.

Für den Verlauf der Übung folgt daraus, daß man den eigentlichen Meditationstext mit den Worten: „Sei gegrüßt, du seine Mutter“, zum Abschluß bringt und daß man versucht, das Bild, das der Text bis dahin zeichnet, durch langsames Wiederholen der Worte ganz in sich aufzunehmen, ja mit ihm eins zu werden. Bei geschlossenen Augen spricht man allmählich die Worte „Sei gegrüßt“ mehr und mehr in sich selbst hinein und meint dann nicht mehr das Bild als Gegenüber, sondern im Tiefsten sich selbst (in aller Behutsamkeit und Ehrfurcht!). Dieses „Selbst“ ist die „Maria in uns“ oder genauer die „Jungfrau in uns“; denn in der mittelalterlichen Überlieferung wird der Gottes fähige, Gott zugewandte, für Gott empfängliche Kern in uns auch (neben „Grund“ bzw. „Seelengrund“) die portio oder pars virginalis genannt, d.h. der jungfräuliche Anteil oder Teil in uns.

Diese Erweckung der „Maria in uns“ ist eine der wesentlichen Aufgaben der Meditation, gehört aber auch zum Sinn der Marienverehrung überhaupt. Es liegt etwas ungemein Befreiendes darin, inmitten aller negativen Erfahrungen mit uns selbst und bei der oft geringen Meinung, die wir von uns haben, uns selber in unserer eigentlichen Berufung anzusprechen, so wie wir von Gott gemeint sind, uns einzulassen auf unser wahres Wesen. Auf diese Weise können wir uns selbst neu lieben lernen.

Wir können auch sagen, „die Maria in uns" ist die Möglichkeit, der Wahrheit unseres Lebens tatsächlich innezuwerden und den Lebensplan von Gott her anzunehmen.

Vierte Übung

Die Transparenz zum Einen

Heilig, heilig, heilig ist der Herr, Gott der Allmächtige.
Der da ist und war und der da kommt (Offb 4,8).
℟ Ihn laßt uns loben und hocherheben in Ewigkeit.
2. Würdig bist du, Herr, unser Gott, zu empfangen Lob, Ruhm, Ehre und Preis (Offb 4,11).
℟ Ihn laßt uns loben und hocherheben in Ewigkeit.
3. Würdig ist das Lamm, das geschlachtet ist, zu empfangen Macht, Gottheit und Weisheit, Kraft und Ehre und Herrlichkeit und Lobpreis (Offb 5,12).
℟ Ihn laßt uns loben und hocherheben in Ewigkeit.
Laßt uns preisen den Vater und den Sohn samt dem Heiligen Geist.
℟ Ihn laßt uns loben und hocherheben in Ewigkeit.

1. Preiset den Herrn, ihr Werke alle des Herrn.
℟ Ihn laßt uns loben und hocherheben in Ewigkeit.
2. Lobsinget unserem Gott, ihr alle seine Diener, und die ihr Gott fürchtet, Kleine und Große (Offb 19,5).
℟ Ihn laßt uns loben und hocherheben in Ewigkeit.

3. Es sollen ihn loben in seiner Herrlichkeit Himmel und Erde.
℞ Ihn laßt uns loben und hocherheben in Ewigkeit.
4. Und alle Kreatur, die im Himmel ist und auf Erden und unter der Erde, das Meer, und was in ihm sich regt (Offb 5,13).
℞ Ihn laßt uns loben und hocherheben in Ewigkeit.
Ehre sei dem Vater und dem Sohn und dem Heiligen Geist.
℞ Ihn laßt uns loben und hocherheben in Ewigkeit.
Wie im Anfang, so auch jetzt und allezeit und in Ewigkeit.
℞ Ihn laßt uns loben und hocherheben in Ewigkeit.
Allmächtiger, allheiliger, höchster und erhabenster Gott. Du alles Gut, du höchstes Gut, du Fülle des Guten. Der du allein gut bist, dir erstatten wir alles Lob, allen Ruhm, allen Dank, alle Ehre, allen Preis und alles Gute. Es geschehe, ja, es geschehe! Amen.
Lobgebete

Im „Spiegel der Vollkommenheit" heißt es (Buch 4, Kap.7): „Der heiligste Vater selbst war sehr darauf bedacht, diese Lobgebete ständig zu beten, und er lehrte sie auch die anderen Brüder mit brennendem Eifer und Verlangen; er trieb sie an, diese Lobgebete mit Liebe und Andacht zu beten."

Was mag Franz bewogen haben, dieses kleine Gebet zur beständigen Übung für sich selbst und für die Jünger zu bestimmen? Es ist die Erfahrung der den Menschen einfordernden Fülle, die sich hier so verdichtet, daß man von einem immer stärker spürbaren Kommen Gottes reden darf. Jene Aussage antiker und mittelalterlicher Philosophie, die zum Teil mit der Erfahrung außerchristlicher, vor allem östlicher Weisheit übereinstimmt: „Bonum est diffusivum sui – Der Güte ist es eigen, sich mitzuteilen" (wie das Schlußgebet es andeutet), verbindet sich hier mit der biblisch-theologischen Aussage vom Gott, der im Kommen begriffen ist, der sich in immer umfassenderer Weise uns enthüllt, offenbart. Freilich ist zum Verständnis dieses Textes in einem solchen Sinne eine tiefere Vertrautheit mit Kap.4, 5 und 19 der Offenbarung des Johannes Voraussetzung, denen ein großer Teil dieses Gebetes entstamnt.

Das „Heilig, heilig, heilig" öffnet gleichsam die Tür zum Tempel der verborgenen Fülle (vgl. Offb 4,1). Es schenkt auf einer ersten Stufe der Versenkung die Ahnung des verborgenen, unnennbaren Geheimnisses Gottes (vgl. Offb 4,2). Dieses Geheimnis erschließt sich auf der zweiten Stufe der Versenkung – durch das Du der Anrede – als strahlendes, sieghaftes Geheimnis der Schöpfermacht Gottes. Die Offenbarung des Johannes fügt nämlich hinzu: „Denn du bist es, der die Welt erschaffen hat, durch deinen Willen war sie und wurde sie erschaffen" (Offb 4,11). Aber immer ist das Schöpfungsgeheimnis bei Franz mit dem Erlösungsgeheimnis verbunden. Dieses erscheint auf der dritten Stufe der Versenkung, und zwar im Bild des geschlachteten Lammes, das hier für den Gekreuzigten steht. Und die Offenbarung fügt hinzu: „Und jedes Geschöpf im Himmel und auf Erden, unter der Erde und auf dem Meere, und alles darin hörte ich rufen: Ihm, der auf dem Thron sitzt, und dem Lamme ist der Lobpreis und die Ehre, die Herrlichkeit und die Macht in alle Ewigkeit."

Auf diese dreifache Ephiphanie des Herrn versucht Franz in den restlichen Versen des Gebetes in immer neuer Weise Antwort zu geben. Gerade in Verbindung mit Offb 19 wird der Sinn der meditativen Einübung dieser Lobgebete deutlich. Es ist die Einübung in das Innewerden der andrängenden und damit in Christus gegenwärtigen Vollendung der Welt als endzeitlichem Geschehen. Das aber bedeutet Transparenz aller irdischen Wirklichkeit auf Christus hin. Solche Transparenz auf Grund der „Gegenwart des Kommenden" wird jedoch am stärksten im Altarssakrament erfahren, sei es durch die Feier der Eucharistie als solcher, sei es in der anbetenden Schau des Herrn in der Gewalt des Brotes, durch die Monstranz der hingebungsvollen Andacht dargeboten.

Daher ist es sinnvoll, die Lobgebete auf zweifache Weise einzuüben. Einmal – soweit möglich – in Verbindung mit der Feier der Eucharistie bzw. dem ausgesetzten Allerheiligsten, zum anderen draußen in der Natur, am besten an einem Platz, der einen freien Ausblick gewährt. Das im Sakrament der Eucharistie eingeübte Sanctus, das mit sich steigernder Intensität unter innerem Erglühen gesprochene „Heilig, heilig, heilig" und „Würdig", läßt dort die sakramentale Struktur des Kosmos offenbar werden, läßt diesen Kosmos selbst zum durchscheinenden Zeichen der Gegenwart Christi werden; „denn in ihm ward alles erschaffen, was im Himmel und auf Erden ist, das Sichtbare und das Unsichtbare, Throne, Herrschaften, Mächte, Gewalten – alles ist durch ihn und auf ihn hin geschaffen. Und er ist vor allen, und das All hat in ihm seinen Bestand" (Kol 1,16–17).

So vermag durch dieses Gebet auch in uns die Erfahrung des heiligen Franz zu wachsen, die der heilige Bonaventura in seinem Großen Franziskusleben (IX,1) folgendermaßen beschreibt:

„Um sich aber durch alle Dinge zur Gottesliebe aufrufen zu lassen, jubelte er über alle Werke der Hände des Herrn und erhob sich von den Spiegelbildern seiner Schönheit zu deren lebenspendendem Quellgrund. In allem Schönen schaute er zugleich den Schönsten. Auf den Spuren, die er den Dingen eingeprägt fand, ging er überall dem Geliebten nach und benützte alle Dinge als Leiter, auf der er emporsteigen und den umfassen konnte, der ganz liebenswert ist. In einer liebenden Gottseligkeit, wie sie nie erhört war, verkostete er in den einzelnen geschaffenen Dingen, als seien sie viele kleine Bäche, den Quell aller Güte. Als ob er in dem Zusammenspiel der Kräfte und Handlungen, die Gott ihnen verliehen, gleichsam eine himmliche Melodie vernommen hätte, ermahnte er sie in Liebe zum Lobe des Herrn, wie es der Prophet David getan."

Diese Erfahrung des heiligen Franz macht dann das abschließende Gebet des Textes verständlich. Sie läßt nämlich auf einer vierten Stufe der Versenkung im Einswerden mit der erschauten Fülle die Bilder der dreifachen Epiphanie verschwinden. Ganz bildlos ist Franz der Fülle Gottes als sich verströmender Güte innegeworden, an die er sich nun selbst im Lobpreis ganz verströmen, d.h. zurückerstatten möchte.

Fünfte Übung

„Wer bist du, liebreicher Gott,
und wer bin ich, Würmlein,
dein kleiner Knecht?"

Der Weg des inneren Erglühens, als welcher sich der Versenkungsweg des heiligen Franz immer klarer abzeichnet, bediente sich schon in der letzten Übung kurzer, mehrfach wiederholter Gebetsformeln. Durch sie sollte die innere Glut immer stärker entfacht werden. Das ist eine Methode oder besser ein Weg, der sich schon im Hesychasmus des altchristlichen Mönchtums findet: das sogenannte Ein-Wort-Gebet.

Dort, wo das Einswerden mit dem Herrn bei Franz sichtbaren Ausdruck gewinnt, nämlich auf La Verna, finden wir auch die äußerste Vereinfachung seines Betens und zugleich auch das Aufhören der Bildhaftigkeit dieses Betens, wie sie vor allem in den ersten Übungen vorherrschend war. Im vorletzten Kapitel seiner ersten Lebensbeschreibung bringt Thomas von Celano eine längere Betrachtung über die Wundmale des heiligen Franz und, damit verbunden, über die Erscheinung des gekreuzigten Seraph, der ihm diese eingeprägt hatte. Um den inneren Weg zu diesem Geschehen auf La Verna deutlich zu machen, schreibt Thomas von Celano:

„Immer nämlich hing er am Kreuz, indem er keiner Mühe und keinem Schmerz sich entzog, nur damit er in sich und an sich den Willen des Herrn erfüllen konnte. Zudem wissen die Brüder, die mit ihm verkehrten, wie er täglich, ja ständig die Rede von Jesus auf den Lippen hatte, wie süß und lieblich sein Zwiegespräch, wie gütig und liebevoll seine Unterredung mit ihm war... Immer war er mit Jesus beschäftigt, Jesus trug er stets im Herzen, Jesus im Munde, Jesus in den Ohren, Jesus in den Augen, Jesus in den Händen, Jesus in den übrigen Gliedern. Wie oft vergaß er, wenn er zu Tisch saß und Jesus hörte oder nannte oder nur dachte, die leibliche Speise ... Ja, noch mehr! Oft, wenn er seines Weges ging und Jesus dachte oder sang, vergaß er seines Weges und forderte alle Elemente auf zum Lobe Jesu. Urd weil er in wunderbarer Liebe immer Christus Jesus, und zwar den Gekreuzigten, in seinem Herzen trug und bewahrte, deshalb wurde er auch vor allen mit seinem Zeichen so herrlich gezeichnet."

Es ist sehr wohl möglich, daß schon von den ersten Übungen an sich während des Umgangs mit den Gebeten des heiligen Franziskus eine solche Eins-Gerichtetheit des Geistes und der Gemütstiefe einstellt, die man dann am besten mit dem Ein-Wort-Gebet festhalten und vertiefen könnte. So mag man auf einer gewissen Stufe des Versunkenseins von innen her gedrängt sein, nur zu sprechen bzw. zu „denken“: JESUS, oder: CHRISTUS, oder auch: JESUS CHRISTUS, um gleichsam alle geistliche Erfahrung aus dem Umkreis der Gebete des heiligen Franz im Brennpunkt des göttlichen Namens zu sammeln. So kann als Frucht der Stille die Übung des Jesus-Gebetes erwachsen, nicht so sehr als eine äußerlich gewählte Technik, sondern als spontanes inneres Geschehen auf dem Gebetsweg des heiligen Franz. Mit dem göttlichen Namen Jesu rühren wir ja letztlich auch an unser eigenes wahres, seit eh und je christusbezogenes Wesen, das aus der „Maria in uns“ wiedergeboren werden soll.

Neben diesem Ein-Wort-Gebet JESUS ist uns aber bezüglich des Geschehens auf La Verna noch eine andere Form des Glutgebets überliefert, und zwar die anfangs zitierte. In Kapitel 54 der lateinischen Ausgabe der Fioretti wird uns davon ein ausführlicher Bericht gegeben, der auf eine authentische Überlieferung durch Bruder Leo selbst zurückgehen könnte. Der genannte Bericht aus den Fioretti führt in der ihm eigenen Diktion so unmittelbar zur Übung hin, daß er als Ganzes, wenn auch mit den Auslassungen der Übersetzung von O. Karrer, hier folgen soll.

In einer Nacht, als das Fest Kreuzerhöhung nahe war, kam Bruder Leo zur gewohnten Stunde, um mit dem heiligen Franz das Morgengebet zu sprechen. Als er wie sonst vor dem Betreten der Brücke seinen Spruch getan: „Domine, labia mea aperies: Herr, tu meine Lippen auf!“, blieb die Antwort des Heiligen aus. Da kehrte Bruder Leo nicht um, wie ihm Franz geboten hatte, sondern in guter, frommer Absicht schritt er über die Brücke und trat leise in die Zelle. Beim Schein des

Mondes, der durch die Türe hereinfiel, sah er, daß Franz nicht in der Zelle war. Gerade dachte er sich, der Heilige bete wohl schon im Walde, und wollte sich nach ihm umsehen, da hörte er seine Stimme, und näher kommend, um zu verstehen, was er sagte, sah er ihn im Mondschein auf den Knien, das Antlitz gegen den Himmel erhoben und die Arme ausgebreitet. Und er hörte ihn sprechen: „Wer bist du, liebreicher Gott, und wer bin ich, Würmlein, dein kleiner Knecht?" Und das wiederholte er öfter ohne ein anderes Wort.

Und wie Bruder Leo genauer zuschaute, sah er ein wunderschönes Licht, gleich einer schimmernden Flamme, die den Augen wohltat, vom Himmel herniederschweben, um über dem Haupte des Heiligen stehenzubleiben. Von der Flamme ging eine Stimme aus und redete mit dem heiligen Franz, und er hinwieder gab ihr Antwort.

Bruder Leo dachte voller Scheu sich zurückzuziehen, um nicht den Heiligen in so heiligem Geheimnis zu stören und nicht abzulauschen, was für Worte gesprochen wurden. Doch sah er noch, wie der heilige Franz dreimal die Hand zur Flamme ausstreckte. Wie dann die Flamme entwich, zog sich Bruder Leo vollends zurück, um nicht vom Heiligen entdeckt zu werden. Aber da hörte dieser das Rascheln von der Bewegung seines Fußes im Gestrüpp des Waldes und rief: „Wer du auch seist, ich befehle dir im Namen unseres Herrn Jesus Christus, daß du stehenbleibst! Bewege dich nicht von der Stelle!"

Sogleich blieb Bruder Leo auf den Anruf des Heiligen stehen und sagte: „Ich bin es, Vater." (Später erzählte Bruder Leo, er sei dabei so erschreckt gewesen, daß er sich am liebsten in die Erde verkrochen hätte, wenn sie sich aufgetan hätte. Denn er fürchtete, wenn er den Heiligen beleidige, werde er dessen gnadenreiche Gesellschaft verlieren; war er ihm doch so ergeben, daß er glaubte, ohne ihn nicht leben zu können.)

Als nun der Heilige ihn erkannte, sprach er: „Bruder Lämmlein, weshalb bist du hierhergekommen? Habe ich dir nicht oft gesagt, du sollest mich nicht ausforschen? Sage mir im Gehorsam, hast du etwas gesehen?"

Er antwortete: „Vater, ich habe gehört, wie du sagtest und es mit großem Staunen öfter wiederholtest: ‚Wer bist du, mein liebreicher Gott, und wer bin ich, Würmlein, dein kleiner Knecht?' Und dann sah ich einen strahlenden Lichtschein vom Himmel kommen, aus dem eine Stimme sprach, und du gabst ihr öfter Antwort und strecktest dreimal die Hand aus, aber was du gesagt hast, weiß ich nicht."

Und mit großer Ehrfurcht warf sich Bruder Leo vor ihm nieder und flehte: „Bitte, mein Vater, erkläre mir die Worte, die ich gehört habe, und belehre mich über das übrige!"

Der heilige Franz war dem Bruder Leo sehr zugetan, ob der Einfalt und sanften Gemütsart, die ihm eigen war, und so sprach er zu ihm: „Bruder Lämmlein Jesu Christi, so höre: In dem was du gesehen und gehört hast, ward ich eines zwiefachen Lichtes inne: das eine betraf die Erkenntnis des Schöpfers, das andere die Erkenntnis meiner selbst. Wie ich sagte: ‚Was bist du, Herr, mein Gott, und was bin ich?', sah ich im Licht der himmlischen Schauung den Abgrund der unendlichen göttlichen Güte und die beweinenswerte Tiefe meiner Nichtigkeit. So mußte ich sagen: ‚Herr, höchster, weiser, unendlich guter, unendlich milder, was bist du, daß du dich zu mir neigst, dem so nichtigen, armen, verächtlichen Würmlein?' Die Flamme aber war Gott, der in solcher Gestalt, so wie weiland zu Moses, in der Flamme zu mir sprach. Und er hieß mich ihm eine dreifache Gabe darbringen: den kostbaren Gehorsam, die erhabene Armut, die strahlende Keuschheit. Darauf bezogen sich meine Worte, die du hörtest, und die ausgestreckte Hand. Aber hüte dich, Bruder Lämmlein, mir ferner nachzuspüren. Für jetzt kehre zu deiner Zelle zurück mit dem Segen Gottes!"

Da kehrte Bruder Leo zurück und war sehr getröstet.

Die Übung besteht im ruhigen Wiederholen der Doppelfrage: „Wer bist du, liebreicher Gott – und wer bin ich, Würmlein, dein kleiner Knecht?", um sich mit ihrer Hilfe in den Abgrund der göttlichen Güte und gleichzeitig in den der eigenen Nichtigkeit hineinzufragen, oder besser: hineinzubohren. Diese Übung ist allerdings sehr behutsam anzugehen; über den Hauch einer Ahnung von dem, was Franz dabei innerlich erfuhr, kann sie kaum hinauskommen. Den möglichen Inhalt dieser Erfahrung hat Johannes Tauler in einer seiner Predigten sehr exakt beschrieben (vgl. E. Jungclaussen, Der Meister in dir. Entdeckung der inneren Welt nach Johannes Tauler, Freiburg i.Br. [8]1989, 112f.):

„Die wahre Verkleinerung seiner selbst versinkt in den göttlichen inneren Abgrund Gottes. Da verliert man sich in völliger und wahrer Verlorenheit seines Selbst. ‚Ein Abgrund ruft den anderen in sich hinein' (Ps 41,8). Der geschaffene Abgrund zieht seiner Tiefe wegen an. Seine Tiefe und sein erkanntes Nichts ziehen den ungeschaffenen offenen Abgrund in sich: der eine fließt in den anderen, und es entsteht ein einziges Eins, ein Nichts in dem anderen.

Das ist das Nichts, von dem Sankt Dionysius sprach, daß Gott all das nicht sei, was wir nennen, verstehen oder begreifen können; da wird der menschliche Geist dem göttlichen ganz überantwortet; wollte Gott ihn ganz zunichte machen und könnte er selbst in dieser Vereinigung zunichte werden, er würde es aus Liebe zu dem Nichts, mit dem er ganz verschmolzen ist, tun, denn er weiß nichts mehr, liebt und fühlt nichts mehr als das Eine."

Es ist nicht von ungefähr, daß bei Franz gemäß den Fioretti diese Übung eine lebensmäßige Verwurzelung hat, nämlich in den drei Gelübden, in der dreifachen Gabe, wie er es nennt. Nur von dorther ist diese Übung verantwortbar, als eine Frage nämlich, die aus einer Lebensgeschichte mit Gott kommt und nicht etwa von einem beginnenden Menschen gestellt wird. Diese Lebensgeschichte mit Gott gründet bei Franz im totalen Verfügbarsein Gott gegenüber durch den Gehorsam, in der Bereitschaft zur vollen Selbstentäußerung durch die Armut und in der Ausrichtung all seiner Liebeskräfte in ausschließlicher Treuebindung auf Gott hin durch die Keuschheit.

Auch wer nicht als Ordenschrist durch formelle Gelübde gebunden ist, wird in der dreifachen Gabe des heiligen Franz christliche Grundhaltungen erkennen können, die in abgewandelter Form jeder Christ zu vollziehen vermag, ja sogar – zumindest innerlich – vollziehen muß. Dabei kann z.B. die Ausrichtung meiner Liebeskräfte auf Gott hin durchaus auch ihren Ausdruck finden in einer ausschließlichen und unkündbar gemeinten partnerschaftlichen Treuebindung, sofern nur diese auf Gott hin gelebt wird. Ordensgelübde und Ehesakrament sind als Bindungen weniger von ihrer rein kirchenrechtlichen Seite her in ihrem Wesen zu begreifen, sondern vielmehr als Wege, Fülle zu erfahren, weil diese Fülle sich echt nur dem unbedingten Ja einer die Person als Ganzes umfassenden Treuebindung erschließt. Erst ein solches unbedingtes Ja erlaubt auf Zukunft hin gesehen den Weg meditativer Versenkung, der dann umgekehrt den Sinn dieses Ja erfahrbar und das Ja selbst auf die Dauer lebbar macht.

Sechste Übung

Vom Innewerden der Fülle

Du bist der Heilige, Herr, der alleinige Gott:
Wunderwerke vollbringst du.
Du bist der Starke.
Du bist der Große.
Du bist der Höchste.
Du bist der allmächtige König, du heiliger Vater,
König des Himmels und der Erde.

Du bist der Dreifaltige und der Eine,
Herr und Gott über allen Göttern.
Du bist das Gute, jegliches Gut, das höchste Gut,
Herr und Gott, lebendig und wahr.
Du bist die Liebe und Güte.
Du bist die Weisheit.
Du bist die Demut.
Du bist die Geduld.
Du bist die Schönheit.
Du bist die Sicherheit.
Du bist die Ruhe.
Du bist die Freude.
Du bist unsere Hoffnung und Fröhlichkeit.
Du bist die Gerechtigkeit.
Du bist das Maß.
Du bist all unser Reichtum zur Genüge.
Du bist die Schönheit.
Du bist die Milde.
Du bist der Beschützer.
Du bist der Hüter und unser Beschirmer.
Du bist die Stärke.
Du bist die Erquickung.
Du bist unsere Hoffnung.
Du bist unser Glaube.
Du bist unsere Liebe.
Du bist unsere ganze Glückseligkeit.
Du bist unser ewiges Leben.
Großer und wunderbarer Herr,
allmächtiger Gott, barmherziger Heiland.

Der Lobpreis Gottes von La Verna

Auf die doppelte Frage, die Franz mit seinem ganzen, in Gott hineingebundenen Sein auf La Verna stellte, erhält er eine Antwort durch die Umgestaltung in Christus, die dieser selbst, und zwar als der Gekreuzigte, an ihm vollzieht. Davon berichtet die Drei-Gefährten-Legende (Nr.69):

„Die Glut seiner Liebe und das ständige Gedenken an Christi Leiden, das er im Herzen trug, wollte der Herr der ganzen Welt enthüllen und verlieh ihm, da er noch im Fleische lebte, auf wunderbare Weise ein einzigartiges Privileg und einen außerordentlichen Vorzug. Eines Morgens – es war zwei Jahre vor seinem Hinscheiden – betete er um das Fest Kreuz-Erhöhung am Abhang des Berges, der La Verna heißt. Während ihn dabei seine seraphische, sehnsüchtige Liebe zu Gott emportrug und sein bereitwilliges Mitleiden in den umgestaltete, der aus übergroßer Liebe gekreuzigt werden wollte, erschien ihm ein Seraph. Dieser hatte sechs Flügel, und zwischen den Flügeln hatte er die Gestalt eines überaus schönen Mannes. Hände und Füße hielt er ausgespannt wie ein Kreuz und trug ganz deutlich die Züge des Herrn Jesus. Mit zwei Flügeln verhüllte er sein Haupt, mit zwei den übrigen Körper bis zu den Füßen, zwei aber waren zum Flug ausgespannt. Als die Erscheinung verschwand, blieb in seiner Seele eine wunderbare Glut und Liebe zurück. Noch wunderbarer war es, daß die Wundmale unseres Herrn Jesus Christus in seinem Fleisch eingeprägt erschienen."

Durch diese Umgestaltung in der Glut einer das eigene Ich vergessenden Liebe entringt sich dann Franz selbst eine Antwort, die allerdings zunächst mehr wie ein Stammeln erscheint in tiefster Betroffenheit. Nur zweier Worte ist er sich dabei als letzter allumfassender Wirklichkeit gewiß: Du bist! – Das Ich des Würmleins, des kleinen Knechts muß dem Wir der lebendigen All-Einheit aller Kreatur in Gott weichen: Es ist gestorben in der Schmerzensglut der Verwandlung. Gerade dieses Wir läßt im Zusammenhang mit dem Du das Innewerden der Fülle aufscheinen.

Nur mit äußerster Behutsamkeit, nach einem langen, tiefen Schweigen und in sich Hineinhören darf dieser Text meditiert werden. Langsam, wie wenn große Wassertropfen in längeren Abständen fallen, forme man innerlich die einzelnen Anrufungen. Die Abfolge dieser Anrufungen erweist sich bei näherem Zusehen trotz der gelegentlichen Wiederholungen jedoch keineswegs als strukturlos, sondern spiegelt vielmehr eine ganz bestimmte Qualität und Ordnung der sich in ihnen darstellenden Erfahrung der Fülle.

Die Anrufungen beginnen mit der Uraussage jeglicher religiöser Erfahrung: „Du bist der Heilige!" Die folgenden Anrufungen bis „König des Himmels und der Erde" rühren zunächst an das schauervolle Geheimnis der Größe und Allmacht Gottes. Sie spiegeln die Erfahrung des Göttlichen (des Numinosen) als Erfahrung des mysterium tremendum!

Mit der Anrufung des dreifaltig Einen, der als Gott der Offenbarung alle andere Gotteserfahrung überragt, beginnt ein zweiter Teil, nämlich die Kontemplation, die verweilende Betrachtung der Erscheinungsweisen jener Selbstmitteilung des lebendigen und wahren Gottes, die wir als sich verströmende dreieinige Güte bereits kennengelernt haben. Diese wird angerufen als das mysterium fascinans, nämlich das den Menschen in die Hut und Geborgenheit rufende Geheimnis, welches ihm letzte Erfüllung gewährt und zugleich im Gegenbild zum Bewußtsein bringt, was den eigentlichen Mangel seines Lebens ausmacht.

Sind Anrufungen des ersten Teils vom Sprachlichen gesehen männlicher Art, so tragen die des zweiten Teils im Deutschen wie im Lateinischen vorwiegend weiblichen Charakter. Gerade diese komplementäre Aussageweise als Aufscheinen der Väterlichkeit und Mütterlichkeit Gottes bringt das zum Ausdruck, was wir Erfahrungen der Fülle nennen dürfen. Dabei sei nochmals daran erinnert, daß Franz die liebende Zuwendung der

Brüder untereinander wie auch seine eigene gern als Mütterlichkeit beschreibt.

In den letzten Anrufungen „Du unsere Hoffnung, unser Glaube ..." leuchtet die Erfahrung eines umfassenden Inneseins auf, weil Gott sowohl Gegenstand von Hoffnung, Glaube und Liebe ist, wie auch selbst die sie ermöglichende Kraft in uns.

Siebte Übung

Vollendung im Lied

Du höchster, allmächtiger, guter Herr,
dein ist Lobpreis und Ruhm,
Ehre und jeglicher Segen.
Dir allein, Höchster, gebühren sie.
Und keiner der Menschen ist wert,
dich im Munde zu führen.

2. Sei gelobt, mein Herr,
mit all deinen Kreaturen.
Sonderlich mit der hohen Frau,
unserer Schwester Sonne,
die den Tag macht und mit der du uns leuchtest.
Schön und strahlend im mächtigen Glanz,
ist sie dein Sinnbild, du Höchster!

3. Sei gelobt, mein Herr,
durch Bruder Mond und die Sterne.
Du hast sie am Himmel geformt
klar, kostbar und schön.

4. Sei gelobt, mein Herr,
durch Bruder Wind, durch Luft und Gewölk,
durch heitres und jegliches Wetter.
Alle Kreatur belebst du durch sie!

5. Sei gelobt, mein Herr,
durch Schwester Wasser.
Sie ist so nützlich, gering, köstlich und keusch.

6. Sei gelobt, mein Herr,
durch Bruder Feuer.
Durch ihn erhellst du die Nacht,
schön ist er, heiter und kraftvoll und stark.

7. Sei gelobt, mein Herr,
durch unsere Schwester Mutter Erde.
Sie ernährt und versorgt uns
und zeitigt allerlei Früchte,
farbige Blumen und Gras.

8. Sei gelobt, mein Herr,
durch die, so verzeihen in deiner Liebe,
die Krankheit tragen und Trübsal.
Selig, die da dulden in Frieden.
Von dir, du Höchster, empfangen sie die Krone.

9. Sei gelobt, mein Herr,
durch unseren Bruder, den Leibestod.
Kein Lebender kann ihm entrinnen.
Weh denen, die sterben in Todessünden!
Selig, die sterben,
geborgen in deinem heiligsten Willen!
Der zweite Tod vermag nichts wider sie.

10. Lobet und preist meinen Herrn,
danket und dient ihm in großer Demut!

Der Sonnengesang

Nur wenn wir dieses Lied des heiligen Franz als sein Abschiedslied verstehen, gereift als Summe all jener Erfahrungen, wie wir sie jeweils in den übrigen Gebeten bruchstückhaft erkennen durften, werden wir ihm gerecht werden können. Über Zeitpunkt und Art seiner Entstehung ist viel gerätselt worden. Der sehr deutliche inhaltliche Einschnitt nach der 7. Strophe mag dazu beigetragen haben, für die 8. Strophe eine eigene, etwas spätere Entstehungszeit anzusetzen. Sie soll als sogenannte Friedensstrophe der Versöhnung zwischen Bürgermeister und Bischof von Assisi gedient haben, zwischen denen ein Streit entbrannt war. Strophe 9 soll noch später, nämlich unmittelbar vor dem Tode des Heiligen entstanden sein.

Etwas anderes aber erscheint wahrscheinlicher: nämlich daß dieses Lied als Ganzes geboren wurde, als Franz während des Winters 1224/25 in einer Zelle bei San Damiano weilte. Er wurde in jener Zeit von Krankheit geplagt und von inneren Bedrängnissen gequält, die ihn bis in die Todesangst führten. Da – in einer Nacht – erhielt er vom Herrn die Zusicherung des ewigen Lebens. Und der „Spiegel der Vollkommenheit" fährt in seinem Bericht hierüber fort:

„Da sagte sich der heilige Franz: ‚Also muß ich jubeln in meinen Krankheiten und Trübsalen und will im Herrn mich aufraffen und allzeit Dank sagen Gott dem Vater und seinem eingeborenen Sohn, unserem Herrn Jesus Christus, und dem Heiligen Geist für die große Gnade, die mir der Herr erwiesen hat, da er mich, seinen unwürdigen Knecht, seines Himmelreiches gewiß gemacht hat, während ich noch im Fleische lebe ...' Und während er dasaß, dachte er eine Weile nach und begann: ‚Du höchster, allmächtiger, guter Herr'. Und er dichtete darüber einen Gesang und lehrte seine Gefährten, wie sie ihn sprechen und singen sollten."

Was liegt näher, als anzunehmen, daß inmitten einer solchen Erfahrung der ganze Sonnengesang, einschließlich also der Todesstrophe, entstanden ist. Wesentlich für uns an dieser Überlieferung ist, daß Franz trotz der hohen mystischen Begnadigung auf La Verna eine erneute innere Trübsal nicht erspart blieb, um allerdings gerade darin wieder das Gnadenwirken des Herrn erfahren zu dürfen – wohl als Hinweis und Trost für uns, daß bis zum Tode der Anfechtungen, aber auch der Güte des Herrn kein Ende ist.

Die Übung beginnt mit einem Sich-Hineinspüren in die innere Struktur des Liedes (evtl. durch langsames, halblautes Rezitieren). Der innere Rhythmus ist in den Strophen 1–7 bestimmt vom Lobpreis für die erfahrene Fülle. Diese offenbart sich als Licht, Leben und Güte; letztere auch im Sinne von Nützlichkeit. Ausgangspunkt dieses Lobpreises ist die Sonne. (In den romanischen Sprachen wird die Sonne männlich verstanden, umgekehrt ist der Mond weiblich.) Dieser Bruder Sonne also ist für Franz Symbol Christi, so wie es eh und je in der christlichen Überlieferung der Fall gewesen ist. Darum wird beispielsweise das kirchliche Morgengebet, die Laudes, bei Sonnenaufgang gehalten, um sich der Auferstehung Christi zu erinnern; das kirchliche Abendgebet, die Vesper, bei Sonnenuntergang, um des Lichtes zu gedenken, das keinen Abend kennt. Gegenbild zur Sonne ist Schwester Mond (ohne daß Franz hier eine weitere Symbolik, etwa die der Kirche, anspricht). Zusammen mit den Sternen strahlt sie Licht und Güte aus. So zieht es sich im Wechsel von ‚Bruder' und ‚Schwester' die sieben Strophen hindurch, wobei besonders in Strophe 4 und 7 das Leben angesprochen wird. Das Leben, das die Erde spendet, geht aus ihrer Mütterlichkeit hervor. Daß von allen Geschöpfen, die ‚Bruder' und ‚Schwester' sind, allein die Erde als ‚Mutter' angesprochen wird, zeigt die tiefe Verbundenheit des heiligen Franz mit ihr. In den Höhlen, in denen er hauste, hat er immer wieder etwas vom Symbol und Geheimnis ihres bergenden Schoßes erfahren. Auch die übrigen Kreaturen sind symbolträchtig. So zum Beispiel das Wasser, das immer den untersten Ort aufsucht und daher die Demut symbolisiert. Aber das kann in unserem Zusammenhang nicht weiter ausgeführt werden.

Uns geht es um etwas anderes, nämlich der Erfahrung der Fülle in Licht, Leben und Güte die Erfahrung der Minderung gegenüberzustellen, wie sie in Strophe 8 und 9 ausgesagt wird. Schon im Verzeihen nimmt der Mensch zunächst Minderung auf sich, indem er auf den Anspruch der Wiedergutmachung von erlittenem Unrecht verzichtet. Krankheit, Trübsal und schließlich der Tod (als äußerste Möglichkeit der Minderung des Menschen) führen gerade als Minderung in einer neuen Weise zur Erfahrung der Fülle, nämlich in dem Maße, wie diese Minderung als Wille Gottes angenommen wird. Eine solche Erfahrung und der damit verbundene Lobpreis gehen über alles rein naturhaft Menschliche hinaus und sind nur möglich durch das Sich-Einlassen auf den Christus-Weg von Tod und Auferstehung, jenem Kreuz-Weg also, wie er in San Damiano für Franz begann.

Es geht daher in der Meditation weniger um ein Sich-Versenken in das Sonnenlied des heiligen Franz als vielmehr um die Erschließung eines Weges, das Sonnenlied des eigenen Lebens dichten und singen zu lernen. Franz liefert uns dazu eine Art Vorlage, von der wir als feste Formel nur das „Sei gelobt, mein Herr" übernehmen.

Im Still-Dasitzen lassen wir nun vor unserem inneren Auge die Dinge und Geschehnisse unseres Lebens erscheinen, die wir beständig als Bereicherung und Erfüllung empfinden: Beruf, bestimmte Situationen, Menschen. Dabei versuchen wir, möglichst klar zu bestimmen, warum wir diese Dinge und Geschehnisse als Bereicherung empfingen, genauso wie es Franz mit den einzelnen Kreaturen tut. (Dabei zeigt es sich vielleicht manchmal, daß es sich nicht immer um reine Freuden handelt...)

In einem zweiten Ansatz versuchen wir dann – sehr behutsam – die Dinge unseres Lebens in den Blick zu bekommen, die wir als Minderung und Begrenzung erfahren: körperliche und seelische Belastungen, Menschen ... Auch sie versuchen wir in den Lobpreis aufzunehmen: „Sei gelobt, mein Herr, durch ..., denn ..." Hier gilt es, innezuwerden, was in dieser Minderung als positive Möglichkeit erfahren wird bzw. erfahren werden könnte: seelische Läuterung, Erweckung von Geduld, Mut, Einsicht in eigene Fehler und Schwächen usw.

Dabei ist es wichtig, mit dem „Sei gelobt, mein Herr" ganz ehrlich umzugehen! Dort, wo sich mir das Lob gegenüber einer Situation oder gegenüber einer Person noch versagt, sollte ich um tiefere Einsicht bitten bzw. warten können, bis ich für den Lobpreis innerlich reif geworden bin.

So könnten wiederholte Zeiten der Stille mit Gebeten des heiligen Franz von Assisi zu Situationen meines inneren Weges werden, wo ich erkennen darf, wie weit es mir geschenkt ist, das Ganze meines Lebens in den Lobpreis aufzunehmen, um so jeweils eine neue Strophe dem Sonnenlied meines Lebens hinzuzufügen.

4

Gott ist gegenwärtig

Zu einem Gedicht von Gerhard Tersteegen

Wenn wir uns auf dem folgenden Weg der Meditation durch ein Gedicht leiten lassen, dann ist uns bewußt, daß uns im Gedicht keine gedankliche Erwägung, sondern eine verdichtete Erfahrung begegnet, daß es der inneren Sammlung bedarf, damit das Gedicht uns anspricht und sich ein innerer Austausch vollzieht. Das kann soweit führen, daß wir uns ganz mit dem dichterischen Wort identifizieren und sagen: Es ist mir aus dem Herzen gesprochen. So gewinnt das dichterische Wort eine uns erweckende Kraft.

Die Überschrift des Gedichtes, von dem wir uns leiten lassen, heißt: „Erinnerung an die herrliche und liebliche Gegenwart Gottes." „Erinnerung" meint hier nicht, daß etwas Vergangenes vergegenwärtigt wird, sondern es geht darum, daß ich mir in meinem Inneren etwas Gegenwärtiges ins Bewußtsein bringe, an das ich meist nicht denke. In der Überschrift dieses Gedichts ist das Wesen aller Meditation ausgesprochen. Meditation ist „Er-innerung des Unvordenklichen"; das Unvordenkliche aber ist Gott, nicht als etwas Abstraktes und Fernes, sondern als die Wirklichkeit, zu der wir in einer tief inneren Beziehung stehen. Das, was immer schon ist, wird in der Meditation nicht gedacht, sondern zu lebendigem Bewußtsein gebracht.

Der Dichter und Meister, der uns auf diesen Weg der Erinnerung des Unvordenklichen führt – im Dienst des Meisters schlechthin –, ist Gerhard Tersteegen, ein großer christlicher Mystiker des 18. Jahrhunderts, der konfessionell zunächst im reformierten Protestantismus angesiedelt war, aber weit darüber hinauswuchs und zu dem gehört, was wir die Ökumene der christlichen Innerlichkeit nennen können.

Hier einige kurze Angaben zu seinem Leben. Er wurde 1697 in Moers am Niederrhein als Sohn eines begüterten Kaufmanns geboren. In der Schule lernt er mehrere Sprachen, was ihm später für sein Wirken sehr nützlich werden sollte. Nach dem frühen Tod des Vaters kommt er zu einem Schwager, der Kaufmann ist, nach Mülheim an der Ruhr und erlernt später in dieser Stadt der Leinen- und Seidenbandweberei den Beruf des Bandwirkers, den er lange ausübt. In ihm vollzieht sich ein innerer Umwandlungsprozeß, der in ein Durchbruchserlebnis mündet: Mit 28 Jahren übereignet er sich an einem Gründonnerstagabend Jesus Christus in einem erschütternden Dokument, das er mit seinem eigenen Blut schreibt. Danach tritt er stärker in die Öffentlichkeit und übt persönliche Seelsorge im Gespräch als geistlicher Führer, durch Predigten als Erwecker zum inneren Leben, durch Gedichte und geistliche Schriften bzw. als deren Übersetzer und nicht zuletzt durch eine umfangreiche Korrespondenz, die sich bis nach Rußland und Nordamerika erstreckt. Bei all dieser Wirksamkeit und manchen Reisen lebt er in großer Zurückgezogenheit ein stilles Leben des inneren Gebets und vermag so aus Erfahrung andere auf diesem Weg zu führen. Nach jahrelangem Leiden, was ihn nicht abhält, für Kranke zu sorgen und so Seelsorge mit „Leibsorge" zu verbinden, stirbt er 1769.

Um seinem Gedicht über die Gegenwart Gottes tiefer zu begegnen, ist es unerläßlich, in aller Ruhe und innerer Sammlung den ganzen Text wiederholt und auch laut zu lesen und sich in seine innere Bewegung hineinzutasten. Die erste Strophe ist eine Einladung, dann beginnt der eigentliche Weg mit dem Aufblick zum unendlichen Gott, dem die Engelchöre dienen. Zum Aufblick gesellt sich der Anruf: „Herr, vernimm / Unsre Stimm" und dann ein inneres Tun des Sich-Bereitens in Sammlung, Entsagung, Hingabe. Dann spricht das Gedicht von der Versenkung in Gott unter den Bildern von Luft, Meer, Sonne sowie von einer Umwandlung als Verähnlichung: „Mache mich einfältig, innig, abgeschieden", um ein Schauender zu werden. In der letzten Strophe versucht der mystische Dichter, das Ganze als beständige Wirklichkeit in den Alltag zu überführen, daß Gott in uns wohnt und sich in uns verklärt als das nahe Wesen, das uns näher ist als wir uns selbst und auf das wir – wo immer wir auch sind und was immer wir auch tun – schauen und uns „bücken", das heißt, uns innerlich neigen, hingeben, verschenken.

Erinnerung an die herrliche und liebliche Gegenwart Gottes

Gott ist gegenwärtig! Lasset uns anbeten
Und in Ehrfurcht vor ihn treten.
Gott ist in der Mitte! Alles in uns schweige
Und sich innigst vor ihm beuge.
Wer ihn kennt,
Wer ihn nennt,
Schlag die Augen nieder,
Kommt, ergebt euch wieder.

Gott ist gegenwärtig, dem die Cherubinen
Tag und Nacht gebücket dienen.
Heilig! heilig! singen alle Engel-Chören,
Wenn sie dieses Wesen ehren.
Herr, vernimm
Unsre Stimm,
Da auch wir Geringen
Unsere Opfer bringen.

Wir entsagen willig allen Eitelkeiten,
Aller Erdenlust und Freuden;
Da liegt unser Wille, Seele, Leib und Leben,
Dir zum Eigentum ergeben;
Du allein
Sollst es sein,
Unser Gott und Herre,
Dir gebührt die Ehre.

Majestätisch Wesen, möcht ich recht dich preisen
Und im Geist dir Dienst erweisen!
Möcht ich, wie die Engel, immer vor dir stehen,
Und dich gegenwärtig sehen!
Laß mich dir
Für und für
Trachten zu gefallen,
Liebster Gott, in allen.

Luft, die alles füllet, drin wir immer schweben,
Aller Dinge Grund und Leben,
Meer, ohn Grund und Ende, Wunder aller Wunder,
Ich senk mich in dich hinunter:
Ich in dir,
Du in mir,
Laß mich ganz verschwinden,
Dich nur sehn und finden.

Du durchdringest alles: laß dein schönstes Lichte,
Herr, berühren mein Gesichte:
Wie die zarten Blumen willig sich entfalten,
Und der Sonne stille halten,
Laß mich so,
Still und froh

Deine Strahlen fassen,
Und dich wirken lassen.
Mache mich einfältig, innig, abgeschieden,
Sanfte, und im stillen Frieden;
Mach mich reines Herzens, daß ich deine Klarheit
Schauen mag im Geist und Wahrheit.
Laß mein Herz
Überwärts,
Wie ein Adler schweben,
Und in dir nur leben.

Herr, komm in mir wohnen, laß mein'n Geist auf Erden
Dir ein Heiligtum noch werden:
Komm, du nahes Wesen, dich in mir verkläre,
Daß ich dich stets lieb und ehre;
Wo ich geh,
Sitz und steh,
Laß mich dich erblicken,
Und vor dir mich bücken.

Erste Übung

Gott ist gegenwärtig

In einer Predigt, die Tersteegen in Verbindung mit diesem Lied gehalten hat, sagt er, daß dieser eine Satz – Gott ist gegenwärtig! – genügen würde; alles andere sei nur Entfaltung und Vertiefung, Verdeutlichung und Verlebendigung. Das Erste und Letzte Gott gegenüber ist Anbetung. Nur Gott kann und darf angebetet werden, weil er unser Ursprung ist. In der Anbetung erkennen wir diesen Ursprung an, dem wir uns verdanken, und suchen die Rückbindung, die Rückkoppelung unseres ganzen Wesens und Daseins an unseren göttlichen Ursprung. Diese Rückbesinnung kann nicht anders geschehen als „in Ehrfurcht"; ohne Ehrfurcht gibt es überhaupt keine religiöse Erfahrung, keinen geistlichen Fortschritt und schon gar keine wirkliche tiefe Erfahrung des Geheimnisses, für das wir den Namen und das Wort Gott haben.

„Gott ist gegenwärtig! Lasset uns anbeten / Und in Ehrfurcht vor ihn treten." Wir versuchen, diesen Satz ganz behutsam innerlich auszusprechen und uns mit unserem ganzen Wesen der verborgenen Wirklichkeit, der wir entstammen, zu öffnen, uns ihr voller Ehrfurcht zuzuwenden: „Gott ist gegenwärtig!" Wir suchen zu erspüren, wo und wie wir diese Gegenwart jetzt erfahren: „Gott ist in der Mitte!" Als bleibender Daseinsgrund und Ursprung von allem ist er auch meine innerste Mitte. Auch wenn ich nichts erfahre, halte ich das Nicht-Erfahren aus und spreche in tiefer Ehrfurcht: „Gott ist gegenwärtig" – „Gott ist" – „Gott". Schließlich versuche ich, die Worte loszulassen und im Schweigen vor Gott zu sein.

Zweite Übung

Kommt, ergebt euch wieder

Gott, die Mitte von allem, von uns allen und von jedem einzelnen ist eine Mitte, die anziehende Kraft hat. Er zieht uns zur Mitte, und in dem Maße, wie wir als einzelne zur Mitte kommen, kommen wir auch miteinander zur Mitte. Der Prüfstein, ob wir wirklich „zur Mitte kommen", ist, ob wir einander näherkommen. Denn wenn wir auf die Mitte zugehen, müssen wir auch einander näherkommen.

Mit dem Wort „Alles in uns schweige" ist das Entscheidende, aber auch das Schwierigste der Meditation gesagt: daß wirklich alles in uns schweigt – Gedanken, Vorstellungen, Empfindungen, Pläne, Wünsche, Antriebe ... Nur das Bewußtsein der Gegenwart Gottes bleibt. Dieses Schweigen ist nicht einfaches Untätigsein, sondern höchste Sammlung: „Und sich innigst vor ihm beuge." „Innig" heißt hier nicht nur soviel wie gemütvoll, liebevoll, zärtlich, sondern mit der ganzen Kraft meines Inneren, aus der ganzen Tiefe meiner selbst, mit meinen letzten Möglichkeiten, aus meinem tiefsten Herzensgrund.

„Wer ihn kennt, / Wer ihn nennt, / Schlag die Augen nieder, / Kommt, ergebt euch wieder." Hier erhebt sich eine doppelte Frage an unsere eigene religiöse Erfahrung. Kenne ich „ihn"? Wie kenne ich „ihn"? Was ist meine Lebensgeschichte mit Gott? Und das zweite: Nenne ich ihn, das heißt, rede ich ihn an? Wie ist mein Gebetsweg?

„Kommt, ergebt euch wieder." In dem Aufruf „Kommt" klingt auch mit: „Habt Mut!" Dieser Aufruf ist ein wesentliches Element des Betens. Das Stundengebet beginnt mit dem Psalmvers: „Kommt, laßt uns jubeln vor dem Herrn", und ähnlich heißt es in der byzantinischen Liturgie: „Kommt, laßt uns anbeten und niederfallen vor Christus, unserem Gott und König." Das Wörtchen „Kommt" oder „Komm" bewährt sich übrigens auch als ermunternde Selbstaufforderung. Wenn wir in der Meditation müde werden und merken, daß die Konzentration schwindet, können wir uns so in Verbindung mit unserem Vornamen selbst anreden: „Komm, N.; komm, ergib dich wieder. Loslassen, loslassen!" Wer soll bei diesem Sich-Ergeben, bei dieser „Kapitulation" die Waffen strecken? Es ist das Ich, das sich vor Gott mit seinen Ansprüchen immer wieder trotzig selbst behaupten will. Auch die Meditation ist von der Gefahr bedroht, daß sich in aller Stille und Ruhe unser Ego-Ich aufbläht, statt daß wir uns bedingungslos Gott ergeben und damit die Festung unseres Ich an ihn übergeben, der alles ist.

In der zweiten Strophe gibt uns Tersteegen eine weitere Hilfe zur Erinnerung an den gegenwärtigen Gott: Vergiß den unsichtbaren Gott nicht, und vergiß nicht, daß eine unsichtbare Schar, die Engelchöre, die Cherubinen ihm „Tag und Nacht gebücket dienen". Sie stehen restlos in seinem Dienst, sie gehen in der Anbetung des heiligen Gottes auf. Das „Sanctus – Heilig" unserer Gottesdienste ist gleichsam Widerhall und Vorspiel dieser himmlischen Liturgie vor dem Angesicht Gottes, in seiner Gegenwart. Das „Sanctus" der kultischen Anbetung im sichtbaren Gotteshaus aber muß auch zum „Sanctus" im Tempel unseres Inneren werden. Die sichtbare Liturgie muß die unsichtbare Liturgie in unserem Inneren nähren, und umgekehrt bleibt die sichtbare Liturgie nur wahrhaftig, wenn sie aus der unsichtbaren Herzensliturgie gespeist wird und ihre Innigkeit erhält.

In der Übung nehmen wir wieder den ersten Satz, den Grundsatz auf: „Gott ist gegenwärtig", und beten dann innerlich, mit großen Pausen, in tiefer Ehrfurcht: „Heilig – heilig." Wir sammeln uns in diesem Leitwort der Liturgie unseres Herzens und versuchen uns innerlich ganz zu öffnen im Bewußtsein, daß der heilige Gott uns total einfordert. Im Wort „heilig" steckt ja das Wort „ganz"; der heilige Gott kann uns nur ganz fordern, und nur wenn wir uns ihm ganz zu öffnen und hinzugeben suchen, können wir das „Heilig" der Anbetung sprechen. Begleitet von den unsichtbaren Engelscharen sprechen wir in der Liturgie des Herzens: „Heilig, heilig, heilig", und können, wenn wir wollen, ganz langsam und wiederholend mit dem Sanctus der Messe fortfahren: „Gott, Herr aller Mächte und Gewalten! Erfüllt sind Himmel und Erde von deiner Herrlichkeit", oder immer wieder nur das eine Wort: „Heilig!"

Dritte Übung

Da auch wir Geringen Unsre Opfer bringen

Den gegenwärtigen Gott als den Heiligen bekennen heißt sich ihm als Opfer hingeben. Mit dem Wort „Opfer" verbinden wir immer das Gefühl der Schmerzlichkeit; es tut weh, Opfer zu bringen. Die Bibel kennt aber auch andere Opfer. Das „Opfer des Lobes" besteht darin, alles Empfangene im Lobpreis Gott zurückzugeben und ihn dadurch als den Spender alles Guten zu verherrlichen. Das „schmerzliche Opfer" kommt immer daher, daß wir die Dinge und uns selbst nicht als Gabe Gottes verstehen, sondern meinen, wir gehörten uns selbst, und es sei selbstverständlich, daß wir die Dinge benützen, genießen, verbrauchen und Macht über sie ausüben können. Dann wird es schmerzlich, loszulassen. Gott als den Heiligen bekennen führt über das Opfer des Lobens hinaus zum Opfer des schmerzlichen Loslassens. Wenn wir uns der Heiligkeit Gottes nahen und uns ihr aussetzen, werden wir immer auch den Gott erfahren, den die Bibel „verzehrendes Feuer" nennt (z.B. Hebr 12,29 im Anschluß an Dtn 4,24; 9,3). In der dritten Strophe wird entfaltet, was „Opfer bringen" heißt. Zuerst werden die „Eitelkeiten" genannt, die Dinge, an denen unser Ich hängt und in denen es sich gefällt, unser Hang, uns selbst zu bewundern und bewundern zu lassen. Danach ist die Rede von „Erdenlust und Freuden". Sicher ist keine Verteufelung der irdischen Güter und Freuden gemeint, sondern ihre Verabsolutierung, wenn wir sie nicht mehr in Verbindung mit Gott als seine Gabe und Aufgabe sehen, sondern nur noch in Verbindung mit uns selbst, wenn wir uns aus lauter Angst, zu kurz zu kommen, an sie klammern und in ihnen letztlich uns selbst suchen. Denken wir nur daran, wie beherrschend heute das Lustprinzip geworden ist: Wenn etwas keinen Spaß macht, sei es in der Arbeit, im Beruf, in der Ehe, in Bindungen, die man eingegangen ist, oder was auch immer – möglichst schnell aussteigen und weg damit oder sich erst gar nicht darauf einlassen.

Das Opfer in Gestalt des Loslassens hat eine Richtung, nämlich die Hingabe: „Da liegt unser Wille, Seele, Leib und Leben, / Dir zum Eigentum ergeben. / Du allein / Sollst es sein." An erster Stelle wird der Wille genannt, der auf sich selbst und seinen Forderungen beharrt und von dem Seele, Leib und Leben gesteuert werden. Eben dieser Wille wird Gott übergeben, Gott als sein Eigentum zurückgegeben. In ihm und in ihm allein findet unser innerstes Wesen seine letzte Erfüllung und Freude. „Gott allein genügt", sagt Teresa von Ávila (deren Leben und Schriften Tersteegen gut kannte). „Du allein sollst es sein", sagt Tersteegen: Gott ist das eine große Du unseres Daseins, aus dem jedes menschliche Du erst die letzte Leuchtkraft erhält.

In der Meditation können wir ganz einfach von den

drei Zeilenanfängen ausgehen: „Da – Dir – Du allein". Wir suchen zu erspüren, wo wir festhängen und loslassen müssen: „Da!" Wir übergeben es in freudiger Bereitschaft Gott: „Dir!" Wir verweilen in der Geborgenheit des All-einigen, der wirklich ist, der alles ist und mich in meiner Nichtigkeit aufnimmt: „Du allein!" – Wir überlassen uns Gott in diesem ganz ruhig wiederholten Dreischritt und bleiben uns dankbar bewußt, daß wir dieses Loslassen und Hingeben nicht von uns aus vermögen, sondern daß Gottes Heiligkeit uns anzieht und umwandelt. Wir sollen auch nicht meinen, mit einer solchen Übung etwas Großes vollbracht zu haben, und umgekehrt nicht traurig sein, wenn wir das Gefühl haben, wir hätten bei diesem Loslassen und Hingeben gar nichts gespürt. Entscheidend bleibt, daß wir uns auf eine Richtung einstellen, in die der Weg geht, und wenn wir es ernst meinen, wird Gott uns schon durch seinen Geist führen und das Entsprechende in uns bewirken – was keineswegs immer „angenehm" sein muß. Wer sich ernsthaft auf das Meditieren einläßt, läßt sich auf etwas ungemein Verbindliches ein. Man kann freilich auch stehenbleiben oder zurückgehen, wird dann aber vielleicht doppelt sein Ungenügen empfinden.

Vierte Übung

Laß mich dir
Für und für
Trachten zu gefallen,
Liebster Gott in allen

Was wir über Gott wissen, die Bilder, Begriffe und Vorstellungen, die sich in unserem Verstand durch Unterricht, Lektüre, den Einfluß des „Zeitgeistes" oder wie auch immer gebildet haben, können auch zu einem schweren Hindernis werden, wenn es sich nicht mit einem Gespür für die Gegenwart des Geheimnisses verbindet, wenn es nicht zu einen „Kennen" aus lebendiger Erfahrung wird. Tersteegen spricht sehr behutsam von Gott und verwendet gern das zurückhaltende, neutrale Wort „Wesen", damit kein zu verfestigtes Bild von Gott entsteht, eine Art „Götzenbild" in unserem Kopf, das so schwer zu zertrümmern ist. So sprach er schon in der zweiten Strophe von „diesem Wesen" und redet den heiligen Gott, dem die Ehre gebührt, jetzt am Anfang der vierten Strophe so an: „Majestätisch Wesen, möcht ich recht dich preisen / Und im Geist dir Dienst erweisen!"

Tiefsinnig verknüpft Tersteegen die einzelnen Strophen miteinander. Das Sich-Ergeben am Ende der ersten wird in der zweiten als anbetende Verehrung der Heiligkeit des gegenwärtigen Gottes entfaltet. Das Opfer-Bringen am Ende der zweiten wird in der dritten näher ausgeführt, und deren letzte Zeile „Dir gebührt die Ehre" wird zum Leitmotiv der vierten. „Im Geist Dienst erweisen" ist nichts anderes als das innerliche In-der-Gegenwart-Gottes-Leben. Die Engel werden zum Sinnbild und Vorbild, immer in der Kraft der Sammlung vor Gott zu stehen und auf den Allgegenwärtigen ausgerichtet zu sein. Unser Menschenleben erfährt seinen letzten Sinn als Dienen, als Gottesdienst der Anbetung und des Lobpreises, dessen Echtheit sich aber in der selbstlosen Dienstbereitschaft des konkreten Alltags zu bewähren hat.

Das „Majestätisch Wesen", der heilige Gott, ist aber nicht etwas Fernes, das gleichsam über mich als nichtige Kreatur hinwegschreitet, sondern es folgt der von so viel Zärtlichkeit und Innigkeit beseelte Satz: „Laß mich dir / Für und für / Trachten zu gefallen, / Liebster Gott, in allen." Gott ist auch der unendlich Liebevolle, dem wir „gefallen" können – immer und überall, wenn wir in das Geheimnis eintreten, das in Jesus vorgegeben ist: „Das ist mein geliebter Sohn, an dem ich Gefallen gefunden habe" (Mt 3,17; 17,5). Wir können Gott nur gefallen durch die Einverwandlung in den Sohn, der immer das tut, was dem Vater gefällt (Joh 8,29). Der Dienst in der Erfüllung des Willens Gottes führt zu tiefer Selbstvergessenheit und zu einer letzten Umorientierung auf das Du. Das Ich-Sagen hört auf, es bleibt das Du.

Wie kommen wir zu dieser Selbstvergessenheit? „Dir gefallen, liebster Gott." Wir versuchen, die beiden Worte zu sprechen: „Liebster Gott." Sehnsuchtsvoll werbend, aber auch ein wenig prüfend: Gott, der die Liebe ist, der mir der Liebste sein sollte, den ich lieben möchte – er ist gegenwärtig, in der Mitte von uns allen: „Liebster Gott". Wir wollen in die innere Übung ohne Verkrampfung eintreten, denn es steht ja eine geheimnisvolle Kraft in uns bereit, damit wir dieses Wort immer wahrhaftiger sprechen können. Von Benedikt heißt es in der Lebensbeschreibung des Papstes Gregor: „Er sehnte sich danach, Gott allein zu gefallen." So können wir in der Übung fortfahren und auf das Gefallen Gottes an uns antworten: „Dir gefallen, dir allein gefallen."

Fünfte Übung

Ich in dir, Du in mir

Gott ist gegenwärtig. Das Geheimnis der „herrlichen" und „lieblichen" Gegenwart Gottes, wie es schon die Überschrift ausspricht, wird in der vierten Strophe in seiner ganzen Spannung sichtbar, wenn am Anfang vom „Majestätisch Wesen" die Rede ist, vom schauervoll großen Mysterium Gottes, und am Ende vom „liebsten Gott", von seinem liebevoll sich uns zuwendenden und uns umfangenden Wesen. Nur wo wir Gott in seiner Größe ernstnehmen, nur wo wir Gott, dem Liebevollen, der uns liebt und der uns lieb ist, immerfort zu dienen trachten, also gelernt haben, von uns selbst abzusehen, kann der entscheidende Schritt gelingen: das eigentliche Sich-Versenken, wie es in den beiden folgenden Strophen zum Ausdruck kommt. Das Geheimnis der Gegenwart Gottes wird in drei Bildern entfaltet, die voller Kraft und Zartheit zugleich sind: Luft – Meer – Sonne.

„Luft, die alles füllet, drin wir immer schweben, / Aller Dinge Grund und Leben." Wir wissen heute vielleicht mehr denn je, was „Luft" bedeutet auf einer Erde, wo die Luft zum Atmen bedroht ist und knapp wird.

Luft – dieses Unscheinbare, kaum Wahrnehmbare, was doch immer da ist und „alles füllet". Luft ist auf der einen Seite so unscheinbar, daß wir verächtlich von jemandem sagen können: „Er ist für mich Luft." Aber andererseits ist sie unerläßlich. Damit Leben sich entfalten kann, damit wir leben können, muß sie uns beständig umgeben. So wird sie zum Bild für Gott, er ist die Luft, die wir atmen, von der wir leben und ohne die wir ersticken. Er ist die Luft, die alles füllt und die uns trägt; so wie Vögel in der Luft schweben, so elementar leben wir in Gott. Er ist aller Dinge „Grund und Leben".

In der „Luft" erleben wir uns selbst. Tersteegen geht noch weiter, er möchte sich selbst vergessen und nimmt dazu das Bild vom Meer, in das man eintaucht, sich versenkt und gleichsam verliert. In dem bekannten Lied „Ich bete an die Macht der Liebe" („großer Zapfenstreich"), dessen Text ebenfalls von Gerhard Tersteegen stammt, heißt es am Ende: „Ich will, anstatt an mich zu denken, / ins Meer der Liebe mich ersenken." Das Meer, in das ich mich gleichsam hineingleiten lasse und hineinsenken will, weckt einen doppelten Zug in der Tiefe des Menschen: einerseits die Sehnsucht, sich dem Meer anzuvertrauen; andererseits Angst vor der unendlichen Weite und unergründlichen Tiefe des Meeres. Gott ist wie ein Meer, ein grundloser Grund. Wenn es gilt, sich loszulassen, um sich ganz Gott zu überlassen, wird in uns die Angst wach, daß wir uns verlieren, daß wir ertrinken, wenn wir unser kleines Ich aufgeben.

Unsere Übung mündet in den Worten: „Ich in dir – du in mir." Wir lassen ganz ruhig und langsam unseren Atem kommen und sprechen innerlich beim Einatmen: „Du in mir", und beim Ausatmen: „Ich in dir." Wir folgen unserem Atem als Sinnbild der Unendlichkeit Gottes in uns; wir lassen uns ganz los in dem Bewußtsein, getragen zu sein von der „Luft, die alles füllet", in der wir „immer schweben", die „aller Dinge Grund und Leben" ist.

In einem zweiten Schritt achten wir auf die Stille. Sie ist gleichsam das Meer, in das wir uns versenken, in dem wir völlig aufgehen: die Stille – das Schweigen – der unendliche Gott. Die Stille ist erfüllt vom beständigen Austausch: „Du in mir – ich in dir." Dankbar werden wir uns dieser erfüllten Stille inne. Wir können in unseren Herzen ein ganz einfaches Dankgebet formulieren, zuletzt aber lassen wir alle Worte los. Nichts mehr festhalten wollen, sich dem Strömen der Luft und des Meeres hingeben und getragen sein, ganz selbstvergessen da sein.

Sechste Übung

Und dich wirken lassen

Gott zieht uns an sich, um mit uns etwas zu machen, um an uns etwas zu wirken. Bei aller dichterischen Schönheit und Kraft der sechsten Strophe – vielleicht die eindrücklichste des ganzen Liedes – dürfen wir nicht übersehen, daß da etwas geschieht: „Du durchdringest alles: laß dein schönstes Lichte, / Herr, berühren mein Gesichte: / Wie die zarten Blumen willig sich entfalten, / Und der Sonne stille halten." Wie die Blume sich der Sonne öffnet und entfaltet, so sollen wir uns den Strahlen des göttlichen Lichtes aussetzen, stillhalten und umwandeln lassen.

Es geht um die Umgestaltung in Christus durch seine Liebes-Strahlung. Das kann auf verschiedene Weise geschehen. Die eine ist, sich Gott im Schweigen auszusetzen. Sich still hinsetzen mag nicht schwer erscheinen, aber es ist nicht leicht, zu entdecken, was nun wirklich dabei in einem geschieht. Erst wenn man die schweigende Sammlung immer wieder übt und vollzieht, merkt man eine langsame, aber stetige Umwandlung. Ein anderes Sich-Gott-Aussetzen geschieht im Leiden. Auch dann noch zu sprechen: „Laß mich so / Still und froh / Deine Strahlen fassen, / Und dich wirken lassen", erfordert schon erheblich mehr. In allem, was uns begegnet, will Gott an und in uns wirken. In den erfreulichen Dingen, die wir als Geschenk empfinden, aber auch in Leiden, in Problemen, in Situationen, mit denen wir uns schwer tun. Überall wirkt er. Er ruft unsere Liebe und weckt auch unseren Mut, Belastungen anzunehmen und unter Umständen auch Widerstand zu leisten, um uns auch so Christus ähnlicher zu machen.

So schmerzlich dies auch manchmal sein mag, die Grundhaltung auf dem geistlichen Weg ist eine unzerstörbare, unbesiegbare Freude: „still und froh". Die Übung besteht darin, sich in seinem Inneren, von der Mitte des Herzens her Christus zu öffnen und seine Liebesstrahlung aufzunehmen, die letztlich sein umwandelndes Erbarmen ist. Wir können dann „still und froh" sprechen: „Herr Jesus Christus, erbarme dich meiner." Oder auch: „Nimm mich, wie ich bin, und mach mich so, wie du mich haben willst" – in froher Dankbarkeit, so entspannt wie möglich! Wir können zwischendurch auch einmal versuchen, still vor uns hin zu lächeln in dem Bewußtsein: Alles, was geschieht, ist gut.

Was die Umwandlung in der schweigenden Meditation meint und bewirken soll, das wird in der vorletzten Strophe klar beschrieben: „Mache mich einfältig, innig, abgeschieden, / Sanfte, und im stillen Frieden; / Mach mich reines Herzens, daß ich deine Klarheit / Schauen mag im Geist und Wahrheit." Was Tersteegen hier anspricht, sind, wie aus anderen Texten von ihm hervorgeht, Eigenschaften Gottes. Gott ist einfach in seinem Wesen; auch der Dreieinige ist die ein-fache Gottheit. Er ist „innig": er lebt in sich mit der Glut seiner Liebe als der dreieinige Gott. Er ist „abgeschieden": er ist unabhängig von äußeren Dingen, er ruht ganz in sich selbst in einer letzten Freiheit. Er ist „sanft" in seinem Wirken und „im stillen Frieden", er ist der Gott des Friedens.

Das soll nun an uns geschehen. Wir sollen „einfältig" werden: uns in den vielfältigen Zerstreuungen auf das eine Notwendige besinnen und dies ohne viel Wenn und Aber in der Unmittelbarkeit des Herzens angehen. Unser klügelnder Verstand neigt manchmal zu künstlich aufgebauschter Kompliziertheit, nur um nicht geradeaus auf das eine Notwendige zugehen zu müssen. „Innig" heißt bei Tersteegen innerlich werden und liebevoll vom Herzen her leben. „Abgeschieden" verweist auf die Freiheit des Menschen, der in sich selbst ruht, weil er in Gott ruht. Es ist eines der Grundworte von Meister Eckhart, um den Menschen in seiner Gottähnlichkeit zu bezeichnen. Gott als das „in sich ruhende Wesen" ist der Gott „in seiner Abgeschiedenheit", und der „abgeschiedene Mensch" ist der, der in sich aufgrund der Gotteserfahrung die Genüge erfahren hat und sich daher lösen kann. Der so frei gewordene Mensch kann sich „sanft", ohne

Aggression, liebevoll den Menschen und Dingen zuwenden und ist „im stillen Frieden", der ihm aus der inneren Ruhe der Gemeinschaft mit Gott kommt.

Diese Verähnlichung mit Gott, die Umwandlung in der Meditation ist zusammengefaßt in einem Wort der Bergpredigt (die auch bei dem Wort „sanft" schon anklang: „Selig die Sanftmütigen, denn sie werden das Land besitzen"): „Mach mich reines Herzens, daß ich deine Klarheit / Schauen mag im Geist und Wahrheit."

Das „reine Herz" ist das ungeteilte Herz, das nicht durch eigene Interessen verschattet und verfinstert ist, sondern sich nur auf Gott hin ausstreckt und ihn in Liebe meint. Das „reine Herz" ist das von sich selbst leergewordene Herz; so vermag es die Klarheit Gottes zu schauen: „im Geist und Wahrheit", im inneren Geist, mit den inneren Augen und in der letzten Wirklichkeit ohne Vermittlung in mir. Hier klingt das Wort Jesu aus dem Johannesevangelium zur samaritischen Frau am Brunnen an: „Die wahren Anbeter werden den Vater in Geist und Wahrheit anbeten" (Joh 4,23). In der Übung nehmen wir eine der hier angesprochenen Eigenschaften, von der wir meinen, daß sie für uns besonders wichtig ist. Wir gehen nach innen, um im Geist innerlich Gott wahrzunehmen, seine „Klarheit", die zu der Bitte in der folgenden Strophe führt: „Komm, du nahes Wesen, dich in mir verkläre."

Siebte Übung

Komm, du nahes Wesen

Die Einkehr bei sich selbst, die Sammlung in sich selbst hat nicht den Sinn, bei sich selbst zu bleiben, sondern sich selbst zu vergessen, und sein eigenes Ich gleichsam zurückzulassen. „Laß mein Herz / Überwärts, / Wie ein Adler schweben, / Und in dir nur leben." Hier klingt die Entrückung, die mystische Ekstase an, aber ohne alle besondere Auffälligkeit, die wir leicht mit einem solchen Wort verbinden, sondern wie der Adler schwebt oben im Blauen – in der „Luft, die alles füllet" –, so wird das Menschenherz gleichsam über sich selbst hinaus erhoben. Tersteegen gebraucht hierfür das eindringlich kühne Wort „überwärts": über mich hinaus, über alles Geschaffene, alles Denkbare und Vorstellbare hinaus. Der Mensch, der sich selbst losgelassen hat, den Gott reinen Herzens gemacht hat, sich zu ihm zu erheben und seine Klarheit zu schauen, sieht, wie klein alles Irdische im Vergleich zu Gott ist. So wird vom heiligen Benedikt berichtet, daß er am Ende seines Lebens die vor Gott klein gewordene Welt in eins geschaut hat.

Wir fragen nach der Reinheit und Lauterkeit unserer Liebe zu den Menschen, die uns nahe sind, und zu Gott, dem einen, wirklichen Du und bitten um die reine, von eigenen Interessen freie Liebe: „Laß mein Herz / Überwärts / Wie ein Adler schweben." Oder noch einfacher: „Heb mein Herz / Überwärts."

Auf die „Entrückung von mir selbst" folgt in der letzten Strophe die Rückbesinnung auf das täglich Notwendige. Das Herz, das „überwärts" erhoben wurde, kehrt wieder zum Nächstliegenden zurück: „Komm, du nahes Wesen." Es geht darum, Haus Gottes zu werden, Heiligtum für den Herrn, der sich in uns kundtun will: „Herr, komm in mir wohnen, laß mein'n Geist auf Erden / Dir ein Heiligtum noch werden." Es geht um die „Erinnerung an die herrliche und liebliche Gegenwart Gottes". Er ist uns nahe, jeden Augenblick, näher als wir uns selbst; aber wir bitten, daß er sich in uns verklärt. Wie auf dem Berg Tabor Jesus bei seiner Verklärung sein wahres Wesen im Lichtglanz der Gottheit enthüllte, so soll er sich in uns verklären, wunderbar kundtun als der Gott-mit-uns, Jesus Christus.

„Daß ich dich stets lieb und ehre." Hier sind die beiden Grundhaltungen des christlichen Weges angesprochen: Ehrfurcht und Liebe, die beide untrennbar zueinander gehören. Sie sind die Leitsterne für den Alltag: „Wo ich geh, / Sitz und steh, / Laß mich dich erblicken, / Und vor dir mich bücken." Überall und bei allem, was uns widerfährt, begegnet uns Gott. Die geringste, banalste Arbeit kann letztlich das Bewußtsein seiner wunderbaren Gegenwart nicht hindern. Er ist uns ganz nah, er will in uns wohnen, sich in uns verklären.

In der Übung können wir einfach bei dem Wort verweilen: „Komm, du nahes Wesen", oder noch einfacher: „Komm!" Es ist der Sehnsuchtsruf, der in der Vaterunser-Bitte „Dein Reich komme" begründet liegt, der seit Anbeginn den Gottesdienst der Kirche durchzieht: „Komm, Herr Jesus", in den auch der Gottesdienst unseres Herzens einstimmt: „Komm!"

Das Leben in der Gegenwart Gottes

Unter dieser Überschrift hat Gerhard Tersteegen in einem kurzen Prosatext die Grundelemente des inneren Weges, des geistlichen Lebens zusammengefaßt. Ergänzend soll hier dieser Text folgen und im Anschluß daran einige wenige Hinweise.

„Unter allen gottseligen Übungen ist keine allgemeiner, einfältiger und nützlicher, und es faßt keine die ganze Summe der christlichen Pflichten zu einer glückseligen Einheit zusammen wie das Erlebnis der liebreichen Gegenwart Gottes. Hierin sind uns Henoch, Noah, Abraham, David, Asaph und unser Heiland selbst vorangegangen; und bis dato bezeugen's alle Frommen, es sei ihnen gut, daß sie sich nahe bei Gott halten.

Es besteht aber diese Übung darin:

daß wir einfältig und andächtig glauben, daß Gott überall und unserm Herzen gegenwärtig sei;

daß er zu dem Ende bei uns und in uns gegenwärtig sei, damit wir ihn daselbst anbeten, lieben und ihm dienen sollen, gleich wie er sich uns daselbst gerne mitteilen und seine Lust in uns haben will;

daß wir uns demnach dieser Wahrheit des Glaubens öfters auf eine herzliche Weise erinnern und uns als bei Gott, vor Gott und in seiner Gegenwart ansehen;

daß wir diesen unsern gegenwärtigen Gott mit unserm Herzen anbeten, verherrlichen, lieben und uns ihm ganz übergeben;

daß wir alles trachten zu tun, zu verleugnen und zu leiden in einem sanften und stillen Geiste als in seiner Gesellschaft nach seinem liebsten Willen ihm zu Lieb und Ehre;

daß wir uns auf eine liebreiche und stumme Weise mit Gott unterreden in unserm Herzen und uns mit ihm gemeinsam machen als mit unserm liebsten und besten Freunde, und zwar zu aller Zeit und bei allem, was uns inwendig oder auswendig vorkommt, es sei Gutes oder Böses;

daß auch wir zu dem Ende unter unsern Geschäften bisweilen einen Augenblick stille halten, um durch einen andächtigen Liebesblick auf Gott uns in dieser Übung zu stärken oder zu erneuern;

daß wir wahrnehmen und beantworten die Liebeszüge und Lockungen Gottes in unserem Inwendigen, wodurch er uns freundlich erinnern, stillen, sammeln und mit sich vereinigen will;

und endlich, daß wir nach einer jeglichen Zerstreuung oder Untreue mit demütigem Vertrauen alsbald zu unserer Übung wiederkehren wie ein Kind zu seinem lieben Vater.

Siehet doch, was ist einfältiger und leichter zu fassen, als diese süße Lehre von dem Wege unseres Heils!

So gewöhne dich denn nun an den Herrn, meine Seele; die Gesellschaft dieses Freundes sei dir werter und süßer als alle Dinge dieser Welt.

Er ist der getreue Freund, der dein Beistand und Trost sein wird in der Stunde deines Todes, wenn dich alle Freunde verlassen.

Ja, dann wirst du erst recht anfangen, der herrlichen und seligen Gegenwart deines Gottes zu genießen und bei dem Herrn sein alle Wege."

Mit „Gottseligkeit" greift Tersteegen auf ein Übersetzungswort Luthers zurück (für griechisch: „eusebeia", lateinisch: „pietas"; im Deutschen gewöhnlich mit „Frömmigkeit" wiedergegeben); es ist sein Lieblingswort, um die Erfahrung Gottes im Herzen und das verborgene Leben mit Christus in Gott zu umschreiben. In „gottseligen Übungen" geht es um die Erfahrung der Seligkeiten Gottes. Keine ist „allgemeiner", das heißt, umfassender, „einfältiger", das heißt, unmittelbar auf das Wesentliche ausgerichtet, als „das Erlebnis der liebreichen Gegenwart Gottes". Es geht also nicht um „Pflichtübungen"! Er scheut sich nicht, unter denen, die uns hierin „vorangegangen" sind, Jesus selbst zu nennen als den, der schlechthin in der Gegenwart Gottes lebt.

Bei der Entfaltung der Übung wird gesagt, daß wir „andächtig" glauben, das heißt, gesammelt, hingebungsvoll, mit dem Herzen, ganz schlicht. Der überall und so auch in uns gegenwärtige Gott will „seine Lust in uns haben": Es ist seine Freude, bei uns zu sein; es bedeutet ihm etwas, wenn wir uns ihm zuwenden, wenn wir ihn in uns wahrnehmen „auf eine herzliche Weise". Die Hingabe an ihn als den in uns Gegenwärtigen soll „in einem sanften und stillen Geiste" geschehen. Typisch für Tersteegen ist, daß nichts gewaltsam, mit grimmiger Askese gleichsam erzwungen wird, sondern daß wir geschehen lassen, denn Gott ist unser Freund; über alles, was uns trifft, können wir mit ihm „als mit unserm liebsten und besten Freunde" sprechen. Wenn wir merken, daß wir zerstreut und untreu waren, sollen wir alsbald „wie ein Kind zu seinem lieben Vater" wiederkehren; an anderer Stelle sagt Tersteegen auch ausdrücklich, daß wir uns nicht lange Vorwürfe machen und bei unseren Fehlern hängenbleiben sollen. Solche Vorwürfe sind oft nichts weiter als der ohnmächtige Versuch, es selber wiedergutzumachen, oder auch der Ärger darüber, daß wir nicht so „gut" sind, wie wir uns haben möchten, daß wir in einer versteckten inneren Eitelkeit nicht so gut vor uns selbst dastehen. Die „süße" Lehre meint die alte Bedeutung des Wortes im Sinne von „Gott erfahren" und deutet eine zutiefst erfüllende und wohlgefällige Erlebnisqualität an. Wie auch das „Genießen" im letzten Satz, der alles zusammenfaßt in der „herrlichen und seligen Gegenwart" Gottes, in dem Geheimnis, das uns erschaudern läßt und zugleich beglückend und beseligend anzieht.

5

Was nicht Gott ist, dir entfalle

Zum Lied „Feierabend“ von Gerhard Tersteegen

Tersteegen entfaltete als Seelsorger und geistlicher Redner ein außerordentlich fruchtbares Wirken. Sein Haus wurde, wie wir heute sagen würden, zu einem geistlichen Zentrum, zu dem Menschen von weit her strömten. Neben seinen Briefen, Übersetzungen und schriftstellerischen Werken wurde er, weit über seine Zeit hinaus bis heute, besonders einflußreich durch seine geistliche Dichtung. Ein Gedicht steht ja der Erfahrung besonders nahe, es kommt aus einem ganzheitlichen Erleben, von Herzen und will wiederum in uns ein solches Erleben wecken. Tersteegen will zur lebendigen Gotterfahrung im eigenen Innern erwecken. Die folgenden meditativen Übungen schließen an sein Gedicht „Feierabend“ an.

Feierabend

1. Müder Geist, nun kehr zur Ruh
Und vergiß der Bilder alle;
Schließ die Augen sachte zu,
Was nicht Gott ist, dir entfalle;
Schweig dem Herrn und halt ihm still,
Daß er wirke, was er will!

2. Still, geschäftiger Verstand,
Ruht, ihr ausgeschweiften Sinne!
Soll mir Wahrheit sein bekannt,
Muß der Bilder Schwarm zerrinnen;
Soll Gott wirken frei und rein,
Muß mein Eignes stille sein.

3. Nahes Lieb, ich merke wohl
Innigs Neigen, zartes Winken,
Daß ich dir mich lassen soll,
Mir und allem ganz entsinken;
Du willst Herr und Meister sein,
Mich bewirken ganz allein.

4. Nein, du läßt mir's nicht mehr zu,
Hier und da 'was anzugreifen;
Fremdes Leben, falsche Ruh,
Kein Verbilden, kein Ausschweifen;
Ich soll dich allein ansehn,
Ich soll ohne Dich nicht gehn.

5. Ganz für Dich und ganz allein,
Ohne Willen, Wollen, Stören,
Soll ich eingesammelt sein,
Dir zu feiern, dich zu hören.
Nun die Äuglein schließen sich,
Stille selbst mich wesentlich!

6. Hab du freie Hand in mir,
Wollest deinen Ton bereiten;
Meine Kräfte seien dir
Leere, stille Fähigkeiten!
Du magst sie nach deinem Will'n
Selbst bewegen, selbst erfüll'n.

Erste Übung

Müder Geist, nun kehr zur Ruh

Zum Weg in die innere Stille gehört immer das Loslassen, das Sich-Lösen, das Gelöstsein. Der Dichter spricht aufmunternd sich selbst an, er fordert seinen „müden Geist" auf, „nun", am Abend eines geschäftigen Tages, zum Feierabend, zur Ruh zu kehren. Mein Geist ist müde geworden von dem Vielerlei, von dem, was mich vom Wesentlichen entfernt und abgebracht hat, von mir selbst, von dem, was in der Tiefe meiner selbst, im Innersten meines Geistes auf mich wartet: das Antlitz Gottes. Ich soll eine Kehre vollziehen zur Ruhe hin.

Das Wort „Ruhe" ist ein Geheimniswort der Mystiker. Eine Strömung, die die ganze Geschichte der christlichen Spiritualität durchzieht, ist nach diesem Wort benannt („Hesychasmus" vom griechischen Wort „hesychia – Ruhe"). Für die Väter des ägyptischen und später sinaitischen Mönchtums bedeutet „hesychia" den inneren und äußeren Zustand der Ruhe, Stille, des Schweigens, der Abgeschiedenheit und Gelassenheit. Sie setzt die Erfüllung der Gebote und die asketische Lebensführung, die Selbstbemeisterung voraus. Zu ihren wesentlichen inneren Bedingungen gehört Sorglosigkeit im Sinn der Bergpredigt, geistliche Nüchternheit und innere Wachsamkeit („Bewahrung des Herzens") und schließlich als Wichtigstes das Gott-Gedenken bzw. das immerwährende Herzensgebet, das später als Jesus-Gebet in besonderer Weise den Hesychasmus bekannt machte. Der Athos-Mönch und spätere Erzbischof von Thessaloniki, Gregor Palamas, gibt im 13. Jahrhundert das Wesen des Hesychamus zusammenfassend so wieder: „Hesychia ist Stillesein des Geistes und der Welt, Vergessen des Niedrigen, geheimnisvolles Erkennen des Höheren, das Hingeben der Gedanken an etwas Besseres, als sie selber sind. So schauen die, die ihr Herz durch solche heilige Hesychia gereinigt und sich auf unaussprechliche Weise mit dem alles Denken und Erkennen übersteigenden Licht vereinigt haben, Gott in sich selbst wie in einem Spiegel."

Der Begriff der Ruhe spielt auch im Westen, zum Beispiel in der spanischen Mystik der heiligen Teresa von Ávila und im ‚goldenen Zeitalter' der französischen Mystik eine bedeutende Rolle. Mit beidem war Gerhard Tersteegen tief vertraut. Er hat u.a. Schriften der französischen Mystikerin Jeanne-Marie Guyon (1648–1717, also rund fünfzig Jahre älter als er) ins Deutsche übersetzt und damit der evangelisch pietistischen Lebenswelt vermittelt. So heißt es in ihrer außerordentlich verbreiteten Schrift „Kurzer und sehr leichter Weg zum Inneren Gebet" über die Umkehr: „Dieser Weg, sich ins Innere zu wenden ist nicht schwer ..., weil Gott unsere Mitte ist. Die Mitte hat immer eine starke Anziehungskraft. (...) Sobald etwas auf seine Mitte gerichtet ist, eilt es mit großer Schnelligkeit darauf zu ... ein Stein in der Luft, kaum ist er losgelassen und zur Erde gerichtet, strebt schon durch sein Eigengewicht der Erde als seiner Mitte zu. Ebenso ist es mit dem Wasser und dem Feuer; werden sie nicht angehalten, so eilen sie geradewegs auf ihre Mitte zu. So sage ich: Dank der Anstrengung, die die Seele aufbrachte, um sich im Inneren zu sammeln, stürzt diese, da sie die Hinwendung zu ihrer Mitte in sich trägt, ohne eine andere Anstrengung als die Schwerkraft der Liebe nach und nach in ihre Mitte zurück. Je stiller und ruhiger sie bleibt, ohne sich selbst zu bewegen, desto schneller kommt sie voran" (vgl. E. Jungclaussen, Suche Gott in dir. Der Weg des inneren Schweigens nach einer vergessenen Meisterin, Jeanne-Marie Guyon, Freiburg, 3. Auflage 1989, S.73f.).

„Müder Geist, nun kehr zur Ruh." Diese Ruhe ist das Abenteuer, auf das ich mich einlasse. Vieles sträubt sich im Menschen gegen die Ruhe, weil in ihr die Stunde der Wahrheit schlägt. Das Zur-Ruhe-Kommen ist die Stunde der Wahrheit über mich selbst, über mein Selbst, das geheimnisvolle Bild der Ganzheit und Einheit, das nur in dieser Ruhe aufscheint.

In der Übung nehmen wir nur diesen Satz und lassen ihn in uns klingen: „Müder Geist, nun kehr zur Ruh." Was ermüdet uns in unserem Leben? Was empfinden wir als entfremdende Müdigkeit, die uns vom Eigentlichen und Wesentlichen abbringt? „Kehr zur Ruh" – indem ich mich mit dieser Ruhe, die gleichzeitig Stille und Schweigen ist, auf etwas Unauslotbares einzulassen versuche. „Müder Geist, nun kehr zur Ruh."

Zweite Übung

Und vergiß der Bilder alle

Unsere Zeit ist von Bildern überflutet. Es herrscht eine Bildersucht, durch die Menschen sich selbst entfremdet werden. Wenn wir einen Schritt weitergehen, stoßen wir in unserem Inneren auf eine Fülle von Bildern, schöne Bilder, die wir nicht vergessen wollen, oder auch schreckliche Bilder, die wir nicht vergessen können. Und nun steht hier der lapidare Satz: „Und vergiß der Bilder alle"! In der folgenden Strophe wird diese Aufforderung noch einmal unterstrichen: „Soll mir Wahrheit sein bekannt, / Muß der Bilder Schwarm zerrinnen." Was ist damit gemeint?

Bei Heinrich Seuse findet sich der eigentümliche Satz: „Die Bilder durch das Bild austreiben!" Wir sollen an die Stelle der Bilder des Unheils das heilige Bild stellen, die Ikone, die solange „Ikone", Bild des Heiles, ist, solange wir bereit sind, sie zu überschreiten. Das „wirkliche" Bild weist immer auf das Bildlose hin, das Unfaßbare, das Unbegreifliche. Dieses Überschreiten ins Bildlose, das immer auch ein Los-Lassen seiner selbst und das Sich-Einlassen in die Unbegreiflichkeit des Gegenüber bedeutet, hat Max Frisch in seinen Tagebüchern einmal mit äußerster Prägnanz so formuliert: „Lieben heißt: sich kein Bild machen."

Sich auf Gott in uns einlassen heißt nichts festhalten, alles loslassen, immer neu auf das unbegreifliche, bildlose Gegenüber zugehen, es in sich auf sich zukommen lassen, das in immer größere Tiefe und Jenseitigkeit hinüberlockt. Darum wird in der ostkirchlichen Spiritualität beim Jesus-Gebet dringend eingeschärft, sich in der Übung dieses Gebets kein Bild und keine Vorstellung von Christus zu machen und nicht etwa das Jesus-Gebet im Blick auf eine Ikone zu vollziehen.

Was es mit der Bildlosigkeit beim Meditieren auf sich hat, kommt in folgenden Versen Tersteegens zum Ausdruck, die an die mystische Spruchweisheit von Angelus Silesius erinnern: „Ach wär mein Geist so rein, so bilderlos und still, / Gleich wie ein weißes Blatt, worauf man schreiben will, / Bald würde Gottes Sohn durch seines Lichtes Strahlen / Sein wunderschönes Bild in meinem

Grunde malen." Die Bildlosigkeit ist deshalb nötig, um dem Bild Christi in uns Raum zu geben durch das beständige Überschreiten unserer selbst auf ihn hin in der bildlosen und auch wortlosen Liebe.

Wenn wir zu den Versen der ersten Strophe des Gedichts „Feierabend" zurückkehren: „Und vergiß der Bilder alle; / Schließ die Augen sachte zu, / Was nicht Gott ist, dir entfalle", dann werden wir spüren, daß es um etwas Behutsames geht. Die Bilder werden nicht zerschlagen, nicht verdrängt, nicht unterdrückt, sondern sie werden vergessen, und das Schließen der Augen als Sinnbild für den Eintritt in die Bildlosigkeit geschieht „sachte". „Schließ die Augen sachte zu, / Was nicht Gott ist, dir entfalle."

So geht es darum, alles Bildhafte, Begrenzte, alle Vorstellungen loszulassen und sich in tiefem Schweigen zu öffnen. Wir können auch die Bilder, an denen wir hängen, und auch jene, die uns bedrängen, ohne danach irgendwie zu suchen, ganz einfach kommen lassen und dann loslassen, sie innerlich an Gott abgeben. Wenn wir merken, daß wir das nicht können, sagen wir: „Nimm sie, Herr!" So wie es am Anfang des Gebets des heiligen Nikolaus von Flüe heißt: „Mein Herr und mein Gott: Nimm alles von mir, was mich hindert zu dir." Dann fügen wir im Loslassen und in aller Ruhe an: „Schweig dem Herrn und halt ihm still, / Daß er wirke, was er will!" In der Wendung „Schweig dem Herrn" liegt ein doppelter Sinn: keine bestimmte Erwartung haben, nichts sagen wollen, in gesammelter Aufmerksamkeit da sein; dann aber auch: auf ihn hin in einer letzten Offenheit schweigen, dem Leibe nach stillhalten und auch die Gedanken, die Wünsche stillegen zu reiner Aufmerksamkeit hin, „daß er wirke, was er will". Schweigen der

Bilder – Schweigen der Worte – Schweigen der Bewegungen. Vor ihm und auf ihn hin stillhalten, ihn wirken lassen. Christus will sich in mir ausprägen, er will „sein Bild in meinem Grunde malen".

Dritte Übung

Soll Gott wirken frei und rein,
Muß mein Eignes stille sein

In der zweiten Strophe werden wir auf bestimmte Grunderfordernisse und Gefährdungen unseres Lebens aufmerksam gemacht: „Still, geschäftiger Verstand, / Ruht, ihr ausgeschweiften Sinnen!" Es gibt in uns selbst ein ständiges inneres Geschwätz, mit dem wir unser eigenes Tun und das Geschehen um uns herum begleiten. Der Medizinmann in den Werken Carlo Castanedas, Don Juan, nennt als Haupterfordernis des inneren Weges: „das innere Geschwätz abstellen". Worin besteht das „Geschäftige" des Verstandes? In dem Bemühen, alles begrifflich fassen zu wollen, durch Begrifflichkeit die Dinge in den Griff zu bekommen und ihrer habhaft zu werden. Es gibt nicht nur Götzen-Bilder, sondern auch den Götzen „Begrifflichkeit", mit dem wir hantieren und Macht ausüben – bis in die Theologie hinein. Mit dieser Begrifflichkeit ist unser Verstand „geschäftig" dabei, zu urteilen und möglichst viel zu verurteilen. Dagegen sind wir aufgefordert, „still" zu sein, ohne Begriffe zu bilden, ohne zu beurteilen und zu verurteilen, sondern einfach gegenwärtig zu sein, einfach da zu sein.

„Ruht, ihr ausgeschweiften Sinnen!" Im Unterschied zu der verengten, negativen heutigen Bedeutung des Wortes Ausschweifung ist damit bei Tersteegen ganz allgemein das Sichverlieren über die Sinnenwelt nach außen gemeint. Das geschieht freilich durch eine schlimme Gier, die Neugier, bei der sich Auge und Ohr an alle möglichen neuen Eindrücke verlieren. Alle Sinneseindrücke, die wir auf dem Wege der Neugier aufnehmen, „der Bilder Schwarm", gilt es loszulassen, weil nicht ich die Wahrheit ergreifen und erfassen kann, sondern weil die Wahrheit mich erfaßt.

Das Ganze faßt Tersteegen in den beiden letzten Zeilen zusammen: „Soll Gott wirken frei und rein, / Muß mein Eignes stille sein." „Frei und rein", das heißt: ohne mein Zutun, ohne Vermischung von meiner Seite, ohne daß ich etwas hineinmische. Eine außerordentliche Gefahr des Meditierens ist, daß ich mir dabei selbst „auf den Leim gehe", daß ich bestimmte Erlebniserwartungen oder Steigerungen des Selbstgefühls hege, bei denen alles um mich selbst, um „mein Eignes" kreist. Dieser Kernbegriff bei Tersteegen bedeutet Selbstherrlichkeit, Eigenmächtigkeit, Anmaßung, Ichbezogenheit. Von diesem Ich-Sagen müssen wir uns lösen, um einem Du in mir Raum zu geben.

In der Übung können wir uns fragen: Wie kann ich das „Geschwätz" abstellen? Wie kann ich „mein Eignes" still sein lassen? Zunächst dadurch, daß ich ehrlich nach meinen Motiven frage, ob es mir um mein Ich geht oder um Gott, um die Wahrheit, und ob ich bereit bin, mich von ihr überwältigen zu lassen. Dann suchen wir das „Geschwätz" in der Sammlung abzustellen und rein gegenwärtig zu sein auf einem einfachen Wege, der uns leicht zur Verfügung steht: durch unseren Atem. Indem ich meinem Atem folge und ihn geschehen lasse, kann ich mir selbst gegenwärtig sein, um Gott „rein und frei", ohne Einmischung meines Ego-Ich wirken zu lassen. Für dieses „freie und reine Wirken Gottes" gegenüber unserer Eigenheit haben wir Christen einen Namen: Barmherzigkeit. Dieses Wort sei Leitwort für unser offenes Gegenwärtigsein vor Gott: Barmherzigkeit.

Aus dem geistlichen Selbstgespräch Tersteegens in den beiden ersten Strophen wird nun in der dritten die Anrede an das Du Gottes. Die aufmunternde, aber auch ernste und strenge Sprache sich selbst gegenüber wandelt sich jetzt in eine Sprache der Liebe: „Nahes Lieb, ich merke wohl / Innigs Neigen, zartes Winken, / Daß ich dir mich lassen soll, / Mir und allem ganz entsinken; / Du willst Herr und Meister sein, / Mich bewirken (oder nach einer Textvariante: besitzen) ganz allein." Das ist das Neue, „ich merke wohl", die Wahrnehmung des Wirkens Gottes in mir selbst als Zug der Liebe, als die Anziehungskraft der Liebe. Tersteegen vergleicht sie auch mit einem Magneten, der das Eisen an sich zieht; so wirkt Gott und zieht uns nach innen zu sich als der in uns wohnende Herr. „Nahes Lieb": Gott ist uns als Liebe nahe. Seinem „zarten Winken" antwortet unser „innigs Neigen". Ich soll loslassen, mich Gott ganz überlassen, und dann folgt wieder das Bild vom „Aufgehen in Gott", das auch im schon betrachteten Lied von der herrlichen und lieblichen Gegenwart Gottes vorkommt, das Bild vom Meer, in das man versinkt: „mir und allem ganz entsinken". Dieses „Entsinken" ist mehr als bloß Gefühlsseligkeit; es bedeutet: sich dem Wirken Gottes aussetzen. „Bewirken" oder „Besitzen" kommt auf das Gleiche heraus: Wenn Gott uns bewirkt, dann um uns zu besitzen, auf daß wir ihm ganz gehören.

Gottes Wirken ist immer Erbarmen. Von diesem Wirken ist im Lied wiederholt die Rede, besonders in der letzten Strophe. Auch dort, wo es wehtut, liegt für den Christen in allem Wirken Gottes Erbarmen. So können wir dieses Wort in die Meditation mitnehmen: „Gottes Wirken ist immer Erbarmen", und schließlich versuchen, uns diesem Erbarmen im Schweigen anzuvertrauen.

Vierte Übung

Ich soll dich allein ansehn, Ich soll ohne dich nicht gehn

Tersteegen betrachtet das Leben als eine Übung, in der Gegenwart Gottes zu leben. Sie besteht darin, wie er in einem kurz zusammenfassenden Traktat hierzu sagt (vgl. S.230), „daß wir wahrnehmen und beantworten die Liebeszüge und Lockungen Gottes in unserem Inwendigen, wodurch er uns freundlich erinnern, stillen, sammeln und mit sich vereinigen will". Gott lockt „in unserem Inwendigen", im inneren Menschen, der uns mit Christus neu erschlossen ist. Da will er uns „freundlich", wie ein Freund, erinnern: „Ich bin da, in deinem Innern." Er will uns „er-innern": uns ins Innere, in die Innerlichkeit führen und uns gleichzeitig seine Gegenwart bewußt machen. Er will uns „stillen": zur Ruhe bringen, in die Stille führen und zugleich erfüllen, den inneren Durst stillen, so wie eine Mutter ihr Kind stillt. In der fünften Strophe kehrt das Wort wieder: „Stille selbst mich wesentlich."

Wir können die Übung mit der Frage beginnen: Wo erfahre ich in meinem Leben Augenblicke, wo mich etwas zu mir selbst zurückzieht in dieser sanften, liebevollen Art, wie Tersteegen das hier beschreibt? Wir versuchen, selber dafür Worte zu finden, etwa: „Ich spüre dich" oder auch: „Ich spüre dich nicht, aber ich möchte dich spüren." Oder: „Du bist da." Versuchen wir das mit unseren eigenen Worten und konzentrieren es dann auf ein Wort, das wir beständig wiederholen.

Die vierte Strophe mit dem einleitenden „Nein" ist wie eine Verstärkung und Steigerung der vorhergehenden Strophe. Wirkliches Meditieren ist nicht folgenlos. Ernsthaftes Üben des inneren Gebets führt zu Konsequenzen in unserer Lebensführung. Man kann das „Askese" nennen, denn das entsprechende griechische Wort heißt im Grunde nichts anderes als Übung. Was geschieht in dieser Übung? Die Zeit wird kostbar, weil jeder Augenblick Begegnung mit Gott sein kann und sein sollte, weil wir dann „keine Zeit mehr zu verlieren" haben. Zeit aber ist das Kostbarste, was wir haben. Während der mehrtägigen zenbuddhistischen Exerzitien wird von einem Sprecher, kurz bevor man sich zur Ruhe begibt, in die Stille des Raumes hineingesprochen: „Die Frage von Leben und Tod ist bedeutsam. Darum karge mit der Zeit! Sei stets hellwach und voll Besonnenheit, und laß dich nicht gehen!"

„Hier und da 'was anzugreifen; / Fremdes Leben, falsche Ruh." Das ist es, dieses Sich-gehen-Lassen, dieses Sich-Verzetteln, diese Zerstreuung, die uns in die Entfremdung von uns selbst führt. Hier und da etwas unternehmen, aber „auf eigene Faust", ohne den Blick auf Gott, ohne das Bewußtsein seiner Gegenwart, seines Geleites. Es gibt auch eine Entspannung mit Sammlung, mit Aufmerksamkeit und vor allem mit Dankbarkeit für das, was da als Geschenk geschieht. Aber es gibt eben auch eine Zerstreuung, die die Sammlung ausschließt: hier ein paar Töne Musik, da eine angeblätterte Zeitung oder ein angedrückter Fernsehknopf („mal sehen, was es gibt ...") oder was auch immer. Es gibt nicht nur eine Umweltverschmutzung, sondern in einem noch viel höheren Grade eine Innenweltverschmutzung, die viel unheimlicher – weil unmerklicher – und daher von viel schlimmeren Folgen ist. Man könnte sogar sagen, daß die Umweltverschmutzung eine Folge dieser Innenweltverschmutzung ist und daß man, solange letztere nicht wahrgenommen wird, man letztlich vergeblich gegen die Umweltverschmutzung kämpft. „Kein Verbilden, kein Ausschweifen." Es gibt Bilder, die uns „ver-bilden", die unser Inneres entstellen. Und wir sollen uns nicht an Dinge verlieren, „ausschweifen", die uns in unserem Innern nicht gut tun.

All diesen Wegen, die uns in die Entfremdung von uns selbst führen, stellt Tersteegen am Ende der Strophe zwei lapidare Sätze entgegen: „Ich soll dich allein ansehn, / Ich soll ohne dich nicht gehn." „Dich allein ansehn": Das ist zum einen Gott als das Ziel auf das wir zugehen; es heißt zum andern lernen, in allen Dingen Gott anzuschauen, alle Dinge in Bezug auf Gott zu sehen und nicht etwa von dem absehen, was mich umgibt. Das wird uns aber nur gelingen, wenn wir auch immer wieder Zeiten wahrnehmen, Gott in der heiligen Messe anzuschauen, so wie Mutter Teresa von Kalkutta sagt: „Wir schauen am Morgen Christus in der Hostie an, damit wir ihn dann in all den Armen und Hungrigen und Sterbenden auf den Straßen wiedererkennen."

Gott ist das Ziel unseres Weges, aber zugleich der, der

uns auf dem Weg begleitet: „Ich soll ohne dich nicht gehn." Es geht um das Bemühen, Gott anzuschauen als das Ziel, als eine Gegenwart in allen Dingen, als das Gehen mit ihm und unter seinem Geleit, in seiner inneren Führung. Die Auswirkung des inneren Gebets ist es, in diese Haltung mehr und mehr hineinzuwachsen und zur Lebensform werden zu lassen.

Fünfte Übung

Hab du freie Hand in mir

„Du allein" und „Nichts ohne dich" ist der Grundklang der vierten Strophe, der in der fünften weiter entfaltet wird: „Ganz für dich und ganz allein, / Ohne Wissen, Wollen, Stören, / Soll ich eingesammelt sein, / Dir zu feiern, dich zu hören." Immer wieder geht es darum, alle Störungen der Eigenmächtigkeit („ohne Wissen, Wollen, Stören") loszulassen und sich in den inneren Grund zu sammeln, in dem der Mensch frei für Gott ist, in dem er Gott feiert. Ein sehr einfacher Vorgang, „die Äuglein schließen sich" wie von selbst. Während es in der ersten Strophe hieß: „Schließ die Augen sachte zu", also in einem bewußten Tun, ist nun die Meditation soweit fortgeschritten und das Gefühl der Geborgenheit so groß, daß sich „die Äuglein schließen", weil ich mich jetzt ganz als Kind Gottes weiß. Es ist das Kindsein, zu dem Jesus im Evangelium aufruft. Ich darf mich in der liebenden Zuwendung Gottes geborgen und im Frieden wissen. „Stille selbst mich wesentlich" ist ein Bild für diese Zuwendung, das sich auch schon bei Madame Guyon in ihrer Anweisung für das Innere Gebet findet.

Die letzte Strophe schließlich zeigt den Übergang von der Kontemplation in die Aktion, den Übergang vom Sich-Versenken zum Tun. Gott hat mich am Anfang in Adam zu seinem Bild und Gleichnis erschaffen, als er die Erde vom Ackerboden nahm und ihr den Lebensodem einhauchte. Dieser Schöpfungsvorgang geht weiter: „Forme mich nach deinem Bilde." Darin liegen zwei Bildvorstellungen: einmal das Malen (wie Tersteegen an anderer Stelle sagt, daß Christus „sein Antlitz in uns malt") und dann das Formen, das Geknetetwerden, das sehr schmerzlich werden kann: „Hab du freie Hand in mir, / Wollest deinen Ton bereiten, / Meine Kräfte seien dir / Leere, stille Fähigkeiten! / Du magst sie nach deinem Will'n / Selbst bewegen, selbst erfüll'n." Ich lasse mich von Gott zur Tat leiten. Das ist normalerweise mein täglicher Pflichtenkreis, wo ich versuche, Gott in mir wirken zu lassen und Gott durch mich wirken zu lassen. Es ist ein geheimnisvolles Nichttun; es wirkt nicht mehr mein Ego-Ich, sondern ein anderer, Christus, wirkt in mir. In diesem Wirkenlassen ist Gott hier und jetzt, im Sakrament des gegenwärtigen Augenblicks, zu erfahren. Dann gibt es im eigentlichen Sinne keinen „Streß" mehr, der ja weithin ein Ausdruck dafür ist, daß „ich" es „machen" will, daß „ich" es „schaffen" muß. Gott, er selbst bewegt meine Kräfte nach seinem Willen, er selbst erfüllt meine leeren Fähigkeiten. Das ist der Trost aus dem inneren Gebet, aus der Meditation für das schlichte Dasein mitten im Alltag.

6

Das Unsagbare wortlos anbeten

Zum Gebet der seligen Elisabeth von Dijon

Bei unseren Schritten in die innere Welt, auf unserem Weg in die Stille, in der sich das göttliche Geheimnis verbirgt, bei unseren Einübungen in das Meditieren oder innere Beten, das wir auch in der Sammlung unseres Leibes in der Grundübung vollziehen, lassen wir uns im folgenden vom Dreifaltigkeitsgebet der französischen Karmelitin Elisabeth von Dijon leiten. Dieses Gebet der Hingabe hat sie als 24jährige bei ihrer Gelübdeerneuerung, offensichtlich in einem Zug wie unter einer großen Inspiration, auf einem kleinen Blatt niedergeschrieben, das erst zwei Jahre später, nach ihrem Tod gefunden wurde. Der Text faßt die ganze Erfahrung ihres inneren Lebens in äußerster Verdichtung und übrigens auch hinreißender sprachlicher Kraft (von der eine Übersetzung immer nur einen unzureichenden Eindruck vermitteln kann) zusammen; er könnte durch viele Stellen aus ihren Briefen und geistlichen Aufzeichnungen ergänzt, erweitert und erläutert werden.

Eine französische Gesamtausgabe ihrer Schriften „Œuvres complètes“ erschien 1979/80 in drei Bänden bei den Editions du Cerf, Paris. Eine thematisch gegliederte Auswahl mit besonders markanten Texten ihrer geistlichen Botschaft ist auf deutsch zugänglich unter dem Titel: Elisabeth von Dijon, Licht das mich führt, Freiburg 1986; dieser Ausgabe ist auch die nachstehende deutsche Übersetzung des Gebets entnommen.

Bevor wir uns dem Dreifaltigkeitsgebet selbst zuwenden einige Vorbemerkungen zum Leben der Verfasserin. Elisabeth Catez wurde am 18. Juli 1880 in einem Truppenlager in der Nähe von Bourges geboren; ihr (damals bereits 48 Jahre alter) Vater war dort Hauptmann. Zwei Jahre später zieht die Familie nach Dijon um; hier wird 1883 eine zweite Tochter geboren. Als Elisabeth sieben Jahre alt ist, stirbt der Vater. Die Mutter kann der hochmusikalischen Tochter eine gründliche Ausbildung zukommen lassen; sie studiert am Konservatorium zu Dijon Klavier. Daneben wird der Wunsch der jungen Elisabeth, ihr ganzes Leben Gott zu weihen und in den Karmel von Dijon einzutreten, immer ausgeprägter. Nach langem Widerstand der Mutter, aber schließlich mit deren Einwilligung kann sie 1901 nach Vollendung ihres 21. Lebensjahres eintreten und erhält den Namen „Elisabeth von der Dreifaltigkeit". Schon 1905 machen sich körperliche Erschöpfungszustände bemerkbar, sie erkrankt an Tuberkulose; hinzukommt eine zu damaliger Zeit unheilbare Erkrankung der Nebennieren (Addison'sche Krankheit), die zur fast völligen Unmöglichkeit, sich zu ernähren, führt. Achteinhalb Monate verbringt sie auf der Krankenstation des Karmel in schweren Leiden und langdauerndem Todeskampf. Sie stirbt am 9. November 1906. Am 25. November 1984 wird sie seliggesprochen.

Gebet der seligen Elisabeth von der Dreifaltigkeit

O mein Gott, Dreifaltigkeit, die ich anbete: Hilf mir, mich ganz zu vergessen, um in Dir zu wohnen, regungslos und friedvoll, so als weilte meine Seele bereits in der Ewigkeit. Nichts soll meinen Frieden stören können, nichts mich aus

Dir herausziehen können, o mein Unwandelbarer; vielmehr soll mich jede Minute weiter hineinführen in die Tiefe Deines Geheimnisses.

Schenk Frieden meiner Seele, mach sie zu Deinem Himmel, zu Deiner geliebten Wohnung und zum Ort Deiner Ruhe. Gib, daß ich Dich dort nie allein lasse, sondern ganz da bin, ganz wach in meinem Glauben, ganz anbetend, ganz ausgeliefert an Dein schöpferisches Handeln.

O mein geliebter Christus, aus Liebe gekreuzigt, ich möchte Braut sein für Dein Herz, ich möchte Dich mit Ehre überschütten, ich möchte Dich lieben ... ja aus Liebe sterben! Aber ich fühle mein Unvermögen. Darum bitte ich Dich: Bekleide mich mit Dir selbst, mach meine Seele eins mit allen Regungen Deiner Seele, überflute mich, nimm mich in Besitz, tritt Du an meine Stelle, damit mein Leben nur mehr ein Widerschein Deines Lebens sei. Komm in mich als Anbeter, Versöhner und Erlöser!

O ewiges Wort, Wort meines Gottes, ich will mein Leben damit verbringen, auf Dich zu hören. Ich will ganz offen und gelehrig sein, um alles von Dir zu lernen. Sodann will ich durch alle Nächte, alle Leere und alles Unvermögen hindurch immer den Blick auf Dich richten und in Deinem hellen Licht bleiben. O mein geliebter Stern, banne mich fest, damit ich nie mehr aus Deinem Strahlenkreis herausfallen kann.

O verzehrendes Feuer, Geist der Liebe, komm über mich, damit in meiner Seele gleichsam eine neue Menschwerdung des Wortes geschehe: Möge ich Ihm eine zusätzliche Menschheit sein, in der Er sein ganzes Mysterium erneuern kann. Und Du, o Vater, neige Dich zu Deinem armen, geringen Geschöpf herab, sieh in ihm nur den Vielgeliebten, an dem Du Dein Wohlgefallen hast.

O meine Drei, mein Alles, meine Seligkeit, unendlich Einer, Unermeßlichkeit, in die ich mich verliere, ich liefere mich Dir als Beute aus. Senke Dich ganz in mich hinein, damit ich mich in dich versenke, bis ich einst in Deinem Licht zur Anschauung Deiner unermeßlichen Größe und Erhabenheit gelange.

Erste Übung

O mein Gott, Dreifaltigkeit, die ich anbete

Das Geheimnis der Dreieinigkeit Gottes, die im tiefsten Innern des Menschen gegenwärtig ist, wird für Elisabeth von Dijon zur entscheidenden Glaubenserfahrung ihres Lebens. „In diesem kleinen Himmel, den er sich in der Mitte unserer Seele geschaffen hat, müssen wir ihn suchen und müssen vor allem dort bleiben", schreibt sie im Todesjahr an ihre Schwester. Es geht für uns nicht darum, über das Geheimnis der Dreifaltigkeit nachzugrübeln, sondern sich auf sie als die Lebenswirklichkeit liebend einzulassen. Dreifaltigkeit ist Ausdruck des Geheimnisses, Ausdruck der Fülle: der Vater, der sich im Sohn verwirklicht, indem er sich in ihm erkennt; die Liebe von Vater und Sohn, die sich als Einheit verwirklicht im Heiligen Geist; ein Hervorgehen, Sich-Mitteilen, Verströmen, Zurückgeben – diese Fülle wird mit „Dreifaltigkeit" oder „Dreieinigkeit" umschrieben.

„O mein Gott, Dreifaltigkeit, die ich anbete!" Anbetung bedeutet Anerkennung meines Ursprungs; sich dem zuwenden, dem ich entstamme – nicht als etwas Fernem, sondern als etwas in mir selbst Verborgenem. Sie vollzieht sich in tiefer innerer Sammlung, im Schweigen einer Liebe, die von der Heiligkeit Gottes überwältigt ist.

In der Übung lassen wir den Satz „O mein Gott, Dreifaltigkeit, die ich anbete" in folgender Weise in uns wachsen. Zuerst das Wort „Gott"; wir lassen es in uns klingen und versuchen, zu spüren, was es für uns bedeutet und wie wir da hineingehen können. Dann fügen wir nach einer Weile das Wörtchen „mein“ hinzu: „O mein Gott!“ Gott für mich! Und auch hier wieder das Wort gleichsam fragend klingen lassen; vielleicht fallen uns Situationen ein, in denen wir dieses „Mein Gott!“ in großer Bedrängnis gesprochen haben wie der Herr am Kreuz oder auch voller Freude: „Mein Gott, wie schön!“ In einem dritten Schritt: „O mein Gott, Dreifaltigkeit“ – als Ausdruck des Geheimnisses und der Fülle. Schließlich fügen wir in einem vierten Schritt hinzu: „Ich bete dich an.“ Ich verdanke mich dir in meinem ganzen Sein; du bist der Ursprung, dem ich entstamme und der mich bis zu diesem Augenblick im Dasein erhält.

Sehr bewußt nehmen wir die in der Grundübung beschriebene gesammelte Haltung ein, lauschen auf den Atem, wie er kommt und geht; hören nach innen und beginnen dann erst mit den Worten, damit sie aus dem Herzen kommen können: „Gott – Mein Gott – Mein Gott, Dreifaltigkeit – Mein Gott, Dreifaltigkeit, ich bete dich an.“ Bei dem letzten Wort suchen wir uns bewußt zu machen, daß unser Ich in seinem tiefsten Wesen als erlöstes Geschöpf der Dreieinigkeit zugewandt ist. Dann lassen wir die Worte los, um das Unsagbare wortlos anzubeten und nur noch in tiefem Schweigen im Geheimnis der Dreieinigkeit zu verweilen, das uns alle umhüllt, durchdringt und erfüllt.

Zweite Übung

Hilf mir, mich ganz zu vergessen, um in dir zu wohnen

Unübersehbar steht am Anfang „Hilf mir". Diese Hilfe ist das Wirken des Geistes Gottes in uns, der es uns ermöglichen will, das zu tun, was vielleicht das Schwerste ist: uns selbst zu vergessen. Das ist der Weg der christlichen Selbstverwirklichung: sich selbst zu vergessen, um uns in Gott in der Fülle der Dreifaltigkeit, „in ihr" zu begründen. Im französischen Original heißt es „établir": wir suchen uns niederzulassen, einzurichten, Heimat zu finden, zu wohnen. Das bringen wir auch in unserer Gebetshaltung zum Ausdruck: Wir „etablieren" uns in unserem Stillsitzen, das hier auch anklingt: „unbeweglich und friedvoll". Dieses Ganz-auf-Gott-Gerichtetsein in der Regungslosigkeit des Geistes – nicht weil er aus Stein wäre, sondern weil er ganz fest auf Gott ausgerichtet ist – hat seine Widerspiegelung in der unbeweglichen Körperhaltung des Meditierenden. (Davon ist öfter in Lebensbeschreibungen großer Beter und Heiliger die Rede, daß sie „unbeweglich" waren; so wird zum Beispiel von Edith Stein berichtet, daß sie schon vor ihrem Klostereintritt in der Abteikirche von Beuron „stundenlang unbeweglich kniete".) Gemeint ist jene innere Reglosigkeit, wo man wegen der Intensität, Tiefe und Schönheit der Erfahrung kaum zu atmen wagt, wo jede Bewegung diese Erfahrung verscheuchen konnte. Dieser Erfahrung können wir uns annähern, wenn wir auch in unserer Körperhaltung ganz bewußt unbeweglich sind – nur das Atmen ist die einzige bewußte Bewegung.

„Friedvoll", das heißt, gelöst, unverkrampft. Meditieren ist etwas Ernstes, aber kein „tierischer Ernst", weil wir im letzten geführt werden, weil wir nicht auf unsere eigene Anstrengung setzen müssen, sondern auf die uns entgegenkommende Hilfe vertrauen dürfen. Darum suchen wir immer wieder loszulassen und wirklich gelöst dazusitzen. Wenn wir dabei versuchen, unmerklich dankbar zu lacheln, werden wir spüren, wie das löst und frei macht.

Wir gehen in die Übung mit dem Bewußtsein: „Ich werde innerlich geführt", und lassen dann ganz ruhig die Worte kommen: „mich selbst vergessen – mich in dir begründen, in dir wohnen." Wenn das in uns wächst und unser Herz erwärmt, dann vereinfachen wir vielleicht noch einmal auf die Worte: „Ich in dir." Es ist ein Hinübergehen, von mir weg, vom Ich zum Du: „Ich in dir!"

Im Gebet heißt es weiter: „Nichts soll meinen Frieden stören können, nichts mich aus dir herausziehen, o mein Unwandelbarer; vielmehr soll mich jede Minute weiter hineinführen in die Tiefe deines Geheimnisses."

Wir fragen uns: Was stört meinen Frieden? Gemeint ist der tiefe innere Frieden, der Gottesfrieden, das Ruhen in Gott. Behutsam spüren wir dem nach, was uns nicht „zur Ruhe kommen läßt": Ängste um andere, Ängste um sich selbst, seelische Verwundungen, Fehlhaltungen, Ansprüche, Stolz, Geltungsbedürfnis, Habgier bis hin zu einer subtilen Habgier in geistlichen Dingen?

Noch eine zweite Frage drängt sich auf: Was mache ich mit meiner Zeit? Es geht, um das Gebet beim Wort zu nehmen, um „jede Minute". Ist mir meine Zeit ein Gottesgeschenk, die ich auch für Gott zu nützen habe? Sehe ich in meiner Lebensfrist, die mir gegönnt ist und um deren Dauer niemand weiß als Gott allein, eine Aufgabe und ein Geschenk, Gott näher zu kommen? Womit vertue ich meine Zeit? Fülle ich sie aus mit unnützen Dingen – auch mit unnützer Klage, mit Jammern um mich selbst, statt meine Blicke auf den Herrn zu richten, der mir ja jeden Augenblick gegenwärtig ist?

Mein Friede – und mein Unfriede! Meine Zeit – und meine Angst, „keine Zeit zu haben"! Wir wollen aber nicht darüber grübeln, sondern es still anschauen, um es dann bewußt Christus zu übergeben. Gerade in der Feier des Gottesdienstes oder im direkten Gespräch der Anbetung können wir das, was uns in der Selbstbetrachtung des eigenen Lebens begegnet ist, Christus wirklich anvertrauen. Alles, was wir an Störfaktoren unseres inneren Lebens gefunden haben und was uns beim Nachsinnen über unsere Zeit deutlich geworden ist, suchen wir loszulassen (man kann sich in solche Fragen auch „verheddern") und beten mit der seligen Elisabeth von der Dreifaltigkeit: „Vielmehr soll jede Minute mich weiter hineinführen in die Tiefe deines Geheimnisses." Jede Minute, das heißt: jetzt! Wir greifen die ganz einfache Formel noch einmal auf: „Ich in dir", und erweitern sie: „Ich in dir – tiefer, tiefer, tiefer." Wir lassen sie verklingen und setzen neu an: „Ich in dir – Abgrund des Geheimnisses der Dreieinigkeit, dessen unbegreiflicher Tiefe wir selbst entstammen." Wir nehmen sehr bewußt die Grundhaltung ein, erspüren den Atem, lassen alle Bedenken und Sorgen los: „Jede Minute tiefer in den Abgrund deines Mysteriums!"

Dritte Übung

Schenk Frieden meiner Seele, mach sie zu deinem Himmel, zu deiner geliebten Wohnung und zum Ort deiner Ruhe

Nachdem am Anfang des Gebets vom Wohnen in Gott die Rede war („Hilf mir, mich ganz zu vergessen, um in dir zu wohnen"), geht es jetzt um das Wohnen Gottes in mir. In der Wechselseitigkeit der Liebe folgt auf die Bewegung: „Ich in dir", die Wendung nach innen: „Du in mir". Die paradox erscheinende Formel „Ich in dir – du in mir", die sich auch umstellen läßt: „Du in mir – ich in dir" bringt das Geheimnis der Begegnung mit dem dreifaltigen Gott in wechselseitiger Durchdringung zum Ausdruck.

Ganz neu entdeckt Elisabeth von Dijon für sich die alte christliche Glaubensüberzeugung, daß der Himmel dort ist, wo Gott ist, und daß, wenn Gott in mir ist, der Himmel in mir ist. „Mir scheint, ich habe meinen Himmel auf Erden gefunden, denn der Himmel ist Gott, und Gott ist in mir. An dem Tag, da ich dies verstanden habe, ist in mir alles hell geworden, und ich möchte dieses Geheimnis ganz leise allen mitteilen, die ich liebe, damit auch sie, durch alles hindurch, immer Gott anhangen und damit sich das Gebet Christi erfüllt: Vater, sie sollen eins sein", schreibt sie in einem Brief.

In der Bitte „Schenk Frieden meiner Seele" ist sowohl Läuterung als auch Erfüllung enthalten. Einerseits soll weggenommen werden, was den Frieden stört, andererseits soll die Seele still und von Gott erfüllt werden.

Mein Inneres soll seine „geliebte Wohnung" werden, der „Ort seiner Ruhe", der Ort, wo er seine ewige Ruhe ausstrahlt. Darum ist der Weg nach innen immer ein Zur-Ruhe-Kommen, aber zu einer Ruhe, die Wachheit bedeutet: „ganz wach in meinem Glauben". Das innere Auge richtet sich auf die Wirklichkeit des „Gott in mir" in dem festen Vertrauen, daß ich diese unsichtbare innere Wirklichkeit mehr und mehr erlebe. Es kann uns die Frage beschleichen, ob das nicht vielleicht Einbildung, eine Art von Autosuggestion sei. Sie wird beantwortet durch die lange Reihe lebendiger Zeugen des Glaubens, angefangen von den Aposteln bis hin zu einer großen Mystikerin wie der seligen Elisabeth von Dijon, die alle Zeugen einer inneren Erfahrung Gottes sind, die durch und in Christus jetzt bei uns gegenwärtig sind und uns ermutigen, diesen Weg des Glaubens an die Gegenwart Gottes in uns zu wagen.

„Gib, daß ich dich dort nie allein lasse, sondern ganz da bin." In der Übung können wir von dem Bewußtsein ausgehen, daß Gott in uns ist, daß er sich in uns seinen Ort geschaffen hat und daß wir ihn dort erfahren dürfen. Er ist immer da. Nur lassen wir ihn oft in uns „allein", weil wir nicht wahrhaft bei uns selbst sind, sondern zerstreut und an das Äußere verloren. Wenn wir versuchen, „ganz da zu sein", mit unserem ganzen Wesen bei uns selbst, in uns selbst zu sein, dürfen wir dabei nicht verkrampfen, sondern wissen: Es ist Geschenk, gesammelt in mir selbst, bei ihm zu sein. In der Lebensbeschreibung Papst Gregors über den heiligen Benedikt wird dieses ganz Da-Sein als „in sich selbst wohnen" (habitare secum) bezeichnet. Wir können dann alles in den ganz einfachen Worten zusammenfassen: „Du in mir", und immer wieder: „Du in mir", und schließlich alle Worte loslassen und in tiefem, ehrfurchtsvollem Schweigen verharren.

Am Ende des zweiten Abschnitts wird das „Ganz-da-Sein“ entfaltet: „ganz wach in meinem Glauben, ganz anbetend, ganz ausgeliefert an dein schöpferisches Handeln.“ Ganz wach – oder noch wörtlicher: „erwacht“ (éveillée) – glauben ist ein Erwachen zur Wirklichkeit, die wir nicht sehen, die wir aber im Glauben als Gnadengeschenk wahrnehmen. Beim Meditieren geht es im Grunde um nichts anderes als um ein Erwachen im Glauben, nicht etwa um eine Art Selbsthypnose, wie vielleicht jemand meinen könnte. Glauben ist ein Weg, wachzuwerden, die Augen zu öffnen und eine Wirklichkeit wahrzunehmen, die man nicht „gesehen“ hat. So ist es „mein Glauben“, mein persönliches Glauben, das mir geschenkte Glauben, zu dem ich aufwache und in dem ich die Wirklichkeit unseres Glaubens als Glaubenserfahrung dankbar empfange. Denn mein Glauben ist unlöslich verbunden mit unserem Glauben, ich weiß mich zugehörig der großen Schar von Glaubenszeugen, die den „Gott-in-uns“, den Dreieinigen, glaubend anbeten und damit glaubend erfahren und sich ihm ganz überlassen: „ganz ausgeliefert an dein schöpferisches Handeln“, die sich dem schöpferischen Wirken Gottes, das sie im Dasein trägt, erhält und zugleich umwandelt, überlassen. In der Übung können wir wiederum an die schon vertraut gewordenen Worte anknüpfen: „Du in mir – ich in dir“ und sie erweitern: „Ich in dir – ganz wach in meinem Glauben“; „ich in dir – ganz anbetend“; „ich in dir – ganz ausgeliefert an dein schöpferisches Handeln“.

Vierte Übung

Ich möchte dich lieben ... ja, aus Liebe sterben

Nachdem am Ende des zweiten Abschnitts von der Hingabe, der Auslieferung an das schöpferische Handeln Gottes die Rede war, wird jetzt der Gekreuzigte angesprochen: „O mein geliebter Christus, aus Liebe gekreuzigt". Der Blick auf den Gekreuzigten erschließt, was mit diesem schöpferischen Wirken gemeint ist: die Umgestaltung in Christus. „Ich möchte Braut sein für dein Herz, ich möchte dich mit Ehre überschütten, ich möchte dich lieben, ja aus Liebe sterben!" Religiöse Sprache ist immer eine – für unser „normales" Verständnis – übertriebene Sprache, eine gesteigerte Sprache, die in uns eben auch diese „Steigerung", dieses Über-uns-hinaus-Wachsen" erwecken will.

In dem aus Liebe gekreuzigten Herrn erscheint das Bild des Meisters, der den Weg in die Fülle weist, in die Erfahrung der dreieinigen Fülle. Der Meister, der die Fülle erschließen will, erscheint in einem Bild der Minderung, als ein Leidender, der aller Fülle beraubt ist, als ein Sterbender. Hinter dieser Minderung steht eine Fülle, nämlich die Liebe, aus der heraus er die Minderung auf sich nimmt. Dieses Bild des Meisters in der Minderung als Zuwendung aus Liebe ist Anspruch und Entsprechung: Anspruch des schöpferischen Wirkens des Dreieinigen, sich in diese gekreuzigte Liebe freizugeben; und es ist die Entsprechung auf das Urverlangen des Menschen, ganz zu werden in der Liebe – in der Erfahrung, geliebt zu werden und lieben zu können, in der Erfahrung des Du.

Der „aus Liebe Gekreuzigte", der uns die Tiefe seiner Liebe im Kreuz kundtut, erweckt in uns die Antwort der Liebe. In einem dreifachen „Ich möchte ..." werden Urbilder der Liebe und des Einswerdens vor Augen gestellt: die Braut, das Herz, das Überschütten mit Ehre, das Sterben aus Liebe. Wenn wir vielleicht vor dieser gesteigerten Sprache der Liebe zurückschrecken möchten, weil sie uns allzuschnell als hohles Pathos erscheinen könnte, wollen wir uns vor Augen halten, wie wörtlich sich dieses Wort vom Sterben aus Liebe an Elisabeth von Dijon in ihrem langen Todesleiden erfüllte. In einem Brief schreibt sie von dem schwarzen Holzkreuz, das sich in ihrer kleinen Zelle von der weißen Wand geheimnisvoll und still abhebt: „Dieses Kreuz ist *mein* Kreuz, an dem ich mich jeden Augenblick darbringe, um gleichförmig zu sein mit meinem gekreuzigten Bräutigam. Der heilige Paulus sagt: Ihn, Christus, will ich erkennen und die Gemeinschaft mit seinem Leiden und die Gleichförmigkeit mit seinem Tod. Damit ist der mystische Tod gemeint, durch den die Seele sich so sehr entäußert und vergißt, daß sie in Gott hineinstirbt, um in ihn umgestaltet zu werden. Das erfordert Leiden, denn unser ganzes Ich muß sterben, damit Gott selbst an unsere Stelle treten kann."

In der Übung können wir bei dem dreimaligen „Ich möchte ..." verweilen und uns ganz tief in unser Inneres hinein fragen: Was möchte ich? In dem „möchte" kann ja Verschiedenes liegen: was wir mögen; was wir haben möchten; was wir geben möchten; was wir verwirklichen möchten; was wir sein möchten. Hören wir tief in uns hinein und versuchen wir die Antwort: „Ich möchte ..." Bleiben wir dabei ganz ehrlich, und wenn sich uns nichts Klares zeigt, geben wir zu, daß wir es nicht wissen. Was möchte ich, was möchte ich wirklich? Versuchen wir, unsere innerste Sehnsucht, unseren geheimsten Wunsch, wenn wir auf das Ganze unseres Lebens schauen, in wenigen Worten oder vielleicht in einem einzigen Wort zum Ausdruck zu bringen. Lassen wir dieses Wort in uns klingen, und prüfen wir, ob es ganz echt ist. Für Elisabeth von der Dreifaltigkeit ist ganz klar, was sie möchte: lieben als Antwort auf die gekreuzigte Liebe des Herrn. Aber sie fühlt ihr Unvermögen – unser Unvermögen reicht noch weiter: daß wir im Grunde vielleicht gar nicht wissen, was wir „möchten". In jedem Fall bleibt nur der Blick auf den Gekreuzigten. Einige Tage vor ihrem Tod drückt Elisabeth ihr Profeßkreuz ans Herz und sagt: „Wir haben uns so sehr geliebt!" Oder denken wir an ihr bewegendes Wort auf dem Sterbebett: „Alles vergeht ... am Abend des Lebens bleibt nur die Liebe!"

Aus dem Bewußtsein ihres Unvermögens bittet sie: „Bekleide mich mit dir selbst, mach meine Seele eins mit allen Regungen deiner Seele, überflute mich, nimm mich in Besitz, tritt du an meine Stelle, damit mein Leben nur mehr ein Widerschein deines Lebens sei." Das Gebet nimmt das tiefe biblische Bild vom Anziehen des neuen Menschen auf, vom Gleichförmigwerden mit Christus. Das wird in den folgenden Bitten im Anschluß an die große französische Mystik ausgeführt, die versuchte, sich in die Seele Jesu hineinzuspüren und ihre „Haltungen" („les états de Jésus") in sich selbst zu verwirklichen. Das ist im Grunde der Sinn aller Schriftlesung, in das Innere Jesu einzutreten: Nachfolge Jesu als Gleichförmigkeit, vor allem in der inneren Haltung.

Liebend aufnehmen können, liebend geben können, sich auf andere einstellen und einstimmen, Schwankungen wahrnehmen und darauf eingehen können – dieses Einstellen auf „alle Regungen Deiner Seele", auf die Fülle des Menschseins Jesu bedeutet die Läuterung meiner selbst, das Erkennen meiner Einstellungen, das Zum-Vorschein-Kommen meiner Überheblichkeit, Unsicherheit, Ängstlichkeit, meines mangelnden Mutes, klare Entscheidungen zu treffen. Offenheit für die Seele Jesu bedeutet Läuterung, nicht aus eigener Kraft, sondern von Christus her. Indem mein Leben mit der Menschheit Jesu zusammenwächst und indem ich ihn ganz einlasse in mein Inneres, gewinnt mein Leben in der Person Jesu plötzlich eine universelle Bedeutung. „Überflute mich, nimm mich in Besitz, tritt du an meine Stelle" – in solchen ganz starken Wendungen kommt das Geheimnis der wechselseitigen Durchdringung zwischen Christus und dem Gläubigen zum Ausdruck. Diese Durchdringung aber nicht nur als etwas ganz Individuelles, Persönliches – und damit vielleicht auch „Beliebiges" – und nur zu meinem ganz persönlichen Heil Notwendiges verstanden, sondern es geht um das Eintreten in die Universalität des Hohepriestertums Jesu Christi: „Komm in mich als Anbeter, Versöhner und Erlöser!"

Wie können wir das alles in die Meditation hineinnehmen? Wir können das alte Gebetswort aufgreifen: „Herr Jesus Christus, erbarme dich meiner", denn in diesem Erbarmen ist alles mit eingeschlossen. Es geht nicht um „ein bißchen" Heilung, „ein bißchen" Sündenvergebung, „ein bißchen" Verbundenheit, sondern darum, von Christus ganz durchdrungen zu werden: „Tritt du an meine Stelle", sei du mein eigentliches Ich (im Französischen heißt es: „identifier"). Mein Leben soll Widerschein dieses Christus sein, der den Vater anbetet, der sühnt, der heilt, der rettet. Tun wir etwas, was wir sonst vielleicht nicht oft tun: Lassen wir den Gekreuzigten vor unserem inneren Auge erscheinen in seiner Liebeshaltung der Hingabe an den Vater und an uns. Im Blick auf ihn, der unser „Ein und Alles" sein will und an dessen „Ein und Alles" für die Menschen wir teilhaben dürfen, sagen wir ganz schlicht, so gut wir es können: „Herr Jesus Christus, erbarme dich meiner."

Fünfte Übung

Um alles von dir zu lernen

Im zweiten Abschnitt des Gebets wurde Christus als der Gekreuzigte angesprochen. Es ging um die Menschheit des Herrn, seine Menschlichkeit, sein Herz und um das Gleichförmigwerden mit ihm, mit „allen Regungen seiner Seele", mit ihm „als Anbeter, Versöhner und Erlöser". Jetzt heißt es: „O ewiges Wort, Wort meines Gottes" – es ist das Wort, das im Anfang war und durch das alles geworden ist: „Ich will mein Leben damit verbringen, auf dich zu hören. Ich will ganz offen und gelehrig sein, um alles von dir zu lernen." Es geht um die Verwirklichung meines Lebens als Werk des Wortes. Dieses ewige Wort – Jesus Christus – ist mein wahres Wesen. In der Verwirklichung des Willens Jesu, der immer ein Liebeswille ist, verwirkliche ich mein wahres Wesen.

Sein Wille soll sich erfüllen „durch alle Nächte, alle Leere und alles Unvermögen hindurch". Der Durchbruch zum Letzten meines wahren Wesens als Verwirklichung des Willens Jesu geht nur durch die Nacht, durch die „dunkle Nacht der Sinne und des Geistes". Auch in der

Weise, daß man in der Meditation nichts mehr fühlt und nichts „Schönes" empfindet, daß einem plötzlich alles sinnlos erscheint und man meint, man sei der große Narr, wenn man sich auf Gott einläßt. „Sodann will ich durch alle Nächte, alle Leere und alles Unvermögen hindurch immer den Blick auf dich richten und in deinem hellen Licht bleiben."

In der Meditation suchen wir uns Christus zu öffnen, seinem Liebeswillen. Nur das Eine: sein Wille! Ich erfahre ihn immer neu aus der Heiligen Schrift, aber er ist auch zutiefst in mir als die in mir nahe Wirklichkeit seines Wirkens. Von ihm will ich alles lernen: „Dein Wille geschehe!" Auf ihn will ich unverwandt meinen Blick richten: „Dein Wille soll sich erfüllen durch alles Dunkel hindurch." Wir schauen unser Leben an, wie es bis zu dieser Stunde gegangen ist, mit den Nächten, mit der Leere, mit der Erfahrung des Unvermögens.

Das Ja zum Willen Jesu ist auch das Ja zu unserem Leben, so wie es ist. Wir öffnen uns Christus im Bewußtsein, daß in ihm auch unsere ganze Zukunft beschlossen ist, und versuchen, von dieser Zukunft alles anzunehmen. Wir nehmen das Ganze unseres Lebens als Willen Jesu an, als seinen Liebeswillen: „Ja! Dein Wille geschehe." Wenn wir das Gefühl haben, wir kommen an Grenzen und ein solches Ja ginge nicht, dann lassen wir es und schauen einfach auf Christus als den Stern unseres Lebens durch alle Nächte hindurch: „Herr Jesus Christus, erbarme dich meiner."

Wenn der Eindruck entstanden sein sollte, als sei das Hören und Lernen und Schauen auf Christus als das Wort, durch das alles geschaffen ist, eine statische Ruhe und die Annahme des eigenen Lebens von Christus her ein passives Über-sich-ergehen-Lassen, so schlägt das jetzt gleichsam um in eine äußerst dynamische Lebendigkeit: „O verzehrendes Feuer, Geist der Liebe, komm über mich!" Nach der Anrufung des dreifaltigen Gottes mit der Bitte, in ihm zu wohnen und daß er Wohnung nehme in mir, nach der Anrufung des geliebten Christus, der als Anbeter, Versöhner und Erlöser in mir den Zugang zur Dreieinigkeit eröffnet und als das ewige WORT mein ganzes Leben in seinem Liebeswillen gründet und führt, kommt jetzt die Anrufung des Heiligen Geistes, der die Dynamik der Dreieinigkeit durch sein schöpferisches Wirken als Liebe erschließt. Er ist die Kraft der Liebe in uns, die unsere Grenzen aufsprengt in der Zuwendung nicht nur zu Gott, sondern zum Menschen und zu aller Kreatur. Das verzehrende Feuer wird für uns zum Sichverzehren in der Liebe: „Komm über mich!"

Wir versuchen, zu spüren, was für ein Wagnis, was für eine Kühnheit es ist, sich diesem verzehrenden Feuer auszusetzen, so daß wir jetzt nichts mehr für uns selbst behalten können, daß wir völlig ungeschützt in liebender Hingabe für andere da sein sollen, ihnen gleichsam ausgesetzt. Ein gefährliches Leben – diese beständige Inanspruchnahme durch das verzehrende Feuer, durch den Geist der Liebe! Wir lassen dieses Wort in uns ein und fragen uns in aller Ehrlichkeit, ob wir hinzufügen können: „Komm über mich!" Sonst lassen wir es nur bei diesem Wort: „O verzehrendes Feuer, Geist der Liebe". In der Stille spüren wir den Anspruch dieser Worte, das Wagnis, aber auch die große Möglichkeit. Wir lassen es zur Frage an uns werden: Was will dieses Feuer von mir? Was will der Geist der Liebe für mich? Was wird mit mir geschehen? Und behutsam suchen wir innerlich zu sprechen: „Komm über mich!" Zuletzt alle Worte loslassen und sich im Schweigen dem „verzehrenden Feuer" aussetzen.

Es folgt jetzt der vielleicht schwierigste und zugleich wichtigste und beglückendste Teil in der Meditation des Dreifaltigkeitsgebets. Der Geist der Liebe soll über uns kommen, „damit in meiner Seele gleichsam eine neue Menschwerdung des Wortes geschehe: Möge ich ihm eine zusätzliche Menschheit sein, in der er sein ganzes Mysterium erneuern kann." Das Mysterium, daß Gottes ewiges Wort in Maria Mensch wurde, soll in meiner Seele gleichsam neu geschehen, sich gleichsam noch einmal verwirklichen. Sein „ganzes Mysterium" ist zunächst mein Einssein mit Christus aufgrund dieser seiner Einwohnung in mir durch den Heiligen Geist. Was ich „durch alle Nächte, alle Leere und alles Unvermögen hindurch" zu lernen habe – auch als Glied seines mystischen Leibes –, ist: an dem Platz, wo ich stehe, mich bemühen um Einswerden und Einssein und dafür wirken. Das Einssein in Christus ist keine „blasse Idee", sondern konkrete Wirklichkeit, die nach wachsender Verwirklichung drängt: „Denken, was eint – reden, was eint – tun, was eint!" Das bezieht sich nicht nur auf mein Leben mit den Menschen, sondern auf die Schöpfung überhaupt. Auch die Bewahrung der Schöpfung gehört in dieses „Denken, was eint – reden, was eint – tun, was eint", damit nicht nur ich, sondern die Menschheit und die ganze Schöpfung Widerschein des Lebens Christi sei und das Licht Christi aufleuchten lasse.

Alles Einswerden hat aber immer etwas mit Sterben und mit Opfer zu tun. Auch das Leiden, das mir – in welcher Form auch immer – auferlegt ist, kann in dieses Einswerden und Einssein hineingegeben werden. Indem Christus sein Erlösungsgeheimnis der Einigung der Menschheit und der Schöpfung in mir verwirklicht, gewinnt mein kleines, armseliges Leben in der Hand Jesu eine unermeßliche Bedeutung. Ich darf mein Leben als einen winzigen Baustein für die Einheit der Welt ansehen, ich darf von ihm mein Leben empfangen und mit ihm hingeben in einer oft völlig unscheinbaren, schmerzlichen und, menschlich gesehen, gar nicht so ersehnenswerten Lebensform.

An dieser Stelle wird wiederum deutlich, daß Meditation nicht etwas ist, was sich nur im Innern abspielt, ohne Beziehung zum Alltag. Wir lassen diesen Alltag, die Menschen, mit denen wir zusammenleben und zusammenarbeiten, die Sorgen, Spannungen, Probleme kommen, auch das Scheitern - wir dürfen nicht vergessen, daß Jesus Christus in seinem Erdenleben gescheitert ist und die Einheit nicht gefunden hat, sondern stattdessen Widerspruch, Ablehnung, Spaltung erfahren mußte. Dann stellen wir uns innerlich vor Christus, der uns durch seinen Geist ergreifen will. Geben wir uns in seine Hand im Bewußtsein des Einswerdens und nehmen wir es an, wie auch immer er uns gebrauchen will, um sein Werk der Einigung zu verwirklichen: „In deiner Hand - Herr, wie du willst!"

Auf die starke Bewegung und Spannung des Gebets folgt eine deutliche Entspannung, ein Ausruhen: „Neige dich zu deinem armen, geringen Geschöpf herab, bedecke es mit deinem Schatten." Den gleichen Rhythmus finden wir auch in den anderen Abschnitten des Gebets. In dem Wort vom armen, geringen Geschöpf zeichnet sich das ganze Programm des Weges ab. Im Kleinsein, in der Niedrigkeit will sich die Größe Gottes offenbaren; in der Armut will sich die Fülle von Gott her ereignen.

Im Schlußabschnitt bricht wiederum die Sprache der Liebe durch, die immer eine Sprache der Steigerung und des Überschwangs ist: „O meine Drei, mein Alles, meine

Seligkeit, unendlich Einer, Unermeßlichkeit, in die ich mich verliere, ich liefere mich dir als Beute aus." Es geht hier aber nicht um eine ziellose Unendlichkeit, einen grenzenlosen Raum, in dem es keine Orientierung mehr gibt, sondern wir stehen im Banne der Dreieinigkeit, der wir unseren Ursprung verdanken und auf die wir zugehen, der wir uns – wie es in dem starken Bilde heißt – „als Beute ausliefern". „Senke dich ganz in mich hinein, damit ich mich in dir versenke." Im Französischen heißt es wörtlich sogar: „begraben" (ensevelir), womit wiederum das Motiv des Einswerdens im Sterben anklingt.

In der Meditation können wir die Übungsschritte vom Anfang wieder aufgreifen, so wie das Gebet der seligen Elisabeth von der Dreifaltigkeit am Ende in die Bewegung des Anfangs zurückschwingt. In die gesammelte ehrfürchtige Stille sprechen wir: „Gott – Gott, Dreifaltigkeit" und fügen hinzu: „Mein Alles!" „Senke dich ganz in mich hinein, damit ich mich in dich versenke" oder in den ganz einfachen Worten: „Du in mir – ich in dir." „Bis ich einst in deinem Licht zur Anschauung deiner unermeßlichen Größe und Erhabenheit gelange" oder wiederum mit den ganz einfachen Worten: „Jetzt und immer".

Emmanuel Jungclaussen im Verlag Herder

Beten mit Franz von Assisi

Erste vollständige Ausgabe der authentisch
gesicherten Gebete Franz von Assisis
8. Auflage, 128 Seiten, Paperback.
ISBN 3-451-17681-5

„Wer sich ein Gespür für die Kraft und die Tiefe und die Echtheit christlichen Lebens bewahrt hat, wird durch diese Gebete und Hilfen zu ihrem Verständnis angesprochen werden und manches finden, was ihm weiterhilft und was er nicht mehr missen möchte" *(Die Heimstatt).*

„Gebete, die immer wieder faszinieren und bewegen mit Texten zum Verständnis und praktischen Vollzug" *(Passauer Bistumsblatt).*

Worte der Weisung

Die Regel des heiligen Benedikt
als Einführung ins geistliche Leben
2. Auflage, 128 Seiten, Paperback.
ISBN 3-451-18971-2

„Ein Durchblick und eine Erläuterung durch den inneren Gehalt der Benediktinerregel und deren geistliche leitenden Motive. Eine Hilfe zu lebendiger Gotteserfahrung und zur Gestaltung eines christlichen Lebens" *(Kirche und Leben).*

Verlag Herder Freiburg · Basel · Wien

Emmanuel Jungclaussen im Verlag Herder

Der Meister in dir

Entdeckung der inneren Welt
nach Johannes Tauler
8. Auflage, 144 Seiten, Paperback.
ISBN 3-451-17333-6

Eine Begegnung mit dem mittelalterlichen Mystiker Johannes Tauler: Texte, die aufrütteln, zur Selbsterkenntnis zwingen, aber auch Bestärken im Vertrauen geliebt und angenommen zu sein, denn „allen Übungen gibt erst die Liebe Wert und Würde".

Suche Gott in dir

Der Weg des inneren Schweigens nach einer
vergessenen Meisterin, Jeanne-Marie Guyon
3. Auflage, 120 Seiten, Paperback.
ISBN 3-451-20799-0

„Suchen Sie Gott in Ihrem Herzen, dort werden Sie ihn finden." Dieser Rat eines weitsichtigen Seelenführers führt zur entscheidenden Wende im Leben der noch nicht zwanzigjährigen Jeanne-Marie Guyon (1648–1717), die als Wegbereiterin eines geistlichen Ökumenismus gelten darf.

Die Wiederentdeckung und Neuerschließung dieser vergessenen Meisterin erscheint heute von besonderer Aktualität. Ihr „Weg des inneren Schweigens" zielt auf nichts anderes als auf die Heimkehr des sich selbst entfremdeten Menschen in sein wahres Wesen.

Verlag Herder Freiburg · Basel · Wien

Emmanuel Jungclaussen im Verlag Herder

Aufrichtige Erzählungen eines russischen Pilgers

Erste vollständige deutsche Ausgabe
Herausgegeben und eingeleitet von Emmanuel Jungclaussen
18. Auflage, 240 Seiten, gebunden.
ISBN 3-451-21156-4

„Wie wichtig der Reichtum orthodoxer Theologie und Frömmigkeit für die Ökumene ist, ist im Lande der beiden Großkonfessionen der Reformation immer noch viel zu wenig bewußt. Klassisch sind dafür immer noch die ‚Aufrichtigen Erzählungen eines russischen Pilgers', die das Christsein im Alltag, die Meditation im banalen Leben bezeugen und fördern wollen" *(imprimatur).*

„Ein Buch, das in seiner Tiefe wirklich eine geistliche Gabe ist" *(Die Zeit im Buch).*

Kallistos Ware / Emmanuel Jungclaussen

Hinführung zum Herzensgebet

5. Auflage, 128 Seiten, Paperback.
ISBN 3-451-19671-9

„Dieses Buch ist ein kleiner, aber umfassender geistlicher Führer zur Kunst des Herzensgebets. Die Hinführung ist geprägt von den besonderen Vorzügen dieses Gebets. Sie ist sehr einfach, sehr praktisch und eröffnet doch die tiefsten Geheimnisse einer solchen Gebetsweise" *(Kirchlicher Anzeiger).*

„Ein geistlicher Führer für jeden, der den Weg nach innen sucht und auf die Kraft des Betens baut" *(Christ in der Gegenwart).*

Verlag Herder Freiburg · Basel · Wien